Nairobi
Kenia
Ol Doinyo Lengai
Meru
4566 m
Kilimandscharo
5895 m
Moshi
Arusha
Monduli
Mkomazi
Mombasa
N
W
O
S
Usambara
2301 m
Tanga
Pemba
Pangani
Sansibar
Saadani
Sansibar-Stadt
(Stone Town)
Chumbe
Bagamoyo
Kibaha
Daressalam
Morogoro
Indischer
Ozean
2651 m
Uluguru
Mafia-Archipel
Chole
Juani
Jibondo
Rufiji
Delta
Nyerere-
Staudamm
Mafia Island
Marine Park
Nyerere
Kilwa
Selous Game
Reserve
Songa Mnara
Luwegu
Lindi
Mikindani
Mtwara
Ndanda
Masasi
Makonde-Plateau
Mosambik
W0282842

Gebrauchsanweisung für Tansania

Monika Czernin

Gebrauchsanweisung für Tansania

PIPER

Mehr über unsere Autorinnen, Autoren und Bücher:
www.piper.de

Wenn Ihnen dieses Buch gefallen hat, schreiben Sie uns unter Nennung des Titels »Gebrauchsanweisung für Tansania« an *empfehlungen@piper.de*, und wir empfehlen Ihnen gerne vergleichbare Bücher.

Von Monika Czernin liegen im Piper Verlag vor:
Gebrauchsanweisung für Wien

Mit Remo H. Largo:
Glückliche Scheidungskinder
Jugendjahre

Inhalte fremder Webseiten, auf die in diesem Buch (etwa durch Links) hingewiesen wird, macht sich der Verlag nicht zu eigen. Eine Haftung dafür übernimmt der Verlag nicht.

Unser Versprechen für mehr Nachhaltigkeit
• Klimaneutrales Produkt
• FSC®-zertifiziertes Papier
• Hergestellt in Europa

FSC www.fsc.org MIX Papier | Fördert gute Waldnutzung FSC® C083411

ISBN 978-3-492-27748-8
© Piper Verlag GmbH, München 2023
Karte: Peter Palm, Berlin
Satz: Fotosatz Amann GmbH & Co KG, Memmingen
Gesetzt aus der Bembo und der Trade Gothic
Litho: Lorenz & Zeller, Inning am Ammersee
Druck und Bindung: CPI books GmbH, Leck
Printed in the EU

Für die besten Reisegefährten der Welt:
Helena, Anne, Jean und Thomas

Inhalt

Warum Tansania – eine Einleitung

Ein heftiges »Rums«, durchdrehende Räder, ein aufjaulender Motor, doch der Wagen bewegt sich nicht mehr, kein bisschen. Jeder Versuch, den Toyota Land Cruiser aus dem schlammigen Bachbett zu befreien, scheitert kläglich. Zu tief ist der Graben, den die zwei wackligen Bretter irreführenderweise zu überbrücken versprachen. Wir stecken bis zur Motorplatte im Schlamm. Uns bleibt nichts anderes übrig, als aus dem gestrandeten Jeep zu klettern und unser selbst verschuldetes Unglück zu begutachten.

Schon die nur auf Guru Maps (eine für Tansania-Reisende unverzichtbare App mit Offline-Landkarten) angezeigte Route, die uns hinter die Mahale Mountains führte, hätte uns Warnung genug sein müssen, entpuppte sie sich doch als einer der vielen Fahrradwege, die es im ländlichen Tansania zwischen kleinen Dörfern gibt. Hier, im äußersten Westen oder besser im wilden, spärlich besuchten Westen des Landes gibt es immer noch wenig Straßen, auf die ein Auto passt, und noch weniger Asphaltstraßen. Dessen ungeachtet wollte ich seit Jahren mit dem Auto vom Mahale-Mountains-Nationalpark zum Katavi-Nationalpark fahren, wohl einfach deshalb, weil es auf Google Maps und herkömmlichen gedruckten Landkarten unmöglich schien, diese Strecke von etwa 200 Kilometern anders als querfeldein zurückzulegen, was eines jener Abenteuer zu werden versprach, die das Reisen durch Tansania so faszinierend und lohnend machen. Guru hatte – auch dies hätte eine Warnung sein können – die Strecke mit zwölf Stunden Fahrtzeit angegeben, aber um ehrlich zu sein, hatte das weder mich noch meine gleichgesinnten Mitreisenden dazu veranlasst, unsere Route zu ändern. Wir waren also voller Optimismus. Und nun das.

Wir: Das sind Anne und Jean, die eine gute Portion Afrika-Erfahrung zu diesem Roadtrip beisteuern, sowie Thomas und ich, die trotz vieler Reisen nach Tansania immer noch ganz schöne Greenhorns sind (wie wir in der Folge noch öfter bemerken werden). Nicht immer sind wir in dieser Kombination unterwegs, manchmal schließen sich uns andere Unternehmungslustige an. Wir sind auch nicht ständig auf Achse, sondern auch mal am Strand, auf Sansibar, genießen das Großstadtleben oder das Tauchen. Und natürlich fließen auch all die anderen Tansania-Erlebnisse, insbesondere die Reisen mit meiner Tochter Helena, in dieses Buch ein.

Aber im Moment befinden wir uns in der bergigen Gegend östlich des Tanganjikasees, des längsten, zweittiefsten und auf das Wasservolumen bezogen zweitgrößten Sees der Erde. Wir haben keinen Mobilfunkempfang (obwohl der in den letzten Jahren eigentlich jedes Dorf erreichte), zu Fuß ist die nächstgrößere Ortschaft eine Tagesreise entfernt, rundum scheint es nur Busch und Miombowald (der ganz Tansania, ja das südliche Zentralafrika durchziehende Trockenwald) zu geben.

Es ist Nachmittag, die Hitze hat schon nachgelassen, in wenigen Stunden wird es schlagartig dunkel sein. Während wir den schmalen und steil ansteigenden Weg zu passieren versuchten, begegneten uns vereinzelte Fahrradfahrer, riesige Reisig- und Bananenstaudenbündel auf dem Gepäckträger balancierend. Wir wissen, dass uns, sollten wir in absehbarer Zeit keine Hilfe finden, nur die Übernachtung im Zelt bleibt – im Nirgendwo. Und doch sind irgendwie, auf wundersame Weise, innerhalb von Minuten, nachdem wir stecken geblieben waren, auch schon ein gutes Dutzend Helfer zur Stelle, junge Burschen, alle bei bester Laune, angefeuert durch ein – für den am Ende geleisteten Herkulesjob – äußerst moderates Trinkgeld. Wir graben das Auto mit bloßen Händen aus dem Schlamm, stemmen mit vereinten Kräften Holzlatten unter die Räder und befestigen ein Seil, das wir Gott sei Dank mit uns führen, unter der vorderen Stoßstange an dem für solche Zwecke bestimmten Eisenring. Und dann bemühen wir uns gemeinsam, den gut drei Tonnen schweren Wagen lachend und uns in den gleichen Rhythmus singend aus dem Bachbett zu ziehen. Das Ganze gleicht einem fröhlichen Fest und ist doch eine Hilfsaktion. Witze fliegen von einem zum anderen, immer mehr helfende Hände treffen ein, alles wird aus verschiedenen Perspektiven gefilmt, das Trinkgeld wird angehoben, und – schwups – auf einmal bewegt sich der Toyota, die Reifen kommen frei, er rollt den Weg entlang.

Unsere Autopanne ist das Ereignis des Tages, vielleicht sogar der Woche, eines, das Solidarität erfordert, ganz im Sinne der afrikanischen Lebensphilosophie des *Ubuntu*. Dabei geht es um Gemeinschaft sowie die Erfahrung, dass man nur durch andere Menschen zum Menschen wird. So hat es der Ende 2021 verstorbene Bischof Desmond Tutu, Friedensnobelpreisträger und Weggefährte Nelson Mandelas, erklärt. Diese Haltung wird uns immer wieder begegnen in all ihren Schattierungen und Ausprägungen. Und vielleicht ist es ja wirklich dieser Grundkonsens, der die Menschen in diesem Teil der Welt so warmherzig, fröhlich und mit einer immer wieder staunenswerten Großzügigkeit des Herzens füreinander da sein lässt. Und zwar in einer Weise, die wir mit unserer mitteleuropäischen Mentalität nur schwer begreifen können. Sie muss erlebt, erfahren und in unserem Fall »erreist« werden. Darum soll mein *Ubuntu*-Erlebnis bei der Autopanne im wilden Westen Tansanias eine Art Kompass für dieses

Buch sein, zeigt es doch, warum es sich lohnt, dieses afrikanische Land zu bereisen und kennenzulernen. Nicht nur wegen seiner atemberaubenden Natur und all der Reiseerlebnisse, die es selbstverständlich zu beschreiben und zu würdigen gilt, sondern vor allem wegen der Menschen muss man dorthin.

Natürlich müssen Sie nicht gleich in einem Schlammloch stecken bleiben, im Straßengraben landen oder sonst irgendein nach Abenteuer riechendes Missgeschick erleiden. Auch wenn Sie eher auf sicheres Reisen, gar auf eine organisierte Safari stehen und von einem erholsamen Urlaub unter Palmen träumen, werden Sie – wenn Sie Augen und Herz für den Alltag der Menschen hier öffnen – besondere Begegnungen erleben. Und dann sind Sie angekommen in Tansania. In einem Land der Superlative. Die Serengeti, einer der größten und wohl auch grandiosesten Nationalparks der Erde, ist einfach der Inbegriff jeder Afrikasehnsucht. Und der Kilimandscharo oder Sansibar sind Attraktionen, die auch jedem Nicht-Afrika-Reisenden ein Begriff sind. Fast dreimal so groß wie Deutschland, ist Tansania mit seinen Naturwundern, seinem Reichtum an Bodenschätzen, seinen 130 verschiedenen Volksgruppen und fast ebenso vielen Sprachen ein Universum der besonderen Art. Tansania gehört zu den stabilsten und sichersten Regionen des Kontinents und hat doch seinen Anteil an den großen Problemen unserer Zeit – auch die will und kann ich Ihnen nicht ersparen: das immer noch fast ungebremste Bevölkerungswachstum (1961 hatte Tansania etwa zehn Millionen Einwohner, heute über 60 Millionen, nach Schätzungen werden es 2050 130 Millionen sein), die Abholzung der Wälder, Auswüchse der Klimaveränderung wie Versteppung, Dürre und Korallensterben. All die daraus entstehenden Sorgen und Nöte lassen sich beim Reisen durch das Land nicht nur vielfach beobachten, sie haben auch diverse höchst spannende Initiativen entstehen lassen. Und so ist die Reise durch das Land immer auch eine Reise durch ein Laboratorium unserer sich rasant verändernden Welt.

Vor allem aber nehme ich Sie mit zu einer einzigartigen Mischung aus immer noch unberührter Natur – ob in den unendlichen Weiten der Nationalparks oder an den tropischen Küsten des Indischen Ozeans – und der für den Kontinent so charakteristischen Vielfalt des afrikanischen Lebens. Vieles davon passt schon lange nicht mehr zu den Vorurteilen, die Europäer teilweise immer noch gegenüber dem angeblich ausschließlich von Armut, Flüchtlingen, Kriegen und Korruption geprägten Kontinent pflegen. Tansanias Bevölkerung ist zunehmend besser ausgebildet, die Wirtschaft ist in den letzten Jahren um jeweils fünf bis sieben Prozent gewachsen, womit Tansania zu den leistungsstärksten Volkswirtschaften in Subsahara-Afrika zählt. Die größer werdende Mittelschicht verändert das Land in einer nie zuvor da gewesenen Art und Weise. Wir werden überall auf ihre Vertreter treffen, ob als Manager von Kaffeefarmen und Hotels, als Gründer von Start-ups und Venture Capital Funds, als einflussreiche Bischöfe oder engagierte Museumsdirektoren. Durch die deutsche Kolonialgeschichte, während der Tansania sowie Burundi, Ruanda und Teile Mosambiks als Deutsch-Ostafrika bezeichnet wurden, sollte das Land nicht nur zur deutschen Selbstkritik einladen, sondern vor allem ein Partner auf Augenhöhe sein. Dass die enorme Entwicklung, die Tansania in den letzten 20 Jahren durchlaufen hat, vielfach im Windschatten unserer Aufmerksamkeit vonstattengegangen ist, erlebt man immer wieder voller Staunen, wenn man das Land bereist.

Schon als junges Mädchen zog es mich nach Afrika, zuerst nach Kenia, dann nach Südafrika und Namibia, schließlich fand ich in Tansania so etwas wie eine zweite Heimat. Als Rundfunkjournalistin erarbeitete ich Features über Nairobi und Johannesburg. 2008 brachte ich schließlich mein erstes Buch über Tansania heraus. *Frieda von Bülow und die Sehnsucht nach Afrika* handelt von Deutschlands berühmtester Kolonialschriftstellerin und ihrer Farm im damaligen Deutsch-Ostafrika. Meine intensive

Auseinandersetzung mit Themen des Kolonialismus, afrikanischer Kunst und Entwicklungspolitik führte 2014 zu einem berufsfremden Engagement, nämlich auf die kleine, zum Mafia-Archipel gehörende Insel Chole, wo ich interimistisch eine Baumhauslodge mit angeschlossenem Entwicklungshilfeprojekt gemanagt habe. Chole ist mir seither ans Herz gewachsen, und die Besitzer der Lodge wurden nicht nur zu lebenslangen Freunden, sondern auch zu den besten Reisegefährten, um Tansania in seiner ganzen Vielfalt zu erleben und die Erfahrungen am Lagerfeuer zu diskutieren.

Wir Europäer sind so gut darin, uns und der Welt irgendeine Haltung zu verpassen, unser Denken als Matrix für andere zu verwenden. So haben wir Afrika auch noch nach der Unabhängigkeit weiterkolonialisiert und in unsere Denkmuster von Entwicklung gepresst. Doch diese Nord-Süd-Bindung löst sich zunehmend auf. Wir leben längst in einer multipolaren Welt, in der die Süd-Süd-Achse aus Ländern, die zumeist selbst kolonisiert waren, aber nicht kolonisiert haben, immer wichtiger wird.

Dekolonisierung heißt für mich, mich der Komplexität meines weißen Blicks auf Afrika zu stellen, andere Blickwinkel nachzuvollziehen und einen möglichst vielstimmigen Kreis an Gesprächspartnern zu Wort kommen zu lassen. Wenn es im Buch dennoch viele »weiße« Stimmen gibt, dann hat es auch damit zu tun, dass ausgerechnet die Tourismusindustrie immer noch von europäischen Investoren oder zumindest ursprünglich aus Europa stammenden Ostafrikanern geprägt ist. Dennoch: Sosehr ich mich auch seit vielen Jahren für Tansania und Ostafrika interessiere und mich immer wieder in die für mich fremde Kultur versetzt habe, mein Blickwinkel bleibt der einer weißen Autorin aus Mitteleuropa, wenn auch mit einer – hoffentlich – großen Empathie für das Land.

Buschflieger, Daus und manchmal auch ein Dala-Dala

Giraffen sind die neugierigsten Tiere der afrikanischen Savanne, und sie lieben modernste Technologie. Allen Ernstes! Auch Ihnen mag es passieren, dass Ihr Pilot auf dem Flugfeld des Nationalparks nicht landen kann, weil den Giraffen langweilig war und sie, durch das lauter werdende Motorengeräusch angezogen, auf die Landebahn eilten, um zu sehen, welcher Buschflieger dort im Begriff ist zu landen. Einer der Fluglinie Coastal Aviation, einer von ZanAir, Safari Air Link oder Auric Air? In jedem Fall wird Ihr Pilot durchstarten und die nahe gelegene Lodge anfunken, um jemanden mit einem Geländewagen zu den ungebetenen, aber eben hier ansässigen Tieren zu schicken, der sie hinter die Flugfeld-Linie bittet.

Fliegen, die maximale Freiheit

Keine Frage, Buschflieger sind eine hervorragende, äußerst bequeme und vor allem zeitsparende Art, Tansania zu erkunden. Nehmen Sie nur einmal eine Landkarte zur Hand und überschlagen Sie die Strecken. Allein vom Viktoriasee an die südliche Landesgrenze sind es fast 1500 Kilometer Luftlinie, zwischen Kigoma am Tanganjikasee und Daressalam am Indischen Ozean liegen ebenfalls über 1000 Kilometer. Doch damit ist noch nichts darüber ausgesagt, wie es ist, das Land mit dem Auto, per Bahn oder Bus zu bereisen. Der verstorbene Präsident Magufuli hatte den Ausbau der Infrastruktur, insbesondere von Straßen und Elektrizität, zwar zur Chefsache erhoben, und die Chinesen bauen tatsächlich überall im Land Straßen, ohne Hindernisse sind Überlandfahrten deshalb im Großen und Ganzen allerdings noch nicht.

Jede Transportart hält große Erlebnisse bereit, und schon deshalb gilt es, sie, wenn irgend möglich, alle zu genießen. Außerdem lassen sich unterschiedliche Transportmöglichkeiten miteinander kombinieren. Auf jeden Fall sollten Sie zumindest einmal mit dem Buschflieger auf einer kleinen, holprigen Piste mitten in einem Nationalpark landen (und ganz nebenbei, es wird Ihr in diesem Land ohnehin arg strapaziertes Reisebudget nicht über Gebühr belasten) und sich wie Denys Finch Hatton fühlen, der zur Kaffeefarm seiner Geliebten, Tania (Karen) Blixen, an den nördlichen Ausläufern des Mount Kenia, eilt. Oder wie Hemingway, dessen berühmte und später nicht nur in *Schnee auf dem Kilimandscharo* verarbeitete Safari Tania Blixens Ehemann Bror von Blixen-Finecke geleitet hat.

Coastal Aviation hat als erste Safarifluglinie in Tansania diese Sehnsucht erfolgreich bedient, nachdem der von Staatspräsident Nyerere ausgerufene afrikanische Sozialismus gescheitert war und Nyereres Nachfolger Ali Hassan Mwinyi das Land für die Marktwirtschaft geöffnet hatte. Damals setzte ein beispielloser Nachholprozess der Tourismusindustrie gegenüber dem Nachbarland Kenia ein, so sehr hatte man im Sozialismus die Infrastruktur für urlaubende Gäste vernachlässigt. Nicola Colangelo, der Gründer von Coastal Aviation, gehörte zur ersten Generation der neuen, meist »weißen« Tourismusunternehmer, deren

Vision von Naturschutz und sozial nachhaltiger Entwicklung durch Tourismus Tansania dauerhaft prägen sollte. 1987, als Nicola begann, hatte er nur eine Cessna 206T sowie drei wunderschöne, große Dau-Segelboote, die Urlauber nach Sansibar bringen sollten. Heute werden von Coastal an die 150 000 Passagiere zu 100 oft sehr abgelegenen Zielen – innerhalb der Nationalparks und auf den Inseln des Landes – gebracht. Neben Coastal operieren eine ganze Reihe anderer Buschflieger- und kleiner Billigfluglinien. Nach Sansibar führen mittlerweile schnelle Katamaran-Fähren und natürlich Flugzeuge der großen internationalen Fluglinien. So gesehen kann man die 30-jährige Unternehmensgeschichte von Coastal auch als Pars-pro-Toto-Beispiel für die touristische Entwicklung Tansanias lesen.

Eine Hymne auf den Toyota Land Cruiser

Auch wenn die kleinen Buschflieger zum romantischen Bild einer echten afrikanischen Safari gehören, so ist der Königsweg, das Land zu entdecken, die Reise mit einem Geländewagen, der in Tansania meist als Toyota Land Cruiser daherkommt, und – ohne Schleichwerbung betreiben zu wollen – dieses absolut unverwüstliche Auto hat zugegebenermaßen seine Vorteile. Im Gegensatz zum Landrover gibt es überall Ersatzteile und – da diese Autos jedem Safariunternehmen als Flotte dienen – auch überall findige Mechaniker. Aber im Grunde genommen hat man mit jedem Geländewagen das, was man braucht, um auf eigene Faust oder mit einem Fahrer (empfehlenswert, wenn man nicht »Afrika-erfahren« ist oder in die Kategorie der unverbesserlichen Abenteurer gehört) durch das Land zu reisen. Das heißt erstens, zweitens und drittens eine praktisch unverwüstliche Mechanik. Außerdem – bei Safaris unerlässlich – ein Dach zum Öffnen. Und dann auch noch eine Kühlbox für Getränke und USB-Steckplätze zum Aufladen der Mobilfunkgeräte. Manche Geländewagen gibt es sogar mit Dachzelt, was angesichts diverser zu Boden lauernder Gefahren reizvoll sein mag. Andererseits ist nichts so gemütlich wie ein Halbrund aus Zelten um ein Feuer, Campingstühle und endlos lange, von einem Glas Whisky oder einem Gin Tonic befeuerte Gespräche unter dem afrikanischen Sternenhimmel.

Nicht nur in den vielen Nationalparks, die es auf diese Art in maximaler Freiheit und Flexibilität zu erkunden gilt, auch bei der Reise durch das Land ist man mit einem Geländewagen auf der sicheren Seite. Selbst für Autopannen (siehe Einleitung) ist man bestens gerüstet. Schließlich sagt ein Sprichwort in Tansania, dass man ein mit Vierradantrieb betriebenes Fahrzeug nur deshalb braucht, um sich in Schwierigkeiten zu bringen, aus denen man nur mit einer Winde wieder herauskommt; wohlgemerkt einer mechanischen Winde, denn eine elektrische wird nach kurzer Zeit ihren Geist aufgeben, weil die Batterie des Autos die zumeist langwierigen und kräftezehrenden Rettungsaktionen nicht überlebt; was zur nächsten Panne, einer leeren Batterie, führt; was wiederum die Konsequenz nach sich zieht, dass man jemanden mit einem Startkabel oder gar ein Autohaus mit einer neuen Batterie (und das gibt es nur in den größeren Städten) finden muss – eine für den im ländlichen Tansania oder in einem Nationalpark Gestrandeten vergleichsweise schwierigere Aufgabe als mittels zwei Dutzend Helfern einen Toyota Land Cruiser aus einem schlammigen Bachbett zu befreien.

Ein Roadtrip durch Tansania (natürlich braucht man auch noch die richtigen Reisegefährten) ist unvergesslich, man erfährt so viel über das reale Land und die Lebensverhältnisse seiner Bewohner. Verstreut liegende Häuschen, viele aus Ziegel oder Beton und mit Wellblech gedeckt, säumen die Ausfallstraßen der Städte. Doch kaum verlässt man die großen Straßen und das besser entwickelte Kernland, sind die Häuser oft immer noch in traditioneller Lehmbauweise hergestellt, bei der ein Gerüst aus dünnen Holzpfosten mit Steinen und Lehm befüllt und danach verputzt sowie das Dach aus Schilf, Palmblättern oder Gras hergestellt wird. Es geht durch extensive Subsistenzlandwirtschaft. Mehr als drei Viertel der arbeitenden Bevölkerung Tansanias sind in der Landwirtschaft beschäftigt, die wiederum um die 30 Prozent zum Bruttoinlandsprodukt beitragen. Je nach Region werden Mais, Hirse, Reis, Maniok, Yams, Süßkartoffeln, Hülsenfrüchte und Bananen – und zwar etwa 20 unterschiedliche Sorten – angebaut.

Man reist entlang unzähliger kleiner Dörfer mit den typischen Straßengeschäften, in denen man das Allernötigste bekommt: Zahnbürsten, Seife, Reis, allerlei Haushaltswaren, Stifte. Die Ernte ist vorbei, das Land braun wie die Lehmziegelhäuschen oder -hütten. Viele Leute sind zu Fuß unterwegs oder mit einem Fahrrad, das unter einem überdimensionalen Bündel aus geerntetem Zuckerrohr oder drei großen Wassertanks fast verschwindet. Ab und zu überholt einen ein klappriges, uraltes Dala-Dala in atemberaubendem Tempo oder ein ebenso klappriger, mindestens so waghalsig dahinbretternder Überlandbus mit abgefahrenen Bremstrommeln. Ziegen und Rinder sind praktisch omnipräsent, immer von kleinen Jungen bewacht und nicht selten mitten auf der Straße. In den größeren Dörfern gibt es meist eine Grundschule und dazu Trauben von Kindern in den diversen Schuluniformen. Auf Schildern steht »Shule«, das aus der deutschen Kolonialzeit stammende Swahili-Wort für Schule.

Dass die Geschwindigkeitskontrollen recht streng sind, ist angesichts der Verkehrsteilnehmer und des Zustandes der Straßen mehr als einleuchtend. Und dass von Nachtfahrten strengstens abgeraten wird, ist ebenfalls sinnvoll – wiewohl sie oft nicht vermeidbar sind, Streckenplanungen von A nach B sind mit unvorhersagbaren Schwierigkeiten nur so gepflastert. Dann ist eben doppelte Vorsicht geboten. Statt eines Warndreiecks legen die Leute meist einen Ast auf die Straße und hoffen, dass niemand in den liegen gebliebenen Laster oder das riesige Schlagloch kracht. Immerhin: Seit der vormalige Präsident John Magufuli der Korruption den Kampf angesagt hat, wirken die Verkehrspolizisten nicht mehr ausschließlich wie Wegelagerer. Mittlerweile kann man Verkehrsstrafen meist auch nicht mehr bar bezahlen, sondern nur noch mit M-Pesa (bargeldloser Zahlungsverkehr über Mobiltelefone, dazu mehr im Kapitel über Silicon Dar) oder Kreditkarte, was dem Geldeinsammeln vor Anbruch des Wochenendes, einer zuvor üblichen Praxis der unterbezahlten Staatsbediensteten, einen entschiedenen Riegel vorgesetzt hat.

Die Kokosnuss und eine Liste der Gefahren

Wenn man eine Liste der Gefahren erstellt, die einem bei einer Reise durch Tansania drohen, stehen Verkehrsunfälle an oberster Stelle, danach kommt lange nichts, dann Malaria und andere Tropenkrankheiten. Und irgendwann am Ende der Liste firmiert noch die Gefahr, durch eine Kokosnuss erschlagen zu werden.

Was die Coronapandemie betrifft, war Tansania 2020 und 2021 so gut wie ungefährlich (zumindest hat das mein Lokalaugenschein und die Beteuerung sämtlicher befragter Menschen im Land ergeben) – wenig Fälle (zugegebenermaßen auch keine verlässliche Statistik und womöglich eine hohe Dunkelziffer), eine junge Bevölkerung, ein Leben, das sich ganzjährig im Freien abspielt, und sommerliche Temperaturen haben dafür gesorgt, dass die Entwicklung in Tansania keine dramatischen Formen angenommen hat. Ganz ehrlich, nirgendwo sonst konnte man der Pandemie besser entfliehen als hier. Leider hat das kaum jemand so gesehen, und die Pandemie hat die Tourismusindustrie hart getroffen. Besucherzahlen in der Serengeti haben sich um das Hundertfache reduziert, sprich man war in dem über 15 000 Quadratkilometer großen Park praktisch allein (was in der vom Aussterben bedrohten Geparden-Population für größeren Nachwuchs sorgte). Unzählige Tourismusunternehmen mussten Konkurs anmelden, ein massiver Verlust an Arbeitsplätzen war die Folge, die Tourismusindustrie ist schließlich eines der wichtigsten Zugpferde der Wirtschaft des Landes – sie macht um die 30 Prozent der Exporterlöse aus und kreiert Millionen von Arbeitsplätzen. Und immer, wenn der Tourismus einbricht, wirkt sich das auch auf den Umwelt- und Tierschutz aus.

Busse, Dala-Dalas und die Eisenbahn

Um die Riege der Transportmittel abzurunden, sei noch auf die Busse verwiesen – große Überlandbusse und kleine Dala-Dalas, die von einem Ort zum anderen oder von einem Stadtteil in den nächsten fahren. Um genauer zu sein, heizen sie in einem atemberaubenden Tempo und ohne Rücksicht auf Verluste durch Stadt und Land. Sie sind stets überfüllt, auch in den besseren Überlandbussen reisen oft Ziegen und Hühner mit. Und es kann leicht passieren, dass man ein schreiendes Baby auf dem eigenen Schoß platziert findet, während die dazugehörende Mutter mit diversen Gepäckbündeln die Fahrt, eingezwängt zwischen weiteren Passagieren, stehend zu überleben versucht.

Busfahren ist ohne Zweifel ein Erlebnis, der einzige Grund, warum es als Form der Abenteuerreise für mich hinter dem eigenen Geländewagen rangiert, ist die Tatsache, dass es so umständlich ist und dass es, abgesehen von den wenigen Hauptverkehrsstrecken, oft nur einen Bus pro Tag, wenn nicht gar pro Woche gibt und auch dessen Fahrplan sich oft durch große Unzuverlässigkeit auszeichnet.

Die Eisenbahn hat ein anderes Problem: Es gibt sie praktisch nicht. In der deutschen Kolonialzeit wurde zwar angefangen, das Bahnstreckennetz mit deutscher Gründlichkeit auszubauen, doch heute liegen viele Strecken brach und die Savanne hat sie zurückerobert. Oder sie werden nur sehr selten befahren. Trotzdem sollte man eine Reise auf einer der zwei Strecken (TAZARA oder Central Line) einplanen, beide Linien werden derzeit revitalisiert, es gibt mittlerweile sogar einen Luxuszug, der einmal in der Woche auf der Central Line von Daressalam nach Kigoma verkehrt.

Die TAZARA, die Tansania mit Sambia verbindet – zwei Züge pro Woche in jede Richtung, dazu mehrere Pendlerzüge in die Vororte Daressalams und dreimal im Jahr der südafrikanische Luxuszug *Pride of Africa* –, erinnert daran, dass schon der Staatsgründer und langjährige Präsident Nyerere gute Beziehungen zu China hatte. Die Volksrepublik finanzierte diese in den 1970er-Jahren auch geopolitisch wichtige Verkehrsverbindung, denn die Chinesen wollten eine vom Westen und Südafrika unabhängige Transportmöglichkeit für Kupfer aus Sambia zum Indischen Ozean schaffen. Die Strecke verläuft durch zwei Nationalparks, zuerst durch den etwa 200 Kilometer südwestlich von Daressalam gelegenen und nach dem Staatsgründer benannten Nyerere-Nationalpark (früher war er Teil des Selous), dann durch den älteren Mikumi-Nationalpark. Erreicht der Zug die Schutzgebiete noch bei Tageslicht, kann man Giraffen, Antilopen und Elefanten vom Eisenbahnfenster aus beobachten, normalerweise aber muss man sich vor allem auf ozeanische Verspätungen, manchmal gar mehr als 20 Stunden, gefasst machen.

Das Reisen zu Wasser

Und dann gibt es natürlich auch noch Fähren und Dau-Segelboote, die zwischen dem Festland und den Inseln des Indischen Ozeans sowie auf den großen Seen, dem Viktoria- und dem Tanganjikasee, verkehren. Während die Fähren zwischen Daressalam und Sansibar, zumindest wenn man das richtige Fährunternehmen bucht, mittlerweile ziemlich sicher sind, sei vor den Daus eher gewarnt. In abgelegenen Orten verkehren sie vollgepackt mit Menschen, Gepäckbündeln und Waren aller Art zwischen den Inseln. Immer wieder kommt es zu Unfällen, es gibt nur unzureichende sanitäre Einrichtungen, keinen Schutz vor Sonne, Wasser und Wind, und man muss selbst einen ausreichenden Vorrat an Wasser und Essen mitnehmen. Wenn Sie dennoch diese Art des Fortkommens wählen, Ihr Leben Ihnen aber lieb ist, checken Sie das Wetter und steigen Sie nicht in überfüllte Boote (was jedoch so gut wie unmöglich ist). Vor allem aber achten Sie auf die Richtung des Monsuns. Fahrten in Windrichtung sind auf jeden Fall sicherer. Von November bis Ende Februar sollten Sie also nur vom Norden in den Süden fahren, von Juli bis September vom Süden in den Norden. Dann machen Sie es so wie die arabischen Händler, die mit diesen Winden seit Jahrhunderten an die Küste Ostafrikas segelten, vor Ort blieben, bis der Wind drehte, und dann, beladen mit Elfenbein und Gewürzen, wieder zurückfuhren.

Selbst wenn Sie sich eine Fahrt mit einer Dau (so es sich nicht nur um ein von allen Tourismusunternehmen angebotenes »Sunset-Segeln« handelt) organisieren lassen, könnte diese zu einem Abenteuer mit unabsehbaren Folgen werden. Ich bin einmal vom Rufiji-Delta nach Mafia gesegelt, einen ganzen Tag lang, bei Windstärke 7 und einsetzender Regenzeit. Die Bootsleute hatten weder Karten noch GPS, auch funktionierte das Mobilfunknetz auf hoher See nicht. Es war eines jener unvergesslichen, aber eben auch herausfordernden afrikanischen Erlebnisse, die sich einem in die Seele einbrennen, weil sie ein Gefühl von maximaler Freiheit und wilder, um nicht zu sagen rauer Romantik hinterlassen.

Die Crew dieses wunderschönen, wohl auch vor 500 Jahren nicht anders funktionierenden Bootes, Kapitän Hamisi Ahamadi und dessen erster Matrose Mwini Mmadi, segelte mit nichts als ihrer eigenen Körperkraft – die Segel der Daus werden noch rein mechanisch gesetzt – und ihrem absolut untrüglichen Orientierungssinn über das Meer. Auf die Frage, wie sie wüssten, wohin wir fahren müssen, zeigten sie bloß vage in Richtung des blauen Horizonts und kannten dennoch jede Untiefe, jede Welle, jede Laune des Windes. Fischer von Geburt an schienen sie eine andere Form des Eins-Seins mit dem Meer, des Fühlens, Lauschens und Navigierens zu besitzen als wir in heimischen Gewässern eigentlich ziemlich segelerprobten Passagiere. Lachend brachten sie uns schließlich in Kilindoni an Land, ich war derart seekrank, dass ich kurzfristig lieber sterben als auch noch durchs knöcheltiefe Wasser an den Strand waten wollte.

Was Sie sonst noch brauchen oder eben nicht brauchen

Was immer Sie für eine Transportart wählen und welche Reiserouten Sie auch immer planen, versuchen Sie, wenig Gepäck mitzuschleppen. Ein Rat, den ich selbst regelmäßig nicht befolge. Im Bann unserer Konsumwelt drängen sich mir stets alle möglichen Dinge auf, die ich – beim Einpacken zu Hause und aus deutscher Sicht – in Tansania zu brauchen glaube. Zu viele Kleider (und dabei braucht man außer ein bis zwei Strandkleidern, zwei *Kangas* und Flipflops nur noch eine Safarihose und ein paar T-Shirts, feste Schuhe und eine Fleecejacke für höhere Lagen sowie – das ist nun echt wichtig – einen Sonnenhut). Zu viele Kosmetikartikel (und dabei ist einzig wichtig eine wirklich gute Sonnencreme und ein verlässliches Moskitospray). Zu viele Medikamente, die einem im medizinisch durchorganisierten Europa unerlässlich erscheinen (und dabei vergisst man, abgesehen von der jeweiligen Malariaprophylaxe, die wichtigste Medizin: Kohletabletten und ein Antibiotikum gegen Reisedurchfall, der sich so sicher einstellt wie das Amen im Gebet, zumindest wenn Sie die ausgetretenen Touristenpfade auch nur ein wenig verlassen und nicht ausschließlich abgepackte Astronautennahrung zu sich nehmen wollen).

Machen Sie sich außerdem darauf gefasst, dass das Land viele Klimazonen hat. Am Ngorongoro-Krater ist es auf über 2000 Metern Höhe durchaus kalt (deshalb die Fleecejacke), insbesondere nach Sonnenuntergang, und so ist es überall im Hochland, das aber einen wichtigen Teil Ihrer Reise darstellen wird. Andererseits ist es brütend heiß. Auch wenn die Temperatur abhängig von Ihrer Reisezeit variiert, ob am Indischen Ozean (feuchtheiß) oder am Natronsee (trockenheiß), Hitze wird ein ständiger Begleiter sein. Falls Sie unterwegs feststellen sollten, dass Sie irgendetwas vergessen haben, finden Sie es entweder in den Safarigeschäften Arushas oder auf irgendeinem Secondhandmarkt, die es in jeder größeren Stadt gibt.

So kann es losgehen. Kamera, Notizbuch, Reiseführer, Mobiltelefon mit Offline-Landkarten. Es wartet eines der spannendsten Länder Afrikas auf Sie, mit seiner unverwechselbaren Natur, unzähligen verschiedenen Volksgruppen und ebenso vielen Sprachen. Ein Land, das mit seinen etwa 60 Millionen Menschen viermal weniger dicht besiedelt ist als Deutschland und dessen Bevölkerungswachstum dennoch überall im Land besorgniserregende Auswüchse erreicht. Ein Land von gewaltiger Schönheit, das dennoch gegen Klimawandel, ins Umland ausufernde Städte, die Abholzung seiner Wälder, den Druck auf die Tierwelt wird kämpfen müssen, um seine Natur zu erhalten. Ein Land schließlich, dessen Menschen – ob schwarz, weiß, arabisch oder asiatisch – unser wichtigster Wegweiser sein mögen.

Chole Mjini – Ankommen zwischen Mangroven und Affenbrotbäumen

Die kleine Maschine von Auric Air ist bis auf den letzten Sitz ausgebucht, weshalb ich den Platz des nicht vorhandenen Co-Piloten bekomme, so ist das auf inländischen Kurzstreckenflügen mitunter fröhliche Praxis. Doch trotz der also meist ungeschulten Beisitzer gilt das Fliegen in Tansania als vergleichsweise sichere Transportart.

Unter uns ziehen die Ausläufer der Küstenmetropole Daressalam wie kleine Legosteine vorüber, und bald kommen die blauen Wellen des Indischen Ozeans in den Blick. Das riesengroße Delta des Rufiji-Flusses mit seinen unzähligen Seitenarmen, den Mangrovenwäldern und dem braunen Flusswasser, das sich in konzentrischen Kreisen mit dem Türkisblau des Meeres vermischt. Ein paar Inseln, unbewohnt. Gleich wird die schon recht klapprige Maschine auf der mittlerweile erstaunlich ebenen Landepiste der Insel Mafia, südöstlich von Sansibar, aufsetzen. Dann fahren wir noch ans andere Ende zum Hafen Utende, waten mit hochgekrempelten Hosen und barfuß durch das seichte, warme Meerwasser, um mit einem kleinen Dau-Segelboot auf die Insel Chole überzusetzen.

Schon hat das Sonnenlicht, das durch die vom Wind sanft bewegten Blätter der Kokospalmen auf den sandigen Boden fällt, der Geruch von Seegras und Mangos, der Anblick einiger Muscheln im Sand mich wieder in den Bann der Insel gezogen, ins Hier und Jetzt einer anderen Form des Lebens versetzt, einer, die mir zur absoluten Sehnsucht geworden ist.

Die Ankunft im Chole Mjini wird auch Sie augenblicklich aus der Hektik des europäischen Lebens in das Erlebnis maximaler Naturnähe katapultieren. Für ängstliche Reisegemüter mag die Erfahrung, in einem Affenbrotbaum (Baobab) zu wohnen, Wind und Wetter sowie dem Kreischen der wilden Flughunde (die in Chole ein Schutzgebiet genießen) ausgesetzt zu sein, eine allzu heftige Herausforderung darstellen. Tatsächlich habe ich schon Touristen erlebt, die die Insel nach der ersten Nacht kreidebleich wieder verließen, zu viel Nachtgetier, zu viel Natur drängte sich ihnen auf. Doch genau das ist es ja, was Ihre Tansania-Reise unter anderem bestimmen sollte, das, was Sie in diesem Land auf eine Weise erleben können wie sonst nirgendwo: Teil der Natur zu sein und die Grenzen des eigenen Erlebens und mitunter Ertragens auszuloten. Es wird uns auf dieser Reise immer wieder widerfahren, etwa wenn Hyänen im Katavi-Nationalpark des Nachts die Pfannen für das Frühstücksspiegelei stehlen oder kalter Regen beim Dinner unter dem Sternenhimmel am Empakaai-Kraterrand auf 2500 Metern Höhe die Pommes frites in Kartoffelsuppe verwandelt. Oder wenn wir vom Heulen der Löwen geweckt uns den Gang auf die Buschtoilette lieber erspart hätten. Oder wenn der Rücken eines Reisenden beim romantischen Abendessen im Busch von sich aus der Krone eines Feigenbaumes herablassenden Blasenkäfern in eine feurig schmerzhafte Fläche verwandelt wird, die sich bei jeder Berührung vergrößert, weil sich so das Gift des Käfers verteilt. Das afrikanische Naturerlebnis steckt voller Tücken, die Mehrzahl lohnt es zu meistern, stellen sie doch einen wichtigen Teil des Reisens dar, und man wird –

außer in dem Fall mit dem Blasenkäfer – mit unzähligen Momenten der Augenblicksglückseligkeit belohnt.

Augenblicksglückseligkeit im Baumhaus

Die Chole Mjini Lodge besteht aus sechs Baumhäusern, in die Kronen riesiger Affenbrotbäume und auf Stelzen in den Himmel gebaut, sowie einer ausladenden Villa und einer offenen Hotelhalle. Alles versteckt im subtropischen Grün. In Ruinen aus arabischer und deutscher Zeit, überwuchert von Mangroven und beschützt vom Kreuz des Südens, das überall in Äquatornähe am Abendhimmel erscheint, wird jeden Abend an einer anderen Stelle eine lange Tafel für alle Gäste gedeckt und, von Kerzen- und Öllampen beleuchtet, bis spät in die Nacht gespeist, geredet, diskutiert.

Jedes Hotelzimmer ist anders, dabei ist »Zimmer« ein allzu einengender Begriff für den Raum, den man hier oben bewohnt. Ein Plateau ohne Wände, ohne Abgrenzung gegen die Welt der Bäume, der Pflanzen und hier lebenden Tiere – und gerade dadurch von berückender Schönheit. In einem dieser Hotelzimmer hat man die beste Sicht über das Meer, unter dem nächsten lebt ein sanftmütiger Leguan, und wieder in einem anderen Baumhaus fällt der Blick auf die Ruine eines arabischen Hauses, von den Luftwurzeln der Bäume langsam in die Knie gezwungen.

»Wir wollten etwas ebenso Einfaches wie Elegantes kreieren«, erklären meine Freunde, Anne und Jean de Villiers, die vor nunmehr fast 30 Jahren auf die kleine Insel gekommen sind, um dieses Paradies zu erschaffen. Sie gehören damit zu den Pionieren eines ökologisch und sozial nachhaltigen Tourismus, wie wir ihn in Tansania noch an vielen anderen Orten finden werden.

Der Luxus dieser Lodge liegt in der Konzentration auf das Wesentliche – ein gut gepolstertes Himmelbett, Moskitonetze wie wehende weiße Wolken, durch die die Morgensonne schimmert, eine Hängematte, um die Seele baumeln zu lassen, eine gute, von orientalischen Einflüssen geprägte Swahili-Küche und vielfältige Aktivitäten, etwa Tauchen, Schnorcheln und Sonnenuntergangssegeln. So viel Natur wie nur irgend möglich, so viel Luxus wie nötig. Ein Leben mit dem Wind, den Tieren, der Feuchtigkeit und Hitze, dem Tag- und Nachtrhythmus, der parallel zu dem der Gezeiten das Leben der Gäste wie der Dorfbewohner bestimmt. Luxus als perfekte Balance zwischen Ausgesetztsein und westlichem Lebensgefühl. Eine fast spirituelle Erfahrung.

Schwimmen mit Walhaien oder zu den Putzerfischen tauchen

»Oh happy day«, singe ich vor mich hin, denn es ist einer dieser perfekten Tage am Indischen Ozean. Nach einigen eher stürmischen, wolkenverhangenen, deshalb gut zum Lesen im Baumhaus geeigneten Vormittagen ist der Ozean ruhig, und die Sonne setzt glitzernde Lichter auf die sich kräuselnde Wasseroberfläche. Das Motorboot flitzt durch den Mafia Island Marine Park, das größte geschützte Meeresgebiet des Indischen Ozeans mit seinen im Vergleich zu anderen Tauchrevieren noch intakten Korallenriffen, seinen 460 Rifffischarten sowie den auf der von der Weltnaturschutzunion IUCN herausgegebenen Roten Liste der gefährdeten Arten stehenden Walhaien, die sich von Oktober bis März vor der Küste von Kilindoni aufhalten. Mit ihnen zu schwimmen ist ein absolut atemberaubendes Ereignis. Im Sommer tauchen diese größten Fische der Meere (sie heißen Walhaie, weil sie so groß wie Wale, aber dennoch Haie sind) tief auf den Meeresgrund ab und sind nicht zu sehen.

Es ist August, und uns erwartet ein perfekter Tauchgang in 18 Metern Tiefe entlang des Riffs der Chole Bay mit Weißspitzen-Riffhaien, die auch Tansanias Briefmarken zieren, Wasserschildkröten, von denen es im Marinepark gleich fünf unterschiedliche Arten gibt, furchterregend dreinblickenden Muränen und einer Putzstation für Fische (dass es die wirklich gibt, und nicht nur bei *Findet Nemo*, ist ein rührendes, mir zu Herzen gehendes Detail). Uns erwarten missmutig dreinblickende Riesenzackenbarsche, hinreißende Clownfische, die nur in Symbiose mit ihren Seeanemonen leben können und sie deshalb geradezu hektisch verteidigen, majestätisch durchs Wasser schwebende Rochen und Hunderte andere Geschöpfe der mich stets in Bann schlagenden Unterwasserwelt. Tauchen kann man auch in Sansibar und vor allem in Pemba sowie an der Küste des Festlandes, aber Mafia mit seinem Marinepark ist der große Geheimtipp unter den Tauchrevieren des Landes und bestimmt eines der schönsten in der Welt.

Dann folgt ein Barbecue auf einer weißen Sandbank im türkisfarbenen Meer, der schönsten, die mir auf all meinen vielen Reisen begegnet ist, nur von einigen Oktopus-Fischern neugierig beäugt. Sonst gibt es nur uns und als weiße Farbkleckse ins Blau des Ozeans hineingemalte Dau-Segelboote. Keine Speedboote, kein Lärm, kein über den Sand wabernder Geruch nach Sonnencreme.

Die Delfine, die wir auf dem Weg zu den Tauchgründen gesehen haben, aufspringend und voller Lust wieder in die Fluten tauchend, waren schon ein Vorgeschmack auf das größte Erlebnis des Tages: Die Buckelwale ziehen aus dem antarktischen Winter Richtung Norden, wo sie in den wärmeren Gewässern vor Afrika ihre Kälber bekommen. Es sind kleine Gruppen, Muttertiere und ihre Kleinen, die mal die Schwanzflosse, mal die Seitenflosse und manchmal sogar ihr Maul aus dem Wasser strecken, sie führen Rollen aus und scheinen zu spielen. »Oh happy day!« Wieder so ein Stück Augenblicksglückseligkeit.

Kua – sagenumwobene Ruinen

Wer nach Chole kommt, sollte unbedingt eine Inselwanderung unternehmen. Dazu müssen Sie gute, wassertaugliche Schuhe, einen Sonnenhut, bis zum Knie reichende Shorts und am besten ein Hemd mit langen Ärmeln anziehen. Es geht zur sagenumwobenen Ruinenstadt Kua. Zuerst fährt man mit der Dau an der Insel Chole entlang und weiter nach Juani, der nach Mafia zweitgrößten Insel des Archipels. Dort befindet sich Kua und erinnert an jene Zeit, als die Küsten Ostafrikas über Jahrhunderte hinweg von arabischen Händlern geprägt wurden. Ab dem 11. Jahrhundert kamen sie aus Schiras und anderen Städten des Orients, erst im 16. Jahrhundert übernahmen die Portugiesen wichtige Knotenpunkte zwischen Lamu an der kenianischen Küste und Mosambik. Im 18. Jahrhundert begann schließlich die Herrschaft des Sultanats von Oman, und 1840 verlegte Said ibn Sultan seinen Hof von Maskat auf die Insel Sansibar. Zu seinem Herrschaftsgebiet gehörten auch die Insel Mafia und die damals viel bedeutendere Insel Chole.

Fast 1000 Jahre lang vermischten sich an den Küsten Ostafrikas Menschen unterschiedlicher Herkunft. So entstand die für die Küste charakteristische Swahili-Kultur. Sie ist ein Kind des Monsuns, der indische und arabische Händler seit jeher an die Küsten Ostafrikas gebracht und einen jahrhundertelangen Handel mit Gewürzen, Elfenbein, Stoffen, Gold und Sklaven in Gang gesetzt hat (siehe dazu auch das Kapitel über Kilwa).

Der alte Palast von Kua wurde mithilfe des World Monuments Fund aus den Fängen des Tropenwaldes befreit und gemeinsam mit der Dorfgemeinschaft restauriert. Nun kann man sich vorstellen, wie hier die letzte Königin von Kua lebte. Als die Insel von madagassischen Sakalava angegriffen wurde, floh sie auf die kleinere Insel Chole, wo eine Steinstadt (Stonetown) entstand, größer und bevölkerungsreicher als das heutige Dorf, in dem noch die Überreste der damaligen Moschee zu sehen sind. Und während die Bedeutung Choles auch noch in der Zeit des deutschen Kolonialismus groß blieb (weil die Kolonialherren in den arabischen Ruinen ihre *Boma*, also ihren Regierungssitz errichteten), wurde Mafia zu »Chole Shamba« degradiert, also zur Insel der Felder und Plantagen.

Von der kleinen Insel Chole ließen sich die Arbeiter der Cashewnuss- und Kokosnusspalmplantagen gefahrloser verwalten, Aufständische hätten schließlich erst die Meerenge von Utende überwinden müssen. Dann fiel Chole zurück auf das Niveau eines kleinen Dorfes, bewohnt von Fischern und den wilden Flughunden. Ein paradiesisches Eiland im Robinson-Crusoe-Stil. Eine Insel, deren Bewohner von modernen Entwicklungen wie einer besseren Ausbildung, medizinischer Versorgung und wirtschaftlichem Fortschritt abgeschnitten waren. Bis Jean und Anne ihre Baumhaus-Lodge an den nördlichen Zipfel der Insel bauten und den Kindern von Chole neue Hoffnung gaben.

Der Rückweg von Kua nach Chole erfolgt zu Fuß, zuerst marschieren wir über die Insel, an Feldern und Hütten vorbei, dann auf einem immer schlammigeren Pfad durch das Mangrovendickicht bis an den Strand und schließlich im knöcheltiefen Wasser von Insel zu Insel. Bei Ebbe fällt der Meeresboden hier für einige Stunden trocken, danach füllt sich die Chole Bay, und man kann nur noch im Einbaum zurückkehren. Der weißgraue Sand, die hellgrünen Algen, Wasser in allen Blau- und Grüntönen, die kleinen Korallenfelsen, wie überdimensionale Backenzähne in den pastellfarbenen Himmel ragend, flirrende Mittagshitze, Frauen in wehenden farbenfrohen *Kangas*, die Seegras ernten oder mit einem Korb voller Spinat auf dem Kopf ihren Heimweg antreten … Eine gute Stunde dauert die Wanderung, eindrücklich in ihrer Schönheit, beschwerlich im knöcheltiefen Meereswasser und dem Schlamm zwischen den Mangroven.

Die Schulkinder von Chole

Bis vor 25 Jahren war dies noch der Schulweg der Kinder von Chole, denn nur auf Juani gab es eine Grundschule, und so mussten sie – die Kinder gingen in Gruppen, um sich vor den Gefahren streunender Hunde und Diebe zu schützen – immer durch das Wasser zur Schule gehen. Da die Gezeiten aber wechseln und stürmisches Wetter keine Seltenheit ist, gab es genug Tage, an denen die Kinder von Chole gar nicht in die Schule kamen. Dann errichteten Anne und Jean gemeinsam mit der Schulbehörde von Mafia eine Grundschule in Chole. Gleich neben ihrer Lodge, so nahe, dass man am Morgen in einigen der Baumhäuser die tansanische Hymne »Segne uns, die Kinder Tansanias« hören kann, die hier stets vor Schulbeginn gesungen wird. Sie ruft ins Gedächtnis, dass das Leben der Kinder von Chole wie das der meisten Kinder in Tansania immer noch beschwerlich ist.

Auf unserem Weg zurück zur Baumhaus-Lodge kommen wir am Kindergarten vorbei, der ebenfalls von Anne und Jean gegründet wurde. Gut zwei Dutzend Drei- bis Sechsjährige in ihrer rot-weißen Schuluniform spielen unter dem großen Feigenbaum, der den Flughunden von Chole ein tägliches Nachtlager bietet.

Ich denke an Johari Fadili, den ersten Kindergartenlehrer von Chole, dessen Geschichte mich so viel Demut gelehrt hat. Ich besuchte ihn vor Jahren auf seiner *Shamba*, den paar Feldern, die jedes Haus in einem ostafrikanischen Dorf umgeben und deren Früchte für den eigenen Bedarf angebaut werden, ist doch die Subsistenzwirtschaft immer noch das Rückgrat der afrikanischen Ökonomie. Johari hockte auf seinen Fersen, auf jedem Knie ein Enkelkind. Hinter ihm sah man die Nachbarinsel Jibondo, einen grünen Strich am Horizont, auf dem Palmen wie Zinnsoldaten in das Blau des Himmels ragten. Der hochgewachsene, hagere Mann lachte breit, während große Falten sein Gesicht durchzogen. »Diese beiden Knirpse können nächstes Jahr in Chole in den Kindergarten gehen.« Als er im Jahr 2000 gegründet wurde, ging der ehemalige Fischer nach Daressalam und ließ sich zum Montessori-Lehrer ausbilden. Dann wurde er Leiter des Kindergartens. »Er musste seine Familie für zwei Jahre allein lassen«, erzählt Anne. Für Menschen wie Johari, die auch die 20 Cent für die zehnminütige Fahrt mit der Fähre von Chole nach Mafia nicht leichtfertig ausgeben, ein gewaltiger Schritt.

Der Kindergarten von Chole führte zu einem regelrechten Sprung in der Entwicklung des Dorfes, doch nicht so sehr wegen der frühkindlichen Erziehung, sondern vor allem durch sein intensives Gesundheitsprogramm und die Mittagsmahlzeit, die die Drei- bis Sechsjährigen dort bekommen. »Anfänglich haben wir uns gewundert, warum so wenig Schüler in der neuen Grundschule durch die Prüfungen kamen.« Mit der Einführung des Kindergartens stieg die Erfolgsrate jedoch signifikant an. »Sie konnten sich einfach besser konzentrieren, weil sie nicht mehr anämisch und chronisch krank waren«, erzählt Anne. Auch dieses Mal hat sie einen Sack Reis für das Abschlussfest der Grundschule gekauft, von 25 Kindern haben 24 den Übertritt in die Sekundarschule geschafft. Zumindest auf der Insel Chole ist Bildung zum Erfolgsmodell geworden. Die Sekundarschüler werden durch Stipendien aus dem Chole Mjini Trust Fund gefördert, und mittlerweile haben es schon fast zwei Dutzend auf die Universität geschafft. So nachhaltig ist Entwicklungshilfe nicht immer.

Die Anstrengungen, dem Dorf zu einer von der Lodge unabhängigen ökonomischen Entwicklung zu verhelfen, sind dennoch stets schwierig geblieben. »Es ist eben leichter, die Menschen auszubilden, als sie dazu zu bekommen, erfolgreiche Unternehmer zu werden, noch dazu nach 40 Jahren Sozialismus«, erklärt Jean mit Blick auf die jüngste Geschichte des bis Mitte der 1980er-Jahre kommunistischen Landes.

Doch es liegt wohl auch an der Größe der Insel, die mit ihren 1000 Einwohnern und ihrer Abgeschiedenheit einfach zu klein für jegliche Art von wirtschaftlichem Austausch ist. Auch die rund zehn Touristen am Tag, die von Mafia auf die Insel kommen, um sich das Dorf anzuschauen, sind keine kritische Masse. Mehr als den einen Souvenirladen von Ali braucht es da nicht.

Und dennoch: Statt einigen wenigen Dorfbewohnern mit einer bezahlten Arbeit gibt es heute allein in der Lodge 50 Angestellte, darüber hinaus noch einmal so viele, die dank ihrer besseren Ausbildung nach Mafia zur Arbeit pendeln. So fließt Geld zurück in das Dorf. Statt nur einem Fahrrad gibt es heute einige Hundert, fast jeder hat ein Radio und nicht wenige sogar ein Solarpaneel auf dem Dach, um Strom in die dunkle Hütte zu leiten, Handys aufzuladen oder einen Fernseher laufen zu lassen. Hier sieht man eine bessere Behausung, dort hat einer ein wenig Geld und Zeit in einen hübscheren Eingang investiert. Manche träumen gar vom eigenen Boot, um Touristen durch den Marinepark zu schippern, oder von einem Geschäft im Zentrum der Insel. Und manche schaffen es auch, ihren ganz großen Traum zu verwirklichen, wie Rajabu, der Oberkellner der Chole Mjini Lodge. Mit seinem Gehalt hat er mehreren seiner Geschwister zu einer besseren Bildung verholfen, ein Bruder hat es sogar auf die Universität geschafft. Nach all den Jahren, die sich Rajabu um die anderen gekümmert hat, kam die Unterstützung mit reichen Händen zu ihm zurück. »Mein Traum ist in Erfüllung gegangen«, sagt er und kommt aus dem Strahlen gar nicht mehr heraus. Ein kleines Guesthouse mit drei hübschen Zimmern und einem atemberaubenden Blick auf die Insel Jibondo hat er, finanziert durch seinen in Daressalam lebenden Bruder, gebaut. *Ubuntu* sei Dank!

Daressalam – gleichzeitig chillig und stressig

Vielleicht haben Sie Glück. Vielleicht sehen Sie, wenn Sie sich durch den Verkehr gequält, einigen Straßenverkäufern Taschentücher und Erdnüsse abgekauft und den berühmten Bongo-Flava-Sound der Stadt aus einigen Gettoblastern am Straßenrand verweilender Jugendlicher an sich haben vorüberziehen lassen, ein Dau-Segelboot zwischen modernen Containerschiffen, Fischkuttern und den Fähren, die an der Kivukoni Front vor der katholischen Kathedrale von St. Joseph nach Sansibar ablegen. »Bongo« ist das Swahili-Wort für Gehirn, und der Name dieser aus dem Hip-Hop stammenden Musikrichtung besagt, dass man sein Gehirn braucht, um in Daressalam zu überleben. Der Sound und die Texte voller spielerischer Ironie und gesellschaftspolitischer Anklage passen ebenso zur Stadt, wie das seit Jahrhunderten im Indischen Ozean verkehrende Dau-Segelboot immer noch Teil der Szenerie der tansanischen Hafenmetropole ist.

Und damit sind Sie auch gleich im Zentrum der Stadt angelangt. Denn hier an der Kivukoni Front hat die Geschichte Daressalams angefangen, als Sultan Sayyid Mâdjid von Sansibar seine

Residenz von Stone Town in das kleine Fischerdorf Mzizima ans Festland verlegte, mit dem Bau eines Palastes begann und der neuen Siedlung den wunderbaren Namen *Dar as-Salâm* (arab. Haus des Friedens) gab.

Sein Enkel verpachtete Daressalam und die Küste des heutigen Tansania wenige Jahre später an die Deutsch-Ostafrikanische Gesellschaft (DOAG), eine private Initiative, gegründet von Carl Peters, der auf eigene Faust örtliche Machthaber mit seinen sogenannten Schutzverträgen übervorteilte und damit der deutschen Kolonisierung Ostafrikas den Boden bereitete. 1891 übersiedelte die aus der DOAG hervorgegangene Kolonialverwaltung ihre Hauptstadt von Bagamoyo nach Daressalam, weil es hier einen einzigartigen Naturhafen gab.

Bis heute ist er eine der größten und wichtigsten Hafenanlagen an der ostafrikanischen Küste, Hauptgüterumschlagplatz für Tansania und die Binnenländer Malawi, Sambia, Demokratische Republik Kongo, Burundi, Ruanda und Uganda. Und er weckt Begehrlichkeiten, die anders ausgedrückt auch wirtschaftliche Chancen genannt werden können. So verhandelten die Chinesen, die in Tansania seit Jahren ihr Tor nach Afrika sehen, schon seit 2013 über den Bau eines gigantischen Hafens, erst in Daressalam, dann im nahe gelegenen, verkehrstechnisch weniger belasteten Bagamoyo. 2020 scheiterte der Deal, weil John Magufuli, von 2015 bis 2021 an der Macht, die von seinem Vorgänger akzeptierten Bedingungen der Chinesen ausbeuterisch und feindschaftlich empfand. Magufuli wollte den Pachtvertrag für nur 30 statt 99 Jahre abschließen und den Hafen der staatlichen tansanischen Kontrolle unterstellen. Das vergraulte die Chinesen, brachte Magufuli in den eigenen Reihen jedoch einigen Beifall ein. Er würde sich, so hieß es, nicht wie der halbe Kontinent vor den Chinesen in den Staub werfen.

Unter der seit 2021 amtierenden Präsidentin Samia Suluhu Hassan, die erneut eine für ausländische Investoren freundliche Politik betreibt, gibt es neue Gespräche mit den ursprünglichen

Investoren – ob am Ende dabei neokoloniale Ausbeutung oder ein wirtschaftlicher Gewinn für beide Seiten herauskommt, steht in einer Kontinuität der globalwirtschaftlichen Verflechtung und des fremdländischen Zugriffs auf Afrika. So wie der Kalte Krieg Tansania geformt hat, so schlägt sich auch die heutige Verfassung der Welt, die geopolitische Verschiebung der Macht von Amerika und Europa nach China, Indien und in den Nahen Osten in Tansania nieder. Heute erneuern vielfach Chinesen die Straßen, die von den Deutschen einst geplant und seit der Unabhängigkeit durch europäische Entwicklungshilfegelder ausgebaut wurden.

Großstadt und afrikanisches Dorf in einem

Wir sitzen auf der Dachterrasse der Alten Boma an der Kivukoni Front und trinken Eiskaffee mit Mejah Mbuya, einem Graffiti-Künstler, Hip-Hopper und Gründer des alternativen Tourismusunternehmens Afri Roots.

Der Blick schweift vom Containerhafen über die ganze Bucht hinüber zum Fischmarkt. Hinter uns liegt die Stadt. Eine leichte Brise vom Meer macht das Klima angenehm und die Luft einigermaßen sauber. Daressalam ist zwar kein Moloch à la Kairo, aber mit seinen etwa siebeneinhalb Millionen Einwohnern und seinem rasanten Wachstum – bis 2050 rechnet man im gesamten Ballungsraum mit 16 Millionen Menschen – Opfer seiner eigenen Entwicklung mit den üblichen Folgen an Umweltverschmutzung, einem unerträglichen Verkehrschaos, in die Höhe schießenden Immobilienpreisen, Migrationsdruck und marginalisierten Quartieren zwischen Villen- und Hochhausvierteln. Falls Sie nicht ausgerechnet in der Nacht durch die Straßen wandern, ist Daressalam aber eine ziemlich sichere Stadt. Mit normalen Vorsichtsmaßnahmen können Sie weite Teile zu Fuß, im Taxi, ja sogar mit dem Fahrrad erkunden, und niemand wird

Sie belästigen, wenn man einmal davon absieht, dass Tansanier durchaus kontaktfreudig sind, im positiven Sinne.

Daressalam, das bis 1974 Hauptstadt Tansanias war (gefolgt von Dodoma, das man nicht unbedingt besichtigen muss) und bis heute Regierungssitz ist, bietet einen Querschnitt durch die Geschichte des Landes seit dem ausgehenden 19. Jahrhundert. Außerdem können Sie sich hier eine Art Koordinatensystem für das Land erlaufen. Denn die Küstenmetropole ist alles gleichzeitig. Hip, jung, arm, reich, modern, weiß, schwarz, asiatisch, großstädtisch und wie ein afrikanisches Dorf.

Während hinter der Bibi Titi Mohammed Road – sie ist nach der legendären Sängerin, Befreiungsaktivistin, Mitstreiterin Nyereres benannt – im Westen die Stadtteile der Armen mit ihren niedrigen Häuschen und ungeteerten Straßen mit Schlaglöchern so tief wie Kinderwägen beginnen, findet man auf der sogenannten Peninsula im Norden, in den Vierteln Masaki und Oysterbay, die Luxusvillen der Reichen und die Residenzen der ausländischen Botschaften. Teure Wohnungen für »the happy few«, die in Daressalam längst nicht mehr nur weiß sind und auch hier wie in London, Los Angeles oder Rio Latte macchiato oder Matcha Latte trinken und hippe Restaurants mit veganer Fusion-Küche frequentieren. Dort befinden sich auch einige schöne Strände, vor dem altehrwürdigen Jachtklub und dem Slipway-Hotel- und Einkaufskomplex. Weiter in Richtung Stadt, vor der Selander-Brücke, findet man sogar eine kleine, aber durchaus beachtliche Gründerszene – das sogenannte Silicon Dar (doch dazu später ausführlich). Daressalam ist voller Überraschungen, die Stadt hat ihr ganz eigenes Narrativ.

Mejah kennt fast jedes Haus, bei vielen hat er um ihren Erhalt und die Renovierung gekämpft, zu fast allen weiß er eine Story. »Ich will, dass meine Landsleute ihre Geschichte kennen und darauf stolz sind«, sagt er. Ohne Geschichte könne man nicht leben.

Mejah, der seinen Namen am liebsten militärisch »Major« aussprechen lässt und dabei schelmisch unter seinen vom *Durag* (einem Kopftuch, das im Nacken verknotet wird) zusammengehaltenen Rastafari-Dreadlocks lächelt, hat Politik und Wirtschaftswissenschaften an der Universität von Daressalam studiert und dann als Stipendiat der African Leadership University (ALU) in Ruanda einen Master in Conservation and Social Entrepreneurship obendrauf gesetzt. Damit gehört er zur jungen, gut ausgebildeten Elite des Landes. Außerdem ist er jemand, der sein Land nicht einfach nur wirtschaftlich voranbringen will, sondern ein komplexes Anliegen hat. Er verbindet Geschichte mit Umweltschutz, Hip-Hop-Kultur und Black-Empowerment-Bewegung mit nachhaltigem Tourismus, afrikanischen Sozialismus mit neuer Start-up-Szene.

Ein deutscher Kurort verlegt in die Tropen

Die Alte Boma, eines der ältesten Gebäude der Stadt, 1866 von Sultan Sayyid Mâdjid erbaut, später von den Deutschen vergrößert, ist zusammen mit der Neuen Boma bis 1916 Sitz der deutschen Kolonialverwaltung gewesen. Ein paar Schritte entfernt sieht man die markante St.-Josephs-Kathedrale, erbaut von den Benediktinermönchen von Sankt Ottilien in Bayern, die seit 1887 in Tansania tätig sind (wir werden ihre Missionsstation – fast so etwas wie ein Staat im Staat – in Ndanda besuchen). Noch ein Stück in Richtung Meer ragt die Spitze der etwas älteren, hübscheren, ebenfalls im neogotischen Stil erbauten Lutheranischen Kirche mit den aus Deutschland herbeigeschafften bunten Glasfenstern hervor. Auf dem Weg dorthin passiert man die noch aus der deutschen Kolonialzeit stammende Alte Post und ein von Sayyid Mâdjid als Harem erbautes, 1922 an die Weißen Väter (eine in Frankreich gegründete Ordensgemeinschaft) verkauftes gut erhaltenes Gebäude (auch Atiman House genannt, nach einem von den Weißen Vätern in Nigeria befreiten Sklaven, der hier in den 1920er-Jahren als Arzt ordinierte).

Wieder an der St.-Josephs-Kathedrale vorbei kommt man zum New Africa Hotel, heute ein gesichtsloses internationales Businesshotel, noch dazu mit dem architektonischen Charme der 1960er-Jahre, aber mit glamourösem Ursprung. Bis 1960 stand hier das wunderschöne Hotel Kaiserhof (unter den Briten in New Africa Hotel umbenannt), das nach damaliger Meinung beste Hotel in ganz Ostafrika, besser sogar als das bis heute berühmte Norfolk in Nairobi. Es habe, wie der britische Schriftsteller William Boyd beschreibt, kaltes und warmes fließendes Wasser gegeben, die Kellner seien mit teutonischer Gründlichkeit erzogen und das Bier exzellent gewesen. Die verspätete Kolonialmacht Deutschland konnte sich endlich mit Großbritannien messen. Man trug wie die Konkurrenz am imperialen Parkett weiße oder beige Tropenanzüge, samt Tropenhelm und Reitgerte. Man fuhr Rikscha, spielte Tennis im Botanischen Garten und verschlang Unmengen an Whisky und anderen Spirituosen nach Einbruch der Dunkelheit. Daressalam, so meinte ein Zeitgenosse schwärmerisch, sähe wie ein »deutscher Kurort verlegt in die Tropen« aus.

Ganz in der Nähe der wenigen Gebäude, die aus der Gründungszeit der Stadt übrig geblieben sind, befindet sich das Askari-Denkmal. Mit ihm endet die Geschichte der deutschen Kolonialzeit in Ostafrika. Die Askaris waren einheimische Soldaten, die sowohl für die Briten als auch für die Deutschen den Ersten Weltkrieg in Ostafrika bestritten, mit hohem Blutzoll, in einem Konflikt, der nicht der ihre war. Das Askari-Denkmal wurde 1927 zu Ehren der King's African Rifles und Carrier Corps errichtet, also der von den Briten akquirierten Askaris. Bis zur Einnahme Daressalams und Deutsch-Ostafrikas durch die Briten 1916 stand hier die Statue des deutschen Gouverneurs Hermann von Wissmann, der schon 1889 Askaris für seine Wissmann-Truppe angeheuert hatte, um mit ihnen den Aufstand der ostafrikanischen Küstenbewohner gegen die Deutsch-Ostafrikanische Gesellschaft niederzuschlagen. Später wurde daraus die Deutsche Schutztruppe, die im Weltkrieg gegen die King's African Rifles kämpfte. Eine absurde Geschichte, brutal und unmenschlich, und ein typisches Beispiel für die Vereinnahmung Afrikas durch die imperialen Machtinteressen Europas.

Man bezahlte die Askaris gut, und die Aussicht auf einen hohen Lebensstandard und eine herausgehobene Stellung ließ viele den grausamen Drill, die Erniedrigungen und die Entwurzelung vergessen, wie sie der tansanische Literaturnobelpreisträger Abdulrazak Gurnah in seinem letzten Roman *Nachleben* (2020 im Original erschienen) eindrücklich beschrieben hat. Paul von Lettow-Vorbeck, auch »der Löwe von Afrika« genannt, führte die Askaris der Deutschen Schutztruppe in den Ersten Weltkrieg und sorgte danach dafür, dass den wenigen überlebenden Soldaten später eine Pension ausgezahlt wurde. Nach Schätzungen der Historiker starben in Ostafrika insgesamt eine Million Menschen an den Auswirkungen des Krieges – was für eine schreckliche, immer noch allzu wenig im historischen Bewusstsein der Europäer verankerte Bilanz. Die Bundesrepublik Deutschland nahm die im Zweiten Weltkrieg versandeten Pensionszahlungen wieder auf und setzte sie bis zum Tod des letzten Askari 1990 fort.

In Zeiten, in denen überall in postkolonialer Absicht Monumente gestürzt und Straßen umbenannt werden, wirkt das Askari-Denkmal mit der sehr bezeichnenden Inschrift »If you fight for your country even if you die your sons will remember your name« – auf Englisch und Swahili – besonders anachronistisch. Mit der Niederlage der Deutschen Schutztruppe endete das deutsche Abenteuer in Afrika, und aus Deutsch-Ostafrika wurde das von den Briten verwaltete Völkerbundmandat Tanganjika. Und auch diese Epoche endete, und zwar 1961 mit der Unabhängigkeit des Landes, das sich seit 1964, nach der Vereinigung mit Sansibar und seinen Inseln, Tansania nennt.

Die Komplexität des Lebens weglachen

Wir begeben uns zu einem Rundgang in die ärmeren Teile der Stadt. Bei einem Straßenhändler in der Nähe des riesigen, wunderbar turbulenten Kariakoo-Marktes (hier bekommt man alles außer frischen Fisch) kaufen wir grüne Kokosnüsse – auf Swahili *Madafu*. Nichts löscht den Durst besser als dieser viele Mineralien beinhaltende Saft der jungen Nüsse. Etwa 70 Euro im Monat verdient der freundlich lachende Mann mit seinem kleinen Stand, zwei bis drei Euro am Tag. Weit über die Hälfte der Bevölkerung Tansanias arbeitet im informellen Sektor, der von kleinen Handwerksbetrieben über den Handel mit Secondhand-Produkten bis zu eben diesen Straßenständen reicht. Mit geringfügigen Steuern für einen Straßenstand versucht man, den Sektor zu legalisieren und wichtige Einnahmequellen für Millionen von Menschen zu erhalten.

In Daressalam sind die Straßenverkäufer nach Sektoren eingeteilt. Die fliegenden Kaffee- und Erdnusshändler kommen aus der Gegend um Dodoma. Sehen Sie im Straßenverkehr Fahrradfahrer, die mehrere Lagen von Eiern in einer Hand balancieren, sind sie meist aus der Region der Afrikanischen Großen Seen. Schuhputzer sind vom Kilimandscharo, und bei Trägern nimmt man einfach an, sie kommen von den Usambara-Bergen, denn die Leute von dort gelten als besonders stark. Sie alle wohnen in den überfüllten Armenvierteln, dort, wo Daressalam wie ein – wenn auch dichter bevölkertes – afrikanisches Dorf aussieht. Stadtteile mit hoher sozialer Kontrolle und geringer Kriminalität. Immer öfter werden geführte Touren in diese Viertel angeboten, lohnende Spaziergänge für ein besseres Verständnis des Landes und seiner Entwicklung.

Hier treffen wir die fliegenden Kaffeehändler wieder, die uns für wenige Tansania-Schilling im Hinterhof ihrer Hütte traditionell zubereiteten starken Kaffee kredenzen, alleinerziehende

Mütter, die aller Not zum Trotz fröhlich Chapati servieren (wir seien die ersten Kunden seit Langem, sagt Mama Amina tapfer lächelnd) und die bald 80-jährige Hebamme Bibi Satuni (*Bibi* steht für Großmutter), die hier seit mehr als einem halben Jahrhundert Kinder auf die Welt bringt. »Für etwas bin ich sehr dankbar«, sagt sie, nachdem wir im nach allen Seiten offenen Hinterhof ihres Hauses am Boden Platz genommen haben. »Dafür, dass ich nur wenige Babys verloren habe.« Einmal, bei der Geburt eines Zwillingspaars, reichte ihre Kunst einfach nicht aus, noch immer denkt sie mit Wehmut daran zurück. Da schneit ein junger Mann herein, begrüßt sie lachend und fragt nach ihrem Befinden. »Den habe ich auch auf die Welt gebracht.« Danach flechtet Bibi Satuni, wieder fröhlich geworden, Zöpfe in die Haare ihres auf dem Schoß sitzenden Enkelkindes. »Sie muss morgen zur Schule.« Hinter den beiden strampelt das kleinste Kind der Großfamilie auf einer Decke unter einem Moskitoschutz (er ähnelt einer großen Käseglocke aus Gittergeflecht), während die Hühner geschäftig ihres Weges gehen. Ob sie an Corona erkrankt gewesen sei, fragen wir. Ach, meint sie mit wegwerfender Handbewegung, eine Zeit lang hätten viele hier Symptome gehabt, aber niemand musste ins Spital. Sie selbst sei einfach in ihren Kräutergarten gegangen und habe alles, was sie finden konnte, abgeschnitten und daraus eine Inhalationslösung gebraut. »Alles weg!«, sagt sie mit dieser den alten Leuten hier oft eigenen Autorität und Ernsthaftigkeit, gefolgt von einem jeden Widerspruch hinwegfegenden, die Komplexität des Lebens miteinkalkulierenden Lachen.

Ein Angriff auf alle Sinne – der Fischmarkt

Wollen Sie einen der schönsten Fischmärkte in Ostafrika besuchen, dann sollten Sie früh aufstehen und ein Taxi dorthin nehmen, wo der Barack Obama Drive auf die Kivukoni Front stößt.

Falls Sie sensible Geruchsnerven haben, empfiehlt es sich, einen Mund-Nasen-Schutz zu tragen. So weit das Auge reicht, reihen sich die Verkaufstheken der Fischer, dahinter glitzert das Meer blau in der Morgensonne. Fischkutter und Daus liegen am Strand, die Netze sind zum Trocknen ausgelegt.

Exotisch prächtig, die Sinne fast erschlagend in seiner Fülle an Farben, Gerüchen, dem Gewimmel an Menschen und Stimmen ist dieser Markt. Er ist in acht verschiedene Sektoren aufgeteilt. In der Mitte finden die Fischauktionen statt. Dort kaufen Restaurant- und Fischgeschäftebesitzer Oktopusse, Shrimps, Thunfische, Blaue Marlins, Red Snapper und alles, was der Indische Ozean sonst noch an Nahrungsmitteln offeriert. Hier ist die Stimmung ernsthaft angespannt wie an der Börse. In den angrenzenden Sektoren wird mehr gelacht, hier werden Muränen abgemessen, große Barrakudas zerteilt, Krebse wieder eingefangen, die sich in den Abwasserrinnen davonmachen wollen. Jenseits der Straße, die den Markt teilt, werden Fische getrocknet oder in großen Pfannen gesotten und in zusammengerolltem Zeitungspapier verkauft. Wenige Erlebnisse können in ihrer Intensität mit einem Besuch dieses Fischmarkts konkurrieren, und so sollten auch Sie sich diesem Angriff auf Ihre Sinne nicht entziehen.

Die Geschichte der Unabhängigkeitsbewegung

Nun ist es aber Zeit für ein kühles Bier und ein *Pilau* – nehmen wir es im New Zahir Restaurant in der Mosque Street im Stadtzentrum ein. Nach der Unabhängigkeit Tansanias wurde Daressalam zu einem Zufluchtsort für antiimperialistische und nationalistische Revolutionäre aus aller Welt und das New Zahir zu einem Treffpunkt für die politischen Stars der damaligen Zeit. Malcolm X speiste hier 1964 während seiner zweiten Afrikareise und warb um Unterstützung für die von ihm gegründete Organisation für die Afroamerikanische Einheit (OAAU), die er in

Anlehnung an die Organisation für Afrikanische Einheit (OAU) modelliert hatte.

Der afrikanische Kontinent lag seit den 1950er-Jahren in einem nie gekannten Befreiungsfieber: Überall würden die kolonialen Machthaber einheimischen Regierungen weichen, überall würde ein Bewusstsein entstehen, dass die eigenen Leute die Geschicke des Landes in eine glückliche Zukunft zu lenken verstünden. Zu »Afrika den Afrikanern« kam der afroamerikanische Kulturkampf, der alle Schwarzen der Welt – in Nordamerika und Afrika – vereint sah und zu einer neuen selbstbewussten Identität aufrief. Ganz vorne dabei Malcolm X, der in Daressalam deshalb auch mit Nyerere zusammentraf, einem der Initiatoren der OAU, aus der 2002 die Afrikanische Union hervorgehen sollte. Die Situation damals war angespannt, in Mosambik organisierte die Befreiungsbewegung (FRELIMO) gewaltsame Proteste gegen die portugiesischen Kolonialherren, und Aufstände im Kongo drohten die ganze Region zu destabilisieren.

Das war der politische Hintergrund, der auch den Freiheitskämpfer Che Guevara nach Daressalam brachte. Er kam im Februar 1965, als russischer Arzt verkleidet (in demselben Monat, in dem Malcolm X in New York einem Attentat zum Opfer fiel), um von hier aus seine Unterstützungsaktion für alle von den Imperialisten unterdrückten Staaten Afrikas vorzubereiten. Schon davor hatte Kuba Trainingscamps in Sansibar unterhalten und die dortige Bürgerkriegsbewegung unterstützt. Doch jetzt war nur der kongolesische Befreiungskämpfer Laurent Kabila von Ches Idee begeistert, und so kam es, dass der berühmte Guerillaführer im April des gleichen Jahres mit 130 eigenen Männern in einer Nacht-und-Nebel-Aktion den Tanganjikasee überquerte, um sich für sieben Monate in den kongolesischen Bürgerkrieg zu mischen (wie im Übrigen auch die USA, Belgien, die Sowjetunion, Südafrika und die UNO). Der Bürgerkrieg war nach der überhasteten Entlassung Belgisch-Kongos in die Unabhängigkeit ausgebrochen – doch Ches Hoffnungen, den Kontinent gegen den Imperialismus einzuschwören, sollten sich nicht erfüllen.

Dass Daressalam Dreh- und Angelpunkt der antikolonialistischen Befreiungsbewegungen des südlichen Afrikas war, zeigte sich auch daran, dass der südafrikanische ANC hier seine wichtigste Dependance unterhielt. Schon 1962 überquerte Nelson Mandela heimlich südlich von Mbeya die Grenze des gerade unabhängig gewordenen Tanganjikas, um sich vor dem Apartheidregime in seinem Land in Sicherheit zu bringen. In seiner Autobiografie *Der lange Weg zur Freiheit* erinnert er sich an die Aufbruchsstimmung von damals – eine Zustandsbeschreibung, die die Dimension von Unterdrückung und Befreiung eines ganzen Kontinents in einem Gefühlsaugenblick zusammenfasst: »In diesem Augenblick [angekommen in Tanganjika] begriff ich wirklich, dass ich in einem Land war, in dem Afrikaner herrschten. Zum ersten Mal in meinem Leben war ich ein freier Mann. Obwohl ich Flüchtling war, gesucht in meinem eigenen Land, fühlte ich, wie die Last der Unterdrückung von meinen Schultern abfiel. Wohin ich auch ging in Tanganjika, überall wurde meine Hautfarbe sofort akzeptiert und nicht mechanisch abgelehnt. Zum ersten Mal wurde ich nicht nach meiner Hautfarbe beurteilt, sondern nach Verstand und Charakter.«

Ich kann die Stelle nicht oft genug lesen, so erhellend, aber auch beschämend ist sie, vielleicht ergeht es Ihnen ja wie mir. Mandela schreibt weiter: »Wir kamen am nächsten Tag in Daressalam an, und ich traf Julius Nyerere, den ersten Präsidenten des neuen unabhängigen Landes. Wir unterhielten uns in seinem Haus, das überhaupt nicht großartig war, und ich erinnere mich, dass er selbst in einem einfachen Auto fuhr, einem kleinen Austin. Das beeindruckte mich, denn es deutete darauf hin, dass er ein Mann des Volkes war.«

Auch der polnische Schriftsteller und Chronist Afrikas, Ryszard Kapuściński, beschreibt in seinem Buch *Afrikanisches Fieber* den Geist dieser uns Europäern durch die vielfältigen afrikanischen Krisen überdeckten Epoche großer Hoffnungen. Er war kurze Zeit nach Mandelas Flucht nach Tanganjika gekommen – und zwar während der Revolution in Sansibar um die Jahreswende 1963/64 –, in Daressalam gestrandet und hatte sich auf die Dachterrasse des New Africa Hotels begeben, »wo das heutige Afrika konspiriert. Hier treffen sich die Flüchtlinge, Vertriebenen und Emigranten aus allen Teilen des Kontinents. An einem Tisch sitzen für gewöhnlich Mondlane aus Mosambik, Kaunda aus Sambia, Mugabe aus Simbabwe. An einem anderen Karume aus Sansibar, Chisiza aus Malawi, Nujoma aus Namibia usw.: Tanganjika ist in diesen Breiten der erste unabhängige Staat, daher zieht es Menschen aus allen Kolonien hierher. Am Abend, wenn es kühler wird und oben vom Meer her eine erfrischende Brise weht, füllt sich die Terrasse mit Menschen, die diskutieren, Aktionspläne beschließen, ihre Kräfte und Chancen abschätzen. Die Terrasse wird dann zu einem Führungszentrum, zu einer provisorischen Kapitänsbrücke.«

Julius Nyerere – einer der Großen Afrikas

Julius Nyerere war schon früh zu einem der führenden Männer der Unabhängigkeitsbewegung in ganz Afrika geworden, nur für die Nachwelt weniger prominent als Nelson Mandela, aber durchaus von ähnlichem Format. Der Sohn des Oberhaupts der Zanaki, eines kleinen Volkes in der nördlichen Mara-Region, wurde in einer der Missionsschulen erzogen, studierte mit anderen Protagonisten der afrikanischen Unabhängigkeitsbewegung auf der legendären Makarere-Universität in Kampala, Uganda, dann in Edinburgh, wo er unter anderem Politik und Geschichte belegte und durch die Philosophie von Adam Smith und John Stuart Mill beeinflusst wurde.

Zurück in seinem Land arbeitete er als Lehrer, engagierte sich aber vor allem in der entstehenden Unabhängigkeitsbewegung.

Er gründete die Tanganyika African National Union (TANU), die 1960 bei den Wahlen den entscheidenden Sieg davontrug. Daraufhin zogen sich die britischen Kolonialherren endgültig zurück, und Nyerere wurde 1961 Ministerpräsident von Tanganjika. 1964 gelang ihm die Vereinigung mit Sansibar, das, erst 1963 in die Unabhängigkeit entlassen, einen blutigen Bürgerkrieg, kritische Stimmen sagen Genozid, hinter sich hatte. So entstand aus Tanganjika und Sansibar der Name Tansania.

Nyerere blieb bis 1985 im Amt und baute das Land gemäß seiner Idee vom afrikanischen Sozialismus auf. Seiner Ansicht nach seien Afrikaner ihrer Natur nach sozialistische Wesen. Damit meinte er die Bedeutung des gemeinschaftlichen Lebens und Wirtschaftens in den traditionellen Dorfgemeinschaften seiner Heimat, ja des ganzen Kontinents, die Philosophie des *Ubuntu*. Das führte zur Arusha-Deklaration, in der er seine sozialistischen Überzeugungen zum Ausdruck brachte. Nyerere verstaatlichte die Banken und andere Wirtschaftsunternehmen, forderte die Neugründung sozialistischer Dorfgemeinschaften (Ujamaa) und eine Reform des Schulwesens. Und auch wenn sein Programm des afrikanischen Sozialismus ökonomisch als gescheitert gilt (Tansania war Anfang der 1980er-Jahre praktisch bankrott), so klingt der Rückgriff auf die gemeinschaftlich organisierte Dorfgemeinschaft heute durchaus aktuell, und seine Forderung, die wirtschaftliche Selbstständigkeit durch den Ausbau bäuerlicher Farmen zu stärken, ebenso.

Nyereres Bildungsprogramm führte dazu, dass Ende der 1980er-Jahre Tansania als einziges Subsahara-Land den Analphabetismus fast ausgemerzt hatte, 80% der Kinder erhielten eine Schulbildung (dass der Bildungsstandard heute trotzdem zu wünschen übrig lässt, liegt auch an Nyereres Nachfolgern, die Investitionen in die Bildung lange Zeit vernachlässigten). Und auch wenn Nyerere ab 1963 enge Verbindungen zu Mao und China unterhielt und chinesische Investitionen ins Land holte (TAZARA), war er weder Marxist, noch hielt er den Kampf der

Klassengesellschaft für sinnvoll. Er behielt sowohl zu England als auch den USA (Kennedy) ein gutes Verhältnis. Ja, die Vereinigung mit Sansibar hatte für ihn den Zweck, Tansania aus dem Kalten Krieg herauszuhalten. Und bei der Unabhängigkeitsbewegung seines Landes setzte er auf Gewaltfreiheit und sein Vorbild Mahatma Gandhi.

Nyerere wollte stets ein multiethnisches Tansania, in dem Inder und Europäer äußerst willkommen wären. Bis heute gilt er als Vater der Nation, als derjenige, der es schaffte, aus Tansania eine Einheit zu machen, eines der friedlichsten und stabilsten Länder in Afrika – wirtschaftlicher Misserfolg hin oder her. Wenn man durchs Land reist, gibt es auch keine Monumente oder riesenhafte Bauprojekte zu seinem Ruhm, bloß ein Museum in seiner Heimatstadt Butiama. Anders als viele Potentaten des Kontinents trat er 1985 aus freien Stücken und durchaus selbstkritisch ab. Er befürwortete die Reform des sozialistischen Wirtschafts- und Gesellschaftssystems und trat für ein Mehrparteiensystem ein. Als er 1999 in London, wo er in medizinischer Behandlung seiner unheilbaren Leukämie weilte, verstarb, wurden große Staatstrauerfeiern in der Westminster-Kathedrale und wenig später in der St.-Josephs-Kathedrale von Daressalam abgehalten.

Ein Dinosaurier zwischen Berlin und Daressalam

Derart intensiv und mit den Strömungen und Verirrungen der Geschichte des 20. Jahrhunderts verwoben ist ein Rundgang durch Daressalam. Und bevor wir uns auf die schicke, internationale Peninsula, nach Oysterbay und Masaki, begeben, lassen wir im Nationalmuseum der Stadt die Geschichte der Freiheitsbewegungen in der dortigen Fotoausstellung noch einmal Revue passieren.

Das Museum gehört längst einer umfassenden Renovierung und Neugestaltung unterzogen (und hat 2021 einen Vertrag über eine langfristige Kooperation mit dem Humboldt Forum in Berlin unterschrieben), doch wenn man erst einmal den gewohnten europäischen Anspruch an derlei Institutionen abgelegt hat, kann man hier wichtige Entdeckungen machen. Eine Sammlung mit zeitgenössischer tansanischer Kunst zum Beispiel, die das Fundament gegenwärtiger Kunstpositionen bildet und damit wichtige Entwicklungslinien aufzeigt. Ratlos zurücklassende und dürftig ausgestattete Ausstellungen zur Kolonialgeschichte, zu Land und Leuten, zu Paläontologie und den frühen Menschenfunden, für die Tansania so berühmt ist. Oder – im Garten des Gebäudes – eine Sammlung von Staatskarossen im Retro-Charme.

Das Museum bietet kein Narrativ, dafür wirft es Fragen über Fragen auf. Etwa die: Was für eine Bewandtnis hat es mit dem im Museumsgarten stehenden Kunstwerk eines Dinosauriers? Es verweist – das erfährt man schnell – auf einen der wichtigsten paläontologischen Funde, den *Giraffatitan brancai*. Seine Knochen wurden 1907, mitten im Maji-Maji-Krieg (auf den wir noch zurückkommen werden), von der deutschen Tendaguru-Expedition gefunden, nach Berlin geschleppt und dort in mühsamer Kleinarbeit zusammengesetzt. Heute steht der Koloss, der mit seinen 13,27 Metern das größte montierte Saurierskelett der Welt darstellt, im Berliner Museum für Naturkunde. Längst ist um ihn – und Tausende Schädel, die in der Charité lagern, sowie unzählige Artefakte und Kunstgegenstände – ein Restitutionsstreit ausgebrochen. Der Dinosaurier könnte – und das scheint auch den hiesigen Experten die sinnvollste Regelung – als Kopie in das Nationalmuseum von Daressalam kommen. Allerdings stellt sich in diesem Zusammenhang die viel größere, mit dem Kunstraub der Europäer verbundene Frage, ob der angerichtete Schaden nur in den geraubten Objekten liegt?

Abdu Simba, Schriftsteller und Drehbuchautor, den ich später in einem der trendigen Cafés der Oysterbay treffe, liefert eine Antwort: »Der Kolonialismus hat uns nicht nur versklavt, unterdrückt und gequält. Fast schlimmer ist, dass er dazu geführt hat, dass wir unser Selbstvertrauen verloren haben. Doch wir haben unsere gestohlene Identität längst zurückgeholt, neu interpretiert und gestärkt.«

Das Nationalmuseum grenzt an den Botanischen Garten, der uns noch einmal in die deutsche Kolonialgeschichte zurückführt. Er wurde vom Zoologen und Afrikaforscher Franz Stuhlmann angelegt und bildet, gesäumt von wunderschönen Alleen, noch immer die wichtigste grüne Lunge im Stadtzentrum. Gegenüber befindet sich die Karimjee Hall, eines der schönsten historischen Gebäude in Daressalam. Abdulkarim Karimjee erbaute sie 1955 explizit als Rathaus und schenkte sie der Stadt, für die er als Vizebürgermeister in den 1950er-Jahren tätig war. Eine noble Spende. Nach der Unabhängigkeit wurde sie 40 Jahre lang vom Tansanischen Parlament genützt, Nyerere und Abdulkarim verband eine enge Freundschaft. Seitdem Dodoma die neue Hauptstadt des Landes ist, veranstaltet wieder die Stadt in der Karimjee Hall ihre Events.

Weiter Richtung Meer stößt man auf das orientalisch anmutende Ocean-Road-Krankenhaus, in dem Robert Koch seine bahnbrechenden Studien zu Malaria und Tuberkulose betrieb und das heute als Ocean Road Cancer Institute direkt dem Tansanischen Gesundheitsministerium untersteht. Und weiter im Bogen nach Süden Richtung Fischmarkt werfen wir noch einen Blick auf das State House, das einst von den Deutschen errichtet und nach dem Ersten Weltkrieg von den Briten umgebaut wurde, einen schmucken Staatspalast mit Zinnen und Türmchen in einem hübschen tropischen Garten.

Sundowner auf der Peninsula

Schließlich steigen wir ins Taxi, um uns für einen Sundowner und Sushi auf die Peninsula und dort zum Cape Town Fish Market bringen zu lassen. Längst gehört unser Rundgang gebührend und von chilliger Lounge-Musik untermalt einem entspannten Ausklang zugeführt.

Und doch, ein Abstecher ins Mikocheni-Stadtviertel muss noch drin sein. In einem aufgelassenen Industrieareal in der Eyasi Road befindet sich seit 2008 der Nafasi Art Space, der angesagteste Ausstellungskomplex für moderne Kunst in Tansania. Nafasi, ursprünglich von tansanischen Künstlern rund um Elias Jengo, dessen Werk auch im Nationalmuseum zu sehen war, gegründet und von der Königin von Dänemark gesponsert, offeriert über 50 Künstlern in 37 Ateliers für eine bestimmte Zeit einen Arbeits- und Ausstellungsplatz, vor allem aber ein internationales Netzwerk, das schon manchen Künstler bis zur Documenta nach Kassel gebracht hat.

Gleich am Eingang findet man die Schrottskulpturen von Mzee Alphonce, die auch in Museen stehen. Mejah Mbuya hat mit seinen Sprayer-Freunden ebenfalls schon hier gearbeitet. Außerdem gibt es Musiker, Tänzer, Videokünstler – eine Community wie in Berlin oder New York, nur in einem tropischen Garten. Sie alle sorgen für außerordentliche Art-Events und eine kreative Atmosphäre. Ein Projekt von großer Wichtigkeit, weitet es doch die Möglichkeiten von Kunst erheblich aus. Und ein inhaltlicher Bogen zurück zum Anfang dieses, zugegebenermaßen etwas umfassend geratenen, Kapitels über Tansanias Kapitale. Die Porträts von Jennifer Msekwa oder George Emmanuel stehen alle für ein neues Tansania: bunt und vielfältig, international und lokal, multiethnisch und jung, von einer Kreativität, die sich aus der vielfältigen Kultur und Geschichte des Landes speist und neue Antworten auf alte Fragen bereithält.

Serengeti – der Inbegriff der Afrikasehnsucht

Wenn Sie meiner Reiseroute gefolgt sind und sich zuerst von den Strapazen Ihres europäischen Alltags oder der Winterkälte am Strand des Indischen Ozeans erholt haben (die lange Festlandküste und natürlich Sansibar und Pemba sind, wie schon erwähnt, durchaus Alternativen zu unserem Besuch in Mafia), werden Sie, nach dem durchaus lohnenswerten, etwas anstrengenderen Abstecher in die Hafenmetropole Daressalam nach Arusha (zum Kilimanjaro International Airport oder zum kleineren regionalen Arusha Airport) geflogen sein. Das spart Zeit und kostet vergleichsweise wenig. Und dann haben Sie vielleicht die Chance, einen Abend und eine Nacht in Kiota Nest – eigentlich ein Pleonasmus, denn *Kiota* heißt auf Swahili Nest – zu verbringen und Barbara Schachenmann kennenzulernen, die wunderbare Besitzerin und der Spiritus Rector dieses besonderen Ortes.

Barbara ist eigentlich Schweizerin, doch kaum jemand ist mehr Ostafrikanerin, Tansanierin, Insiderin, ja Einheimische als sie. Seit einem halben Jahrhundert lebt sie in Tansania, sie kennt das Land, seine Menschen und seine Probleme wie ihre Westentasche, hat mit den kriegerischen Wa-Kuria in der Westserengeti gearbeitet, Brunnen gebaut, ein Solar-Start-up gegründet und vor all dem mit ihrem damaligen Mann in der Nähe der Hafenstadt Tanga Sisal gepflanzt. Der Abend in Kiota Nest ist deshalb nicht nur ein kulinarischer Höhepunkt – das ist er schon wegen der Küchenchefin Flora und ihren köstlichen Gerichten aus einheimischen Zutaten und besonderen Rezepturen –, sondern eine perfekte Einführung in das Land und seine Menschen.

Wahrscheinlich haben Sie Ihre Safari schon zu Hause gebucht, ansonsten finden Sie in Arusha ein reichliches und, wenn Sie ein wenig Flexibilität mitbringen, mitunter auch besseres Angebot. So könnten Sie beispielsweise auf jemanden wie Edwin treffen und mit ihm in die Serengeti fahren. Edwin Mramba – ich hoffe, Sie werden das von Ihrem Safari-Guide auch sagen können – ist einfach der Beste.

Zuerst fahren wir durch dürres Land, überweidet, der Erosion preisgegeben, Erweiterungsland der heute bloß eine halbe Million Einwohner zählenden, aber rasch wachsenden Stadt Arusha im nördlichen Tansania. Sie ist die Safarihauptstadt des Landes, Ausgangspunkt für den sogenannten *Northern Circuit,* einer Reihe der schönsten Nationalparks des Landes, unter ihnen die Serengeti, der Ngorongoro-Krater oder der Tarangire-Nationalpark. Die Stadt liegt auf 1400 Höhenmetern, das Klima ist wohltemperiert und gesünder als an der Küste, was sich mittlerweile auch bei Rentnern aus Europa herumgesprochen hat, die sich von den günstigeren Lebenshaltungskosten und der immer besser werdenden Infrastruktur sowie der medizinischen Versorgung für eine Übersiedlung in das schwarzafrikanische Land anlocken lassen, auch wenn sie dort ihre Häuser nicht kaufen, sondern nur pachten können.

Nehmen Sie sich in Acht – vor Pavianen

Im Stadtzentrum tummeln sich die Safarianbieter, Geschäfte mit Safaribekleidung (falls Sie etwas vergessen haben) und natürlich die auf Touristenschwärme wartenden Souvenirverkäufer. Massai in ihren traditionellen, meist roten Umhängen geben der Stadt ihr charakteristisches Aussehen, schließlich sind sie das dominierende Volk in dieser Region. Die Kronen der blauviolett blühenden, ursprünglich aus Mexiko stammenden Jacarandabäume oder die in den Sommermonaten feuerrot blühenden, in Madagaskar beheimateten Flammenbäume überwölben die Straßen, am breiten Rand reihen sich Straßenhändler, die Pflanzen, Betten oder Sofas feilbieten. Die Stadt ist im Unterschied zum dürren Land, das man auf dem Weg zum Ngorongoro-Krater durchfährt, von äußerster Üppigkeit (wenn Sie Arusha hingegen Richtung Usa River und Arusha-Nationalpark verlassen, fahren Sie durch wucherndes Grün).

Sobald Sie sich den Ausläufern des äußeren Ngorongoro-Kraterrands nähern, wird die Landschaft grüner, die Straßenseiten sind gesäumt von Bäumen, links geht es zum Manyarasee und dem gleichnamigen Nationalpark. Überall werden Massai-Handwerkskunst, T-Shirts und Hüte oder Obst und Gemüse feilgeboten. Sie müssen unbedingt anhalten, denn hier gibt es rote Bananen, eine absolute Köstlichkeit. Sie werden diese Unterart der herkömmlichen Banane wahrscheinlich nicht kennen, sie ist von normaler Größe, außen rost- bis braunrot, innen aber erzeugt das rosa Fruchtfleisch eine Geschmacksexplosion zwischen Grapefruit, Banane, Zitrone und Honig.

Nachdem Sie Karatu und die Kaffeeplantagen passiert haben, steigt die Straße langsam an, wir fahren durch die immer dichteren Nebelwälder, vorbei an Urwaldriesen voller Lianen, Flechten, die die Feuchtigkeit aufnehmen und von der Reinheit der Luft zeugen, vorbei an dichtem Unterholz hinauf zum Kraterrand. Plötzlich steht ein Elefant neben dem Weg im dichten Busch und genießt ganz offensichtlich das Festmahl aus üppigem Grün. Auch die ersten Pavian-Familien vermitteln das Gefühl, nun bald im Reich der Tiere angekommen zu sein.

Doch Vorsicht, wenn Sie am Gate des Ngorongoro-Naturschutzgebiets, also am Lodoare-Tor, angelangt sind. Diese Primaten sind äußert klug und ungleich gewitzter als ihre Verwandten, die Schimpansen. Sie haben das System Nationalpark bestens durchschaut. Hier, am Parkplatz vor dem Gate, müssen die Safari-Guides für ihre ahnungslosen Kunden den ganzen Papierkram erledigen, der notwendig ist, um in den Park und das Schutzgebiet zu gelangen (im Übrigen ist es in jedem Park das gleiche Ritual, es ist keine Hexerei, aber es dauert, und es reißt jedes Mal ein weiteres Loch in das Reisebudget).

In den Autos wartet Begehrenswertes auf die Paviane, Lunchboxen mit harten Eiern, Chapati oder Käsesandwiches, eventuell sogar kalte Hühnerbrüste. Und da die Reise lang ist, liegen meist, zum Greifen nah, Tüten mit Maniok- oder Kartoffelchips, Nüssen und sonstigen Naschereien hinter der Windschutzscheibe. Die Paviane wissen das alles nur allzu gut, sie beobachten rasiermesserscharf und handeln wie der Blitz. Wer sein Fenster oder die Tür auch nur eine Sekunde unbeaufsichtigt offen lässt, hat einen Pavian auf dem Schoß und kann sich nun mit ihm über die Verteilung der Nahrungsmittel streiten. Wer es schafft, den Eindringling ohne einen beträchtlichen Diebstahl wieder loszuwerden, kann sich rühmen. Der Pavian aber wird zu seiner Sippe fliehen und sich dort wieder, nur scheinbar versunken, der Fuß- und Handmaniküre widmen.

Durch die atemberaubend schöne Landschaft nähern wir uns dem Kraterrand und blicken in die über 260 Quadratkilometer große Caldera. Sie ist als Teil des Großen Afrikanischen Grabenbruchs vor Millionen von Jahren entstanden, so wie auch der Olmoti- und der Empakaai-Krater im Ngorongoro-Schutzgebiet. Nur langsam kann ich mich vom dichten Grün des Nebelwaldes, den Blumen und Büschen, den Flechten, die den Nebel aufsaugen, der aus der Caldera jetzt am frühen Morgen aufsteigt, lösen. Doch dann ist der Blick in den Krater, der 600 Meter tiefer blaugrün schimmernd vor mir liegt, überwältigend. Jedes Mal. Unmöglich, sich sattzusehen. Makellos und vollkommen scheint die Natur hier dem Paradies am nächsten zu sein. Sogar eines der verbliebenen etwa 60 Nashörner, die es noch im Krater gibt, ist mit einem starken Fernrohr auszumachen.

Die Parkverwaltung (TANAPA, Tanzania National Parks Authority) hat hier auf der Aussichtsplattform für ein winziges, sehr zeitgemäßes, aber in der naturbelassenen Wildnis zumindest die Älteren unter uns irritierendes Detail gesorgt – ein einwandfrei funktionierendes WLAN. Damit jeder sofort den fotografischen Beleg dafür, dass er hier am Ausgangspunkt zu einer der größten Attraktionen in Afrika und einem UNESCO-Weltnaturerbe war, in die virtuelle Welt hinausposaunen kann?

Wem es möglich ist (es fallen extra Parkgebühren an), der fährt hinunter in den Krater, wo es die größte Dichte an wilden Tieren in Tansania und angeblich die größte Dichte an Löwen in ganz Afrika gibt. Doch wir fahren am Kraterrand entlang in Richtung Serengeti – das Nashorn haben wir ja schon gesehen.

Grzimek und die Erschaffung des Nationalparkkonzeptes

Unweit der Aussichtsplattform kommt man an einer kleinen Steinpyramide mit Inschrift vorbei, dem Grab von Bernhard und Michael Grzimek. Hier ist Michael, der Sohn des großen deutschen Wildtierschützers, mit seiner Dornier Do 27 bei der Kollision mit einem Geier tödlich verunglückt. Er und sein Vater Bernhard, der langjährige Direktor des Frankfurter Zoos, hatten 1957 eine Bestandsaufnahme der Megafauna der Serengeti aus der Luft unternommen, zum ersten Mal zählte jemand die riesigen Herden der Gnus und Zebras auf ihrer Wanderung durch die Savanne. Hintergrund der Aktion war schon damals der Druck der wachsenden Bevölkerung auf den 1951 von der britischen Mandatsverwaltung Tanganjikas geschaffenen Nationalpark (damals noch im Verbund mit dem Ngorongoro-Krater). Schon seit Jahren kam es immer wieder zu Streitereien mit den hier lebenden Massai über deren Weide- und Durchzugsrechte im seit 1929 bestehenden Wildreservat. Bernhard Grzimek plädierte für die Ausweitung des damaligen Nationalparks im Norden, um die »große Tierwanderung« der Herden nicht zu stören, und für ein striktes Menschenverbot im Park. Das führte dazu, dass 1959 die wenigen in der Serengeti lebenden Massai ins nunmehr geschaffene Ngorongoro-Schutzgebiet übersiedelt wurden und nicht mehr durch die Serengeti wandern durften. Das heutige System aus Park (14 763 km^2) und Biosphärenreservat (23 051 km^2) war entstanden.

Bernhard Grzimek wurde in der Folge mit seinem Oscar-gekrönten Film *Serengeti darf nicht sterben* zu einer internationalen Berühmtheit in Sachen Afrika und seiner wilden Tiere. Er schuf ein mächtiges, wenn auch durchaus zweifelhaftes, von kolonialen Denkmustern überlagertes Narrativ, das den europäischen Blick auf Afrika mit seiner vermeintlich unberührten Natur, bewohnt lediglich von großen Wildtierherden, die den Kontinent durchwandern, und die vielen Naturfilme über den Kontinent geprägt hat (tatsächlich gibt es über Afrika hauptsächlich Natur- oder Katastrophenfilme). Afrika als »Tierparadies«, als letztes Habitat symbolträchtiger Großsäuger, die es vor der Gier westlicher Trophäenjäger und dem Hunger der wachsenden Bevölkerung sowie vor den destruktiven Folgen einer nachholenden Modernisierung nach westlichem Muster zu retten gilt.

Grzimeks Einfluss war auch nach der Unabhängigkeit Tansanias ungebrochen, er war mit Nyerere befreundet, der schon in seiner Arusha-Deklaration den Schutz und Erhalt von Wildtieren festschrieb. »Ich persönlich interessiere mich nicht sehr für Tiere. Ich möchte meinen Urlaub nicht damit verbringen, Krokodile zu beobachten. Trotzdem bin ich voll und ganz für ihr Überleben. Ich glaube, dass wilde Tiere nach Diamanten und Sisal die größte Einnahmequelle für Tanganjika sein werden. Tausende von Amerikanern und Europäern haben den seltsamen Drang, diese Tiere zu sehen«, sagte Nyerere 1961, ganz im Sinne Grzimeks voraus. Eine Vision, die sich präzise erfüllen sollte.

Im Grunde reicht die bis heute geführte Debatte über die Konkurrenz zwischen Wildtierschutz und den Bedürfnissen einer wachsenden Bevölkerung bis in die 1950er-Jahre zurück – und Grzimek war natürlich nicht die einzige treibende Kraft hinter dieser Entwicklung.

Die von Grzimek zur angesehenen Naturschutzorganisation ausgebaute Zoologische Gesellschaft Frankfurt ist bis heute die wichtigste Partnerorganisation der Serengeti. Gerade auch während der Pandemie spielte diese Zusammenarbeit für die durch den vollkommenen Wegfall von Tourismuseinnahmen schwer angeschlagene Parkverwaltung eine rettende Rolle. Die Organisation sponserte die Löhne der Ranger. Schon seit Langem unterstützt sie bei der Überwachung aus der Luft, um Wilderern das Handwerk zu legen, und mit technischem Know-how bei den vielen Fahrzeugen, durch Ausrüstung und Schulung von Rangern.

Noch immer befinden wir uns auf dem Weg in die Serengeti. Man durchquert einige Stunden das Ngorongoro-Schutzgebiet, diese Pufferzone zwischen den beiden Parks, dem Ngorongoro-Krater und der Serengeti. Die hier lebenden Massai essen, anders als viele Bantu-Stämme, kein Wild, was sie, nach ihrer Darstellung, zu idealen Wächtern der Wildtiere macht. Doch auch dieses Konstrukt (mehr dazu im Kapitel über die Massai) ist längst zum Problem geworden. Und dennoch: Kaum jemand kann sich den fantastischen Bildern bei der Fahrt durch das Massai-Land entziehen, der Eleganz der Menschen, der leuchtenden Farben ihrer Kleider und der erdfarbenen Hütten (immer noch bestehen die meisten aus Kuhdung und Lehm, was ein unerreicht gutes Kühlungssystem ergibt; selbst in den Hütten aufgehängtes geräuchertes Fleisch bleibt für Monate essbar), harmonisch in die Landschaft eingefügt.

Von den Weiden der Massai geht es abwärts in die trockenen Ebenen. Fast nur noch gelbes Grasland, die Serengeti öffnet sich vor dem Auge des Betrachters. Endlose Weite. Ein Anblick, der eine große Wucht entfaltet durch die Strenge, Rigorosität und die überwältigende Kraft dieser Landschaft. Ich beobachte die tapferen Schirmakazien, die das wenige Wasser in kleine grüne Blättchen umsetzen und dadurch Futter für die Giraffen bieten, blicke in den diesigen Himmel, der, so die Hoffnung, am Abend aufklart und Platz für einen dieser besonderen Sonnenuntergänge im Busch macht. Alles zirpt und summt, und ich kann es kaum erwarten, in ein paar Stunden den Stimmen der Nacht, dem Gebrüll der Löwen, dem Lachen der Hyänen und den lauten, schneidenden Elefantenrufen zu lauschen.

Die Serengeti und die Jahreszeiten

Eine Safari in der Serengeti hat ihre ganz eigene Systematik, denn der Park beherbergt die größten Tierherden Afrikas, wenn nicht der Welt. Hier leben 1,3 Millionen Gnus, 500 000 Zebras und Unmengen von Gazellen. Insgesamt zwei Millionen grasfressende Tiere machen sich jedes Jahr am Anfang der großen Regenzeit nach Norden auf, überqueren die Flüsse Mbalageti, Grumeti und den größten und gefährlichsten von allen, den Mara-Fluss, um dem Leben spendenden Wasser zu folgen. Zu jeder Jahreszeit sind sie in einem anderen Teil des Parks. Hinzu kommen all die sesshaften Populationen, die

Raubkatzen, Elefanten, Büffel, Giraffen, Wasserböcke, Impalas und viele mehr.

Den europäischen Winter verbringen die Herden im Süden der Serengeti, deshalb lohnt es in dieser Zeit am meisten, Richtung Ndutu und zu den berühmten Kopjes zu fahren. Eine archaisch anmutende Landschaft mit wie von einem imaginären Riesen in einem Wutanfall auf die Erde geschmissenen Felsbrocken, eben jenen Kopjes. Sie dienen Löwen und Leoparden als Jagd-Hochstände.

Wenn Sie es ermöglichen können, dann buchen Sie ein Fly Camp, also eines mitten im Busch mit Safarizelten wie aus einem Honeymoon-Katalog, mit von weißen Moskitonetzen wie Wolken beschützten Betten und vor allem mit einem irgendwie gearteten Bad mit fließendem Wasser. Wenn Ihnen Ihr Geld dafür zu schade ist – für eine derartige Luxussafari müssen Sie in etwa 1000 Euro pro Nacht auf den Kopf hauen und sind dabei noch nicht in der Oberklasse des Möglichen angelangt –, schläft es sich genauso schön, wenn auch nicht ganz so bequem, in kleinen Safarizelten. Hauptsache, Sie schlafen mitten im Busch, schlagen Ihr Lager auf einem privaten Zeltplatz auf, nur auf solchen (für die Sie extra zahlen müssen) sind Sie vor anderen Touristengruppen sicher. Denn nichts ist schöner (da beißt sich die Katze in den Schwanz), nichts ein wunderbareres Erlebnis, als sich der Einsamkeit in dieser gigantischen Natur auszusetzen.

Ryszard Kapuściński hat auch diese Erfahrung sehr treffend beschrieben: »Das ist alles wirklich unglaublich. Als würde man die Geburt der Welt miterleben, diesen speziellen Moment, da es schon die Erde und den Himmel gibt, das Wasser, die Pflanzen und die wilden Tiere, aber noch nicht Adam und Eva. Man hat hier, an diesem Ort, also die eben geschaffene Welt vor sich, eine Welt ohne Menschen und daher auch ohne Sünde, und das ist wirklich ein großartiges Erlebnis.« Damit hat der alte Afrika-Liebhaber einfach recht – und steht nun wirklich nicht, trotz aller gebotenen intellektuellen Vorsicht, in der Kritik, einen kolonialen Blick auf Afrika geworfen oder die Menschen des Kontinents vernachlässigt zu haben.

Stehen Sie unbedingt vor Morgengrauen auf, selbst wenn Sie keine Pirschfahrt, keinen Game Drive (um die gängige, englische Ausdrucksweise zu verwenden) vor sich haben, und lassen Sie den heraufziehenden Tag in der Savanne auf sich wirken. Die Kopjes liegen wie schlafende Riesen zwischen den Schirmakazien. Noch ist alles in das fahle Licht vor Sonnenaufgang getaucht. Minute um Minute wird sich der rosagelbe Sonnenaufgangsschleier lüften und sich der afrikanische Busch in eine Abfolge aus Beige, Ocker, Braun und alle Schattierungen von Grün färben. Die Zikaden beenden ihr Spiel bei Sonnenaufgang und werden von Tausenden Vögeln abgelöst. Irgendwo in der Ferne hört man das dumpfe Grollen einer über die Ebene galoppierenden Büffelherde und den Schrei einer Hyäne. Unbeeindruckt von ihren menschlichen Beobachtern gibt die Natur hier tagtäglich ihr Schauspiel und ist doch auf unseren Schutz angewiesen.

Siringet, den Ort, an dem das Land endlos weitergeht, nennen die Massai die Ebenen, auf denen sich heute der Serengeti-Nationalpark erstreckt. Zugegeben, Sie dürfen ihn nicht mehr durchwandern, doch es ist gelungen, was Grzimek in den 1950er-Jahren für nicht mehr möglich gehalten hat: die Wildtiere und ihr Habitat zu erhalten. Hier bei den Moru-Kopjes haben Sie sogar die Chance, auf ein paar der fast ausgestorbenen Spitzmaulnashörner zu treffen. Angeblich gibt es nur noch 40 dieser wie die Elefanten und Krokodile aus der Steinzeit übrig gebliebenen Tiere. Die allerdings werden rund um die Uhr von je einem Park-Ranger bewacht, mitten in der Wildnis, bei den Kopjes, als wären sie Prinzessinnen, die nicht in die Fänge ihrer Freier gelangen dürfen.

Die Gnus und ihre Jahrmillionen alte Wanderung

Wenn Sie jedoch im europäischen Sommer, also im Juli oder August nach Tansania reisen, sollten Sie in den Norden der Serengeti fahren, denn dort ist jetzt das geballte Leben der Savanne versammelt. Wenn Sie nicht nach Kogatende fliegen, den nördlichsten Airstrip der Serengeti (es gibt täglich mehrere Flüge zu allen sieben Landebahnen des Parks), müssen Sie durch die zentrale Serengeti fahren, eine lange und rumplige Autostrecke – von den Guides schlicht »Safarimassage« genannt, allerdings hat sie oft die gegenteilige Wirkung –, auf der man nicht viel Wild zu sehen bekommt. Es sei denn, man ist mit Edwin unterwegs. Edwin weiß einfach alles, weswegen wir das Unterwegssein mit ihm bald »Wildlife University« genannt haben. Und er findet selbst in der öden, spärlich von Schirmakazien durchsetzten Ebene der zentralen Serengeti noch Löwen, um uns bei Laune zu halten. Edwin hat ein eigenes Safariunternehmen, und er ist damit so erfolgreich, dass es – ein wirkliches Wunder angesichts der vielen Unternehmenspleiten – in den beiden Coronajahren auch noch gewachsen ist.

Tatsächlich, und so steht es auf der offiziellen Website des Parks, kann man die Serengeti auch im eigenen Mietauto erkunden, *although not recommended*, wie es so schön formuliert heißt. Und wenn Sie sich davon schon nicht abhalten lassen, so suggeriert der Text weiter, dann vergessen Sie nicht, die Fahrt genau zu planen, ein Auto mit Vierradantrieb zu nehmen (ich würde auch noch die Winde und das Seil einpacken), im Auge zu behalten, dass es nur in der Nähe des Naabi Hill Gates in Seronera Benzin sowie eine Autowerkstatt gibt, und – man sieht die Sorgenfalten im Gesicht sämtlicher Park-Ranger förmlich – dann fahren Sie eben los.

Doch es gibt noch einen wichtigen Grund, warum es sich lohnt, die Fahrt durch die Serengeti nicht ohne Guide zu unternehmen, so Sie nicht ein Safarivollprofi, ein Wild Hunter, ein ausgewiesener Ornithologe oder sonst ein auf Tier- und Landschaftsbeobachtung spezialisierter Zeitgenosse sind und einige Bestimmungsbücher über Flora und Fauna Ihr Eigen nennen. Ohne Guide sieht man einfach viel weniger. Guides kennen die speziellen Plätze und sind über Funk mit ihren Kollegen verbunden, mit denen sie sich in einer Art Geheimsprache darüber austauschen, an welchem Wasserloch, auf welchem Stein, hinter welcher Wegbiegung heute die Leopardin mit ihren Jungen lagert, sich ein Gepardenpärchen von der Jagd ausruht, eine Gruppe von Löwen, Hyänen und Geiern zu einem Festmahl versammelt hat. Aber nicht nur das. Edwin etwa hat auch ein Auge für Käfer oder die kleinen Dikdiks, die als Paar lebenden Zwergantilopen, die ihrem Partner oft in den Tod folgen, weil das Leben für sie, allein im Busch, zu gefährlich ist. Er verweist auf die Geier, die Sanitäter der Savanne, die im Verbund mit Millionen Mistkäfern dafür sorgen, dass sich durch die Tierkadaver keine Bakterien und Krankheiten verbreiten. Er sieht Kappengeier, die einen Stein in den Schnabel nehmen, ihn in die Lüfte tragen und von dort auf ein Straußenei fallen lassen, um es zu öffnen. Er weiß, dass weibliche und männliche Hyänen einen Penis haben. Und in der Nacht, im Schein einer Taschenlampe, entdeckt er Stachelschweine, Dachse und Geparden auf der Jagd.

Endlich sind wir an unserem Ziel angelangt, dem Mara-Fluss. Eine Gabelracke (*Lilac-breasted Roller* – Sie werden vor allem mit den englischen Tier- und Pflanzennamen konfrontiert werden, weswegen ich sie oftmals in Klammern hinzufüge), mein Lieblingsvogel, sitzt gleich neben unserem Campingtisch im Dornenbusch. Wir frühstücken und warten darauf, dass die Herde Gnus am anderen Ufer sich zur Überquerung des Flusses entschließt. Es ist eine Übung, die Geduld und Ausdauer verlangt, weil die Gnus große Zweifler sind. Gehen wir nun, oder gehen wir nicht, scheinen sie sich zu fragen, man hört förmlich, wie sie dies in großer Runde diskutieren. Hoher Ton, tiefer Ton, hoher Ton, tiefes Brummen. Ist es eine Zustimmung? Wer führt die monumentale Prozession an? Niemand, sagt Edwin, es geht einfach darum, dass sich ein Mutiger, ein Todesmutiger findet und in den Fluss voller Krokodile springt, dann folgen alle, Groß und Klein, Jungtiere und ihre Mütter nach.

Eigentlich ist die Migration nach Norden schon eine Weile in Gang, die Bäuche der Raubtiere sind vollgeschlagen. Doch noch sträuben sich selbst die Mutigsten unter den Gnus: Vielleicht ist ein anderer Übergang – es gibt zehn Möglichkeiten – sicherer? Warum nicht zu Übergang vier gehen oder dorthin, wo, so pfeift es der Wind, heute Morgen unsere Brüder und Schwestern ohne größere Verluste ans andere Ufer gelangt sind?

Gnus, sagt man, sind die dümmsten Tiere der Savanne, und so sehen sie auch aus. Dennoch, als schließlich das große Spektakel beginnt, als sie sich endlich entschließen, das Unvermeidliche zu wagen, habe ich großes Mitgefühl, so ergeben in ihr Schicksal fügen sie sich dem ewigen Kreislauf des Lebens, sie tun dies seit Millionen von Jahren, egal, wie gefährlich es ist. Sie zahlen jedes Jahr einen hohen Preis, um zu den grüneren Weidegründen zu gelangen. Und als ob die Gnus wüssten, was sie erwartet, »singen« sie einfach weiter. Es ist ihr Marsch, ihre »Songline«, hohe Töne, tiefe Töne, hohe Töne, tiefes Brummen, im ewigen Takt dieses archaischen Schauspiels. Jedes achte Tier wird die Wanderung nicht überleben, wird Opfer der Raubtiere, der eigenen Erschöpfung durch Hunger und Durst, Hitze und Trockenheit werden. Die, die im Norden ankommen, werden weiter in die Masai Mara ziehen, sich die Bäuche mit fettem Gras vollschlagen, und im Oktober werden sie wieder am Mara-Fluss stehen, den verlangten Preis für die Überquerung zahlen und in den – nunmehr grünen – Süden der Serengeti wandern. Dort, in der Ndutu-Ebene, werden sie ihre Jungen bekommen, jede Mutter eines, sie aufziehen – und dann wieder in den Norden wandern.

Alles endet immer am Lagerfeuer

Überwältigt von dieser einmaligen Erfahrung sitzen wir nach Sonnenuntergang am Lagerfeuer in unserem Camp. Es ist ein sogenanntes Fly Camp, das heißt, es zieht mit den wandernden Tieren mit, vor allem aber ist es ein Forschungscamp, das nur ausnahmsweise Reisende beherbergt.

»Wir wollen keine Anfängertouristen«, sagt Carel Verhoef, »solche, die noch nie in Afrika waren und nichts über Natur- und Tierschutz wissen. Oder solche, die sich vor Angst in der Nacht im Zelt in die Hose machen.« Und seine Frau Sally Grierson fügt hinzu: »Wir bieten hier *good value for money*, vor allem aber ein nachhaltiges Camp mit so wenig Wasserverbrauch wie möglich und mit Solarlichtern selbstredend. Nur drei Dinge müssen luxuriös sein, eine gute Toilette, eine Dusche und sehr guter Kaffee.«

Carel und seine Frau leben seit 20 Jahren in Tansania, ursprünglich kommen sie aus Südafrika. Carels Eltern waren Archäologen, er wuchs förmlich im Zelt auf. In Tansania berät Carel die Regierung zu Nationalpark-Fragen. Sein Blick auf die schier unlösbar scheinende Unvereinbarkeit von Wildschutz und Menschenrecht ist erfrischend pragmatisch. Er löst sie elegant in einer Handlungsanweisung auf. Die Serengeti bringe etwa zehn Millionen US-Dollar im Jahr ein, und das sei gut so, »je mehr, desto besser, denn die Serengeti verdient das Geld für alle restlichen Parks«, sagt der Wildlife-Profi.

Das ist interessant, denn meistens ist es üblich, über die steigenden Touristenzahlen und ihre negativen Auswirkungen auf die Nationalparks zu lamentieren. Allein in der Serengeti gibt es über 20 Lodges und Camps, an die zehn öffentliche Campingplätze und Dutzende sogenannte special camp sites. Über 300 000 Besucher im Jahr kommen in die Serengeti (damit kann auch der Kilimandscharo mit seinen 80 000 im Jahr nicht mithalten, die für den wesentlich kleineren Park jedoch mittlerweile die Belastungsgrenze darstellen). Allein die »große Tierwanderung« zieht jährlich Tausende Menschen an, und oft – welch ein Glück, dass wir dieses einzigartige Schauspiel der Natur vollkommen allein erleben durften – stehen 100, ja 300 Autos Schlange, um das gigantische Ereignis zu verfolgen. Doch die Obergrenze für Besucher sei noch nicht erreicht, meint Carel. »Touristen beschweren sich sowieso immer, ob ein Auto vor ihnen ist oder 100. Als der Ngorongoro seine Eintrittsgelder verdoppelt hat, befürchtete man, dass die Touristen ausbleiben würden. Das Gegenteil war der Fall.« Außerdem seien 50 Prozent der Touristen in Tansania Amerikaner, für sie sei eine Reise nach Afrika eine *journey of a lifetime*, die kann ruhig teuer sein.

Ganz klar, die Serengeti hat ihren Markt wie der Petersdom und die Vatikanischen Museen, da tritt man sich eben auf die Füße und zahlt viel. Trotzdem wollen alle kommen. Carels Lösung (dafür hat er schon einige Filme gedreht) ist, die Aufmerksamkeit der Touristen auf andere Parks zu lenken. Immer wenn sie eine Reise in die Serengeti buchen, sollten sie auch einen der unbekannten Parks auswählen: Katavi, Ruaha, Nyerere, Mkomazi, Mahale oder Kitulo. Sie seien fast alle defizitär und müssten von der Serengeti und dem Kilimandscharo erhalten werden. Wären sie hingegen ökonomisch prosperierend, würde das den Druck von der Serengeti nehmen.

Das leuchtet ein. Also auf zu den unbekannten Landesteilen! Lassen Sie uns den Viktoria- und den Tanganjikasee mit seinen Schimpansen-Parks Gombe und Mahale, den großen Katavi- und den Ruaha-Nationalpark entdecken.

Mwanza – wieso auch dieser Trip notwendig ist

Eine Reise in den wilden Westen Tansanias gehört gut organisiert. Vor allem aber gilt es in unserem Fall, Edwin davon zu überzeugen, dass wir in der Lage sind, seinen Toyota Land Cruiser zu fahren (was wir ihm schließlich erfolgreich demonstrieren, und so willigt er ein, uns sein bestes Fahrzeug samt Campingequipment für vier Wochen zu vermieten). Zelte, Schlafsäcke, Isomatten und Kochgeschirr haben wir vorsichtshalber aus Deutschland mitgebracht. Aber wir wollen nicht bloß weitere Nationalparks besuchen, sondern einfach das ganze Land durchmessen – in den Nordwesten zum Viktoriasee fahren und in den Südosten nach Mikindani an den Indischen Ozean. In Städte und Dörfer ebenso wie in öde Landstriche und dichte Wälder – und überall wollen wir Leute besuchen, sie und ihr Leben kennenlernen, ihre Geschichte, ihre Herausforderungen. Mit im Gepäck reisen unsere Fragen: Was bedeuten Umweltschutz und nachhaltige Entwicklung in Tansania? Wie funktioniert Dekolonisierung? Wie wirtschaftlicher Aufschwung? Was wollen die Menschen, und wer will was? Wo bekommt man eine zukunftsweisende Ausbildung?

Doch wieso sollte man auf die Idee kommen, einen Abstecher in die Stadt Mwanza am Viktoriasee zu unternehmen? Es handelt sich dabei um die zweitgrößte Stadt Tansanias, und sie ist durch den 2006 für den Oscar nominierten Dokumentarfilm *Darwin's Nightmare* zu fragwürdiger Berühmtheit gelangt; ein Film, der in düstersten Farben die Schattenseiten der Globalisierung zum Thema macht, indem er sich dem wichtigsten Exportprodukt der Stadt, dem Viktoriabarsch, zuwendet – quasi Pars pro Toto für eine fehlgeleitete Entwicklung, die einen ganzen Kontinent in eine Abwärtsspirale ungleicher Wirtschaftsbeziehungen gestürzt hat und dadurch in Armut hält.

Aber stimmt das Szenario der Hoffnungslosigkeit noch immer, das der Film gezeichnet hat? War es je wahr? Gerade deshalb wollen wir nach Mwanza, wir wollen uns ein Bild von der Metropole machen und selbst beurteilen, wie albtraumartig es dort zugeht oder auch nicht. Sie sollten es ebenfalls tun und selbst, wenn Sie mich verfluchen, weil es dort nur öde Mittelklassestadthotels und ebenso uninspirierte Restaurants gibt und Sie der Stadt auch mit dem besten Willen keinen Charme abringen können, so wird es am Ende eine wichtige Lernerfahrung sein. Sie wird Ihr Bild des Landes ergänzen, und dann – wieder zu Hause – wird auch Mwanza ein Mosaikstein Ihres Reiseabenteuers sein, so wie die Serengeti, der Kilimandscharo und die Schimpansen in Gombe und Mahale.

Loy und Tatu – vorbehaltlose Gastfreundschaft

Wir haben einen Kontakt zu einem Schriftsteller namens Loy Mahaligewi. Er kennt uns nicht, und dennoch lädt er uns nicht nur zu einem abendlichen Gespräch, vielleicht zu einem Rundgang durch seine Stadt ein, sondern er besteht darauf, dass wir seine Gäste sind, und zwar so lange, wie wir bleiben wollen, er habe schließlich ein Gästezimmer. Und bei Einheimischen zu wohnen würde unsere Tansania-Erfahrung doch erst zu einem wirklichen Erlebnis machen. Wir nehmen die Einladung daher dankbar an, korrespondieren sofort über Mwanza und was die Stadt ausmacht, und zwar noch bevor wir einander – die Dunkelheit hat uns überrascht, ehe wir die Stadt erreichen – vor einer quirligen Autowerkstatt im Zentrum treffen. Wir schicken WhatsApp-Fotos hin und her, um einander zu erkennen, dann geht es über Schlaglochpisten in ein mittelständisches Wohnviertel. Loys Frau Tatu und die beiden kleinen Töchter empfangen uns mit schüchterner Herzlichkeit.

Tatu, was auf Swahili »drei« heißt und kein ungewöhnlicher Name ist, hat mit Loy zusammen Wirtschaft an der Universität von Mwanza studiert, nun arbeitet sie als Buchhalterin in einer NGO für Straßenkinder. Loy hat ein Start-up zum Verkauf von Joghurt gegründet, er schreibt für diverse Zeitungen und hat, weil dennoch das Geld vorne und hinten nicht reicht, einen Gelegenheitsjob in einer Lodge am Indischen Ozean angenommen. Das Paar gehört zur wachsenden Mittelschicht des Landes, trotzdem ist ihr Lebensalltag von äußerster Knappheit gezeichnet.

Das Gästezimmer (den Verdacht, dass sie uns das Ehebett überlassen haben und in das Zimmer ihrer zwei Kleinkinder gezogen sind, werden wir nicht los) besteht aus einer großen Bettstatt mit Moskitonetz, einem Plastiktisch samt Plastikstuhl und einem Regal mit – als einzigem Schatz – sehr vertrauten, sehr abgegriffenen Klassikern der Weltliteratur, unter ihnen Werke von Wole Soyinka, Chinua Achebe und Shaaban Robert, dem bei uns unbekannten tansanischen Literaten, der in seiner Heimat als afrikanischer Shakespeare verehrt wird und Teil des Schullehrplans ist. Das Fenster ist vergittert, aber nicht verglast, weswegen wir nichts in greifbare Nähe legen sollen. Schon öfter sei es vorgekommen, dass Gelegenheitsdiebe in der Nacht ihre Hände durch das Gitter gesteckt und genommen hätten, was sie kriegen konnten. Außer einem kleinen Wohnzimmer mit winziger Kochnische gibt es eine Dusche (dunkler Raum mit einem Wasserrohr) und ein Klo (dunkler Raum mit einem Loch). Der ganze Stolz der zusammengewürfelten Inneneinrichtung ist eine Vitrine für die Gläser (*made in China*) und ein den Raum dominierender Fernseher.

Die letzten Covid-19-Nachrichten flimmern über den Bildschirm, während auf dem Teppich vor uns das abendliche Gastmahl, ganz im Gegensatz zur Kargheit des Hauses, mit allen Köstlichkeiten der tansanischen Küche auf uns wartet: gebratene Bananen, Tilapia (ein Buntbarsch) in verschiedenen Darreichungsformen, *Ugali* (Maisbrei), *Pilau* mit Huhn usw., alles in großen Mengen, dazu Fanta und Coca-Cola.

Sehr bald schon fühlen wir uns als Teil der Familie, *Ubuntu* auch hier. Der nachdenkliche, über europäische Politik und Kultur gut informierte Loy ist die Härte des Lebens gewohnt. Sein Vater starb früh, und so hat die Mutter, eine Lehrerin, die vier Kinder allein großgezogen. Von der kleinen *Shamba* ihres Hauses ernährte sie die Kinder, ihr Lohn als Lehrerin ging zur Gänze für deren Ausbildung drauf.

Mwanza – Darwin's Nightmare?

»Leider muss ich sagen, der Film stimmt. Immer noch«, sagt Loy, als wir anderntags durch das Stadtzentrum spazieren und an einem großen Kreisverkehr vorbeikommen. In der Mitte befindet sich die Skulptur eines Nilbarsches. Sie ist verwittert und grau, Symbol einer verfahrenen, durchaus typischen Geschichte. Einige Straßen weiter liegt der lokale Fischmarkt, wo vor allem geräucherter oder an Ort und Stelle gebratener Fisch an die Einheimischen verkauft wird. Es scheint genug davon zu geben, obwohl die Zahlen etwas anderes erzählen. Entlang der aufgelassenen Bahngleise daneben findet man den Gemüsemarkt, alles ziemlich unordentlich, nur ein Stand mit liebevoll aufgestellten und appetitlich wirkenden Gurken und Paprika sticht heraus. Dort würde ich einkaufen, ansonsten vergeht mir die Lust, die mich normalerweise auf so vielen Märkten des Landes überkommt. Was ist nur los in Mwanza?

In den 1950er-Jahren setzten die britischen Kolonialherren im zweitgrößten Süßwassersee der Erde Nilbarsche (auch Viktoriabarsche genannt) aus, die vor der letzten Eiszeit auch im Viktoriasee heimisch gewesen waren. Der Nilbarsch, ein Raubfisch, der keine natürlichen Feinde im See hat, vernichtete die artenreiche Fauna (wie es sie im Tanganjikasee noch heute gibt), darunter den Tilapia und unzählige andere Buntbarscharten. Der Nilbarsch wurde zur dominanten Fischart, allerdings einer, die wegen ihrer Größe nur für den Exportmarkt taugt. Denn mit kleinen Booten kann man ihn nicht fischen, mit herkömmlichen Methoden, etwa dem Trocknen und Räuchern, ist der Fisch nur schlecht zu konservieren, und als Fischfilet im Supermarkt ist er für die meisten Menschen viel zu teuer. So entstand eine auf Export ausgerichtete Fischindustrie mit großen Fabriken, die bis zu 100 Tonnen Fisch am Tag verarbeiten. Sie verschafften den verarmten Fischern, die zuvor ihrer Lebensgrundlage beraubt wurden, und zugezogenen Arbeitern, die nun das Armutsproletariat der Stadt ergänzen, Arbeit, wenn auch zu Hungerlöhnen.

Nur manchen kleinen Fischern gelang es, im Geschäft zu bleiben – etwa den Schwiegereltern von Loy, und auch nur deshalb, weil die gesamte Großfamilie gemäß der Werte von *Ubuntu* zusammenlegte, um ein größeres Fischerboot zu finanzieren. Doch obwohl die damals über ein Dutzend Fischfabriken von Mwanza in den 1990er-Jahren einen großen Boom erlebten, war das ökologische Gleichgewicht längst zerstört. Im einst zu den fischreichsten Gewässern der Erde gehörenden Viktoriasee gibt es seither immer weniger Fische. Immer seltener ziehen die Fischer große Nilbarsche (die bis zu zwei Meter lang und 200 Kilogramm schwer sein können) aus dem Wasser. Die heute gefangenen Barsche entsprechen dem Maß von Kleinfischen, was ironischerweise dazu führt, dass sie nun wieder geräuchert und getrocknet am lokalen Markt verkauft werden können, was wiederum gegen alle Regeln der nachhaltigen Fischerei verstößt, handelt es sich dabei doch um jugendliche, noch nicht ausgewachsene Fische. Selbst offizielle Stellen wie das Lake Victoria Environmental Management Project warnen, dass es, wenn nichts geschieht, in 30 Jahren keinen Fisch mehr im Viktoriasee geben werde.

Zur Überfischung kommt die Nitrat- und Phosphatbelastung durch die Abwässer der 30 Millionen Menschen, die rund um den See leben und zum Teil intensive Landwirtschaft betreiben, sowie eine aus Südamerika eingeschleppte Wasserlilienart, die sich rasant verbreitet und alles Leben im Wasser erstickt. Der See droht zu kippen, das lässt sich unschwer beim Spaziergang an seinem Ufer bemerken. Neben Unrat sieht man Algen und Schaum auf dem Wasser. Selbst am Capri Point, der von der pompösen Privatvilla eines großen Fischfabrikbesitzers dominiert wird, riecht es übel.

»Bis in die 1980er-Jahre gab es viele Menschen, die vom Fischen lebten«, sagt Loy, »aber mit der ökonomischen Liberalisierung Mitte der 1990er-Jahre kamen die großen Fischunternehmen und verdrängten die kleinen Fischer. Heute ist nur noch ein sehr kleiner Prozentsatz der Bevölkerung Fischer. Man schlägt sich mit Gelegenheitsjobs und im informellen Sektor durch.« Loy klingt resigniert, seine Analyse lässt sich indes auf viel mehr als die Fischindustrie ausweiten. Sie betrifft einen wichtigen Teil der Wirtschaftsentwicklung, die Tansania nach dem gescheiterten sozialistischen Modell durchgemacht hat: Wachstum durch äußere Anreize, die Ausbeutung von Umwelt und Menschen, und nachdem die Ressourcen aufgebraucht sind, implodiert das System, zurück bleiben die Menschen, der Müll, der städtische Verfall, die zerstobenen Hoffnungen.

Gold und Diamanten – Reichtum für wen?

Auch der Bergbau ist dafür ein gutes Beispiel. Mwanza ist zwar die wichtigste Bergbauregion des Landes, dennoch gehört es seit Jahren zu seinen ärmsten Landesteilen. Mwanzas Bergbau und seine Geschichte reichen zurück in die deutsche Kolonialzeit. Damals hat man in der Nähe von Mwanza erste Goldfunde gemacht. Ein Mahnmal im heutigen Zentrum der Stadt erinnert an die Zeit, als unterhalb des Hügels, von dem aus John Hanning Speke 1858 als erster Europäer den Viktoriasee erblickte, die Stadt entstand. An der Stelle des Denkmals befand sich ein Galgenbaum, wo die deutschen Kolonialherren ihre öffentlichen Hinrichtungen praktizierten.

Das bei Geita gefundene Gold wurde ab den 1930er-Jahren von den Briten immer erfolgreicher gefördert und am internationalen Markt verkauft. Die Stadt Mwanza erlebte einen Boom, der, nachdem die Goldmine während der Zeit des tansanischen Sozialismus geschlossen wurde, wieder versiegte. Anfang der 1990er-Jahre, als Tansania nahezu bankrott war und dringend ausländisches Kapital benötigte, holte man ausländische Minenkonzerne ins Land. Der Goldtagebau in Geita ging beispielsweise an den globalen Konzern Anglogold Ashanti.

»Die Geologen und Techniker lebten in Mwanza, die Stadt boomte und war damals, also in den späten 1990er-Jahren, ein sehr angenehmer Ort«, erzählt David Scott, ein südafrikanischer Bergwerksmanager, der seit 30 Jahren in Tansania lebt. Doch warum ist dann die Region um Mwanza immer noch so arm? »Die tansanische Bergbauindustrie boomte, aber die Steuervorteile für ausländische Investoren waren lange einfach zu groß. Nach dem Motto: Alles für die Shareholder; die Regierung sah wenig von dem verdienten Geld.«

Außerdem fehlte es lange an einer guten Ausbildung, die es Tansaniern ermöglichte, auch in leitende Positionen aufzusteigen, statt einfach nur das Heer der billigen Bergmänner zu stellen. So lebten die Menschen in der Region in kargen Verhältnissen, ohne Hoffnung auf eine bessere Zukunft. Während der 2021 verstorbene Präsident Magufuli Steuern und Abgaben für die Bergbauindustrie so drastisch erhöhen wollte, dass die internationalen Konzerne drohten, das Land zu verlassen, hat die seit Sommer 2021 amtierende Samia Suluhu Hassan sofort deutlich gemacht, dass ausländische Investoren willkommen sind. Schließlich stecken im Bergbausektor große Hoffnungen auf Wachstum und Wohlstand. Immer noch wird nur ein kleiner Teil der Bodenschätze Tansanias abgebaut, Vorkommen an Grafit, Nickel, Kohle und vor allem Erdgas sollen weiter erschlossen und in die Bergbauausbildung investiert werden. Schon bald könnte Tansania in die Liga der großen Gas-Exporteure aufsteigen – neben Algerien, Australien oder Katar.

Südlich von Mwanza, nicht weit von Shinyanga, liegt das Bergwerksstädtchen Mwadui. Es hat eine erstaunliche Geschichte, eine, die man den geordneten Straßen, den adretten Häusern in der Gegend, dieser Atmosphäre der Gewachsenheit förmlich anmerkt. Hier entstand in den 1940er-Jahren die erste signifikante Diamantenmine außerhalb Südafrikas, heute ist sie eine der ältesten noch fördernden Diamantenminen der Welt. Entdeckt wurde sie vom kanadischen Geologen John Thoburn Williamson, einem Mann, dessen vergessene Geschichte wie eine Antwort auf die Ratlosigkeit wirkt, die uns – und wahrscheinlich auch Sie – in Mwanza überfallen hat. Er sei ein unabhängiger, kauziger Unternehmer gewesen, heißt es, groß und gut aussehend, Clark-Gable-Look. In der Zwischenkriegszeit kaufte er in Mwadui eine kleine, abgewirtschaftete Mine, überzeugt davon, dass in ihr ein großer Fund schlummerte. Und tatsächlich entdeckte er am 6. März 1940 ein bedeutendes diamanthaltiges Kimberlitschlot. Er lehnte jede finanzielle Unterstützung bei der Erschließung der Mine ab und hatte so – als einziger Mann im 20. Jahrhundert – seine eigene Diamantenmine gegründet.

Anfänglich lebte Williamson in einer Lehmhütte auf dem Gelände und nutzte den Verkauf von Diamanten, um seine Expansion zu finanzieren. Bald schon baute er Arbeiterhäuser, ein Krankenhaus, Schulen, eine Bibliothek, einen Freizeitklub und Sportanlagen. Seine afrikanischen Arbeiter lebten mit ihren Familien vor Ort, was zur damaligen Zeit in jeder Hinsicht ungewöhnlich war – und es gewissermaßen bis heute ist. Als er 1958 an Krebs starb, war er mit seiner Mine zum Millionär geworden. Mwadui wurde von seinen Geschwistern und seinem Geschäftspartner an den südafrikanischen Diamantenkonzern De Beers verkauft. Doch für seine afrikanischen Arbeiter hatte Williamson vorgesorgt. Sie sollten, so war von ihm vertraglich festgehalten worden, qualifizierte Positionen übernehmen. Dafür ging eine Gruppe von Tansaniern nach Kanada, um sich in den verschiedenen Disziplinen ausbilden zu lassen.

Zehn Jahre zuvor, genauer gesagt 1947, war in Williamsons Mine der schönste rosa Diamant der Welt gefunden worden. Vom französischen Juwelier Cartier zu einer Blumenbrosche verarbeitet, bekam ihn Königin Elisabeth II. zur Hochzeit. Jimmy Sudra, Sohn eines Minenarbeiters aus Mwadui, erzählte 1996, wie es zu diesem Fund kam. Er hatte, damals noch ein kleiner Junge, mit seinen Freunden im Sand gespielt, als einem von ihnen ein »Glasstück« unter einem Affenbrotbaum aufgefallen war. Es war der rosa Diamant. »Gott muss ihn dort platziert haben. Er war also nur für einen Monarchen geeignet«, erinnerte sich Sudra nach all den Jahren immer noch stolz. Als erwachsener Mann sollte er dann eine Auszeichnung für seine wohltätige Arbeit von der Queen erhalten. Dafür fuhr er nach London. Als er der Monarchin entgegentrat, soll sie die diamantene Blumenbrosche getragen und, nachdem sie ihre Hand auf den glitzernden Diamanten gelegt, ihm zugeflüstert haben: »Ist das der Diamant, den Sie gefunden haben?«

Tansanit – der schönste Edelstein der Welt

In Arusha sollten Sie den Tansanit-Markt (Soko La Madini) in der Old Moshi Road im Stadtzentrum besuchen – wo die Edelsteinschleifer auf Rohtansanite warten und ihnen einen glitzernd facettierten Diamantschliff verpassen. Der Tansanit, eine Variante – Varietät, wie man in der Mineralkunde sagt – des Minerals Zoisit, kommt in abbaubaren Quantitäten nur in Tansania vor. Er ist ein wunderschöner Stein, der purpur, blau, gelb und sogar rosa schimmert, viel mystischer und aufregender noch als viele Saphire. Die ersten Funde stammen aus den 1960er-Jahren, doch bekannt wurde der Edelstein erst durch den New Yorker Juwelier Tiffany, der die geniale Idee hatte, ihn nach dem einzigen Land, in dem er signifikant vorkommt, zu benennen (angeblich auch weil ihn die Bezeichnung Zoisit zu sehr an das englische Wort für Selbstmord, *suicide*, erinnerte). Bis heute hat die Firma einen wesentlichen Anteil an der Vermarktung des Tansanits.

Die edlen Steine kommen so gut wie alle aus einer kleinen Region am Fuße des Kilimandscharo. Ein Gebiet, das in verschiedene Sektoren eingeteilt ist, in denen internationale wie lokale Minenunternehmen auf Lizenz schürfen. 2018 wurde von der tansanischen Regierung ein Zaun um das ganze Gebiet und ein gut bewachtes Tor errichtet, um dem illegalen Bergbau und dem Handel mit Tansaniten einen Riegel vorzuschieben, der unglaubliche Ausmaße angenommen hatte. So soll zuvor fast die Hälfte des Geschäfts an den offiziellen Regierungsstellen vorbei abgewickelt worden sein.

2020 wurden die bisher größten Tansanite, zwei dunkelviolette Riesensteine mit 9,27 und 5,103 Kilogramm, gefunden. Und zwar von den Schürfern eines lokalen Bergbauunternehmens. Dessen Besitzer, Saniniu Laizer, ein Massai, verkaufte die beiden Steine – so wie es unter Präsident Magufuli geregelt wurde – für mehr als drei Millionen US-Dollar dem Staat. »Ich möchte ein Einkaufszentrum und eine Schule bauen. Ich möchte diese Schule in der Nähe meines Hauses errichten. Hier gibt es viele arme Menschen, die es sich nicht leisten können, ihre Kinder zur Schule zu bringen«, sagte Laizer der lokalen Presse. Außerdem wolle er zehn Prozent der Einnahmen an seine Arbeiter ausschütten. Doch zuerst richtete er, ganz nach den Regeln des *Ubuntu*, ein tagelanges Jubelfest für die vielen Besucher aus, die von nah und fern aufgebrochen waren, um ihm zu gratulieren – und um finanzielle Hilfe zu bitten. 100 Kühe wurden geschlachtet, und auch wenn die meisten nur mit einem Magen voller geräuchertem Rindfleisch wieder nach Hause gingen, waren die Freude und das Gemeinschaftsgefühl groß.

Secondhand-Industrie – pro und kontra

Mwanza verlassen wir mit gemischten Gefühlen, dankbar für die überwältigende Gastfreundschaft durch Loys Familie und doch froh, den Problemen der Stadt und des Viktoriasees zu entkommen. Tatsächlich roch es am Ufer nach Nitrat, nach Fisch, nach Schmutz, so sehr, dass wir uns nicht zur Überfahrt zum Bismarckfelsen, dem Wahrzeichen der Stadt, und zum kleinen, auf einer Insel liegenden Nationalpark Saanane überwinden konnten. Und so bleibt ein bitterer Nachgeschmack, weil die Touristenguides, die hoffnungsfroh versuchten, uns anzulocken, kein Geld verdienten (und außer uns weit und breit keine Touristen da waren).

Die Stadt franst ins Umland aus, rechts und links kleine Häuser, viele unfertig. Irgendeines muss auch Loy und Tatu gehören. Ihre derzeitige Behausung in der Stadt, jenes Zuhause, in dem sie uns Unterschlupf gewährten, ist nur gemietet. Wann immer sie etwas von ihrem mühsam verdienten Geld erübrigen können, stecken sie es in den Neubau am Rande der Stadt. In Tansania kann man keinen Grund und Boden erwerben und darauf einen Kredit aufnehmen. Die Menschen bauen deshalb mitunter Jahrzehnte an ihrem Eigenheim, immer nur so viel, wie sie sparen können und wie nötig ist, dass sie wegen der unsicheren Rechtslage von Landbesitz nachweisen können, dass es sich um Grund und Boden handelt, auf dem sie zu bauen im Begriff sind. Deshalb findet man, wenn man durchs Land fährt, so viele Rohbauten, oft auch nur Grundmauern, aus denen schon Büsche und Bäume wachsen.

Vieles in Mwanza erweckt einen trostlosen Eindruck, ohne Aussicht auf eine bessere Zukunft. Das Einzige, was hier zu wachsen scheint, ist die Secondhand-Industrie. Hier sind die Märkte mit Waren aus zweiter Hand besonders lang, schmerzlich lang, weil sie immer auch ein Indikator für die Armut der Region sind. Zu beiden Seiten der großen Straßen Läden und Verkaufsstände, die Altkleider und gebrauchte Schuhe, Koffer – alles fein säuberlich nach Farben geordnet – oder chinesische Plastikwaren feilbieten. Eine Ökonomie der scheinbaren Fülle – immerhin versorgen die Kleiderberge aus dem Globalen Norden ein ganzes Volk, um nicht zu sagen einen Kontinent – und eine ökonomische Abwärtsspirale, weil sie die lokale Produktion behindert. In Ruanda hat Präsident Kagame den Handel mit Altkleidern deshalb kurzerhand verboten. Auch die Tischler am Straßenrand von Mwanza haben es schwer, wenn Vitrinen aus China für den halben Preis zu bekommen sind und die Preiselastizität der Menschen schlicht gegen null tendiert. In der Zeit der wirtschaftlichen Liberalisierung nach dem Ende des Sozialismus wurde der Markt in Tansania mit Billigwaren nur so überflutet, und die unterentwickelte heimische Ökonomie war noch zu schwach, um dem etwas entgegenzusetzen.

Doch das ist nur die eine Betrachtungsweise des Phänomens. Die andere erzählt eine ebenso plausible Variante der Geschichte. *Mitumba*, wie die Secondhand-Kleidungsindustrie genannt wird, habe einen riesigen Markt und Einkommen für Hunderttausende von Menschen erschlossen. Nicht nur der Handel mit all den T-Shirts, Jeans und Schuhen ausländischer Modebrands schafft Arbeitsplätze, auch eine ganze Branche an Änderungsschneidereien, Schustern und Schuhputzern profitiere davon. Und außerdem würde *Mitumba* schließlich zur ökologisch nachhaltigeren Kreislaufwirtschaft beitragen. Afrikanische Entwicklungsexperten unterstreichen deshalb, dass die Altkleiderimporte helfen, die Armut zu lindern. Denn für viele Menschen bieten sie die einzige Möglichkeit, sich mit bezahlbarer Kleidung zu versorgen.

»In den 1980er-Jahren liefen tansanische Staatsbeamte noch in zerschlissenen Hemden herum«, erinnert sich auch die deutsche Entwicklungsexpertin Sibylle Riedmiller, die damals für die deutsche GTZ, die Gesellschaft für Technische Zusammenarbeit, tätig war. Heute firmiert die Organisation unter dem Namen GIZ, aus der technischen wurde – aus allerlei Gründen – die internationale Zusammenarbeit. Was Sibylle Riedmiller damals beobachtete, ist heute jedenfalls Geschichte. Auch Sie werden kaum noch einen Straßenhändler entdecken, der kein T-Shirt von Hugo Boss oder einer vergleichbaren Marke und Sneakers von Adidas sein Eigen nennt.

Von Tabora an den Tanganjikasee

Wir haben die Worte von Carel Verhoef nicht vergessen: Fahrt in die weniger gut besuchten Nationalparks und erkundet die Landesteile, in die es nur selten Reisende verschlägt. Also brechen wir von Mwanza kommend in Richtung Tanganjikasee auf. An seinen Ufern werden wir nicht nur zwei Nationalparks der Extraklasse besuchen, sondern auch in eine ganz andere Welt eintauchen als am Viktoriasee. Der Westen Tansanias ist ein wildes, dünn besiedeltes Land von besonderer Naturschönheit und bisher verschont geblieben von merklicher Umweltzerstörung. Es gibt nur wenige größere Städte, Bujumbura, das wirtschaftliche Zentrum Burundis, ist mit fast 500 000 Einwohnern die mit Abstand bevölkerungsreichste Ansiedlung am Ufer des 600 Kilometer langen und fast 100 Kilometer breiten Sees, Kigoma auf der tansanischen Seite hat etwas mehr als 200 000 Einwohner. (Im Vergleich dazu leben 30 Millionen Menschen rund um den Viktoriasee).

Seit einiger Zeit macht auch das tansanische Tourismusministerium Werbung für den Westen des Landes – den sogenannten *Western Circuit*. Bisher hatten sich nur hartgesottene Globetrotter hierher verirrt, zu schlecht waren die Straßen, zu dürftig die Infrastruktur. Und wer die beiden Schimpansen-Nationalparks, Gombe und Mahale, oder gar den großen Katavi-Nationalpark besuchen wollte (den im Jahr nur 4000 Menschen betreten, während die Serengeti auf mindestens 25 000 im Monat kommt), flog meistens direkt per Buschflieger in die Parks, was im Package mit märchenhaft schönen, wenn auch unendlich teuren Camps angeboten wird.

Doch das ersetzt keinen Roadtrip, und der ist in diesem Landesteil besonders lohnend, selbst wenn die Straße nach Kigoma immer noch nicht durchgehend asphaltiert ist (wie überall im Land wird auch daran gearbeitet; Infrastrukturprojekte gehören zu den wichtigsten Politzielen, vielleicht werden Sie also schon sehr viel weniger Stunden von Tabora nach Kigoma brauchen). Und auch neue Touristenattraktionen sollen Reisende zu einer Tour *off the beaten track* verführen. Das Ugalla River Game Reserve wurde 2019 in einen Nationalpark verwandelt, womit dem verschlafenen, aber charmanten Provinznest Tabora demnächst neues Leben eingehaucht werden soll.

Tabora, wichtige Etappe des Karawanenhandels

Tabora liegt auf halbem Weg zwischen der Küste und dem Gebiet der großen Seen, ein idealer Zwischenstopp, das wussten schon die arabischen Karawanenhändler, die den Stützpunkt um 1820 gründeten. Von Bagamoyo via Tabora nach Ujiji am Tanganjikasee sind es an die 1300 Kilometer, und die aus mehreren Tausend Leuten bestehenden Karawanen brauchten dafür einst rund 90 Tage. Man muss sich das immer vor Augen halten: Alle Waren wurden vor dem Bau der Eisenbahn zu Fuß und durch menschliche Träger aus dem Inneren Afrikas an seine Küsten geschleppt, Lasttiere konnte man in den Tropen wegen der klimatischen Verhältnisse nicht einsetzen. Das ging nicht ohne einheimische Beteiligung unterschiedlicher bantusprachiger Volksgruppen. Sie wurden von den arabischen Händlern »Nyamwesi« genannt, betätigten sich selbst im Elfenbeinhandel und galten als verlässliche Träger.

Durch den Handel mit dem »weißen Gold Afrikas« erlebte die Karawanenkultur im 19. Jahrhundert einen Höhepunkt, doch die Elfenbeinjäger mussten immer tiefer ins Innere Afrikas vordringen, so sehr setzte die europäische Nachfrage den Elefantenbeständen zu. Außerdem wurden neben Elfenbein viele andere Waren – Wachs, Häute, Felle, Kautschuk, Rinder und Ziegen – zur Küste geschleppt. Und Sklaven, wie es im Orient gängige Praxis war.

Seit Mitte des 19. Jahrhunderts versuchten die Europäer, den Menschenhandel überall in Ostafrika zu verbieten – eine ziemlich heuchlerische Aktion, waren sie doch selbst erst vor Kurzem aus dem lukrativen Geschäft mit den Sklaven ausgestiegen, außerdem legitimierten sie damit ihren imperialistischen Machtkampf der Einverleibung Ostafrikas ins deutsche und englische Kolonialreich. Ironischerweise führte das Verbot des islamischen Sklavenhandels nicht zu einer Verbesserung, sondern zu einer weiteren dramatischen Verschlechterung der Lebensbedingungen der betroffenen Menschen, die zuvor mehrheitlich als Haussklaven in arabischen Familien zur Arbeit gezwungen wurden. Nun waren sie kein Besitz mehr, um dessen Wohlergehen man sich, ganz zum eigenen Vorteil, sorgen musste. Für die Plantagenbesitzer an der Küste oder in Sansibar war es preiswerter, die Arbeitskraft der ehemaligen Sklaven rücksichtslos auszubeuten und dann für Nachschub zu sorgen, als sich gut um sie zu kümmern. In *Meyers Konversationslexikon* von 1891/92 heißt es sehr bezeichnend: »... da man durch aufgetischte Schauermärchen den Sklaven gegen den Europäer und dessen Regierung eingenommen hat, so will der größte Teil der Sklaven gar nicht vom Europäer befreit sein. Ihm sagt das Leben in Araberhäusern viel mehr zu als freie regelmäßige Lohnarbeit und Selbstversorgung im Dienste des Europäers.«

Was es mit dieser »freien Lohnarbeit und Selbstversorgung« auf sich hatte, wussten die Einheimischen wohl, egal, ob sie Schirasi von der Küste oder Nyamwesi aus dem Landesinneren waren. Schon seit dem Aufstand der ostafrikanischen Küstenbewohner 1888. Der Führer des Aufstandes, Abushiri ibn Salim al-Harthi, hatte dem Forschungsreisenden Oskar Baumann, wie dieser schrieb, gegenüber einmal erklärt, dass sich die Deutschen überall völlig rücksichtslos benahmen, sie »rissen Flaggen herab und hissten andere auf, gaben uns Befehle und Vorschriften und benahmen sich überhaupt, wie wenn sie die Herren des Landes und wir alle ihre Sklaven seien.«

Doch während sich an der Küste seit den 1880er-Jahren das deutsche Kolonialreich etablierte, war Tabora einfach zu weit weg und zu schwer zu erreichen. Nach der Ausrufung Deutsch-Ostafrikas als Kolonie wehte ab 1891 zwar die Fahne des Deutschen Kaiserreichs über der schnell errichteten Militärstation, aber das Leben in dem kleinen Ort mit seiner afrikanisch, arabisch, indischen Bevölkerung änderte sich wenig, und der Karawanenhandel blieb erhalten. Noch 1905 gingen allein von Ujiji 925 Karawanen via Tabora mit 473 Elefantenstoßzähnen an die Küste ab.

Erst ab 1908 änderte sich die Situation mit dem Bau der Eisenbahn von Daressalam nach Kigoma. Nun erhielt Tabora eine *Boma* und einen Bahnhof im Kolonialstil, bis 1913 hatten sich schon zwei Dutzend deutsche Firmen angesiedelt, darunter vier Gasthäuser. Der jahrhundertealte Karawanenhandel hatte damit ausgedient oder, anders gesagt, war auf die Schienen verlegt worden.

Ein Hotel mit verblasstem Charme

1906 wurde auch das heutige Hotel Orion gebaut. Zuerst für einen deutschen Baron, der es als Jagd-Lodge benutzte, kurz vor dem Ersten Weltkrieg wurde daraus der Kaiserhof mit identischem Nachbau in Kigoma. Kaiser Wilhelm II. wollte 1914 nämlich seine ostafrikanische Kolonie besuchen, und so bereitete man für den hohen Besuch entsprechende Quartiere vor. Doch der Erste Weltkrieg, über dessen skurrilen Nebenschauplatz am Tanganjikasee noch zu berichten sein wird, durchkreuzte die kaiserlichen Pläne, und aus dem Kaiserhof wurde nach der Übernahme durch die Briten das Railway Hotel, heute das Orion.

Wir beziehen ein Zimmer im Kaiserflügel (nach dem nicht erschienenen Kaiser benannt), schon in der hohen Hotelhalle hat uns die längst verhallte Geschichte des Hauses in ihren Bann geschlagen. Donna Walker hat es mit ihrem Mann 2003 erworben, als der tansanische Staat – nach der Unabhängigkeit gehörte es den Staatsbahnen – Vermögenswerte verkaufte, um zu Geld zu kommen. Donnas Mann ist zur Zeit des britischen Protektorats in Tabora geboren, 1990 zog es ihn zurück, er gründete ein Bauunternehmen, das er nach zehn Jahren wieder verkaufte, nun steckt das Geld im Hotel – mit ungewisser Zukunft. Bisher wurde es vor allem von NGO-Mitarbeitern, Regierungsmitgliedern und Geschäftsleuten genutzt. Trotz Renovierung liegt das Hotel mit seinem Retro-Charme im Dornröschenschlaf, zum großen Relaunch fehlt das nötige Geld. Würde der Tourismus in Gang kommen, könnte es sich zum Luxusresort mausern (was – siehe Retro-Charme – auch wieder schade wäre). Es bräuchte nicht viel, die Substanz ist hervorragend.

Die Deutschen bauten für die Ewigkeit. Auch deshalb sieht man ihre Bauwerke, Verwaltungsgebäude wie die *Bomas*, die Poststationen, die Eisenbahnhäuschen und eben einige Landsitze, Wohnhäuser und nicht zu vergessen die Kirchen, überall im Land, und noch immer wirken sie wie seltsam aus der Zeit gefallene Wahrzeichen einer höchst fragwürdigen Epoche. Sie wurden in einem architektonischen Mix aus arabischer Bautechnik (mit natürlicher Klimatisierung) und deutscher Ingenieurskunst errichtet. Oft haben die Häuser Veranden oder nach zwei Seiten offene Innenhöfe, sodass die Luft zirkulieren kann. Immer öfter werden die historischen Gebäude erhalten, teilweise mit deutscher Unterstützung renoviert, man erkennt ihren Wert, und dass sie zur tansanischen Geschichte gehören.

Wir verlassen Tabora. Die Weiterfahrt nach Kigoma ist wunderschön, die Landschaft wechselt, die Sozialstruktur auch. Zu beiden Seiten der Straße sieht man ausgedehnte Tabakfelder, doch da es Sommer und trocken ist, bieten sie ein ungewöhnliches Bild. Nicht üppiges, sattes Grün so weit das Auge reicht, sondern ein paar wenige verdorrte Pflanzen in brauner Erde, die man erst als Tabakstauden erkennen muss. Am Straßenrand kleine Lehmziegelhäuschen, in denen der Tabak getrocknet wird. Stolz zeigt uns ein Bauer seine Anlagen. Er brennt die Ziegel selbst, so tonhaltig ist der Boden hier, und plant einen kleinen Tabakshop, der wie so viele Gebäude im Land noch ein Rohbau ist.

Doch auch das Geschäft mit dem Tabak stagniert, unter anderem weil Ex-Präsident Magufuli es ausländischen Unternehmen, die rund um Tabora große Plantagen besaßen, schwer gemacht hat. »Dabei hat der Tabak den Menschen hier Arbeit gegeben«, sagt Donna Walker, »auch lokale Bauern wurden von den Großunternehmen unterstützt. Alle in der Gegend haben vom Tabak profitiert.« Andererseits, dies muss ergänzt werden, ist Tabak ein umweltfeindliches Anbauprodukt, weil es nicht nur viel Land, sondern auch viel Holz für die Trocknung verbraucht.

Einsamer geht es kaum – das Malagarasi-Sumpfland

Wir fahren durch dünn besiedeltes Land, die trockenen Tabakfelder gehen bald in weitläufige Miombowälder über, die vielen Tieren Schutz bieten, manchmal sogar Elefanten. Auf unserer Landkarte sehen wir zwei Seen, sie sind Teil des ausgedehnten Malagarasi-Sumpflandes. Wir wollen unbedingt dorthin und biegen auf eine kleine Sandpiste ab.

Einige Jungen, die eine große Herde Zebu-Rinder hüten, weisen uns den Weg. Ein Sumpfgebiet, das in einen See übergeht, vollkommen sich selbst und der umliegenden Natur überlassen. Nur ein paar Fischer paddeln in ihren Einbäumen Richtung Ufer. Die schon tief stehende Sonne hat das Wasser in eine bronzefarben glitzernde Fläche verwandelt. Unter einer Palme ruht sich ein weiterer Fischer aus und grüßt freundlich, aber nicht in Swahili, sondern in der Sprache seiner Volksgruppe.

Als wir das kleine Dorf erreichen, ist die Sonne fast untergegangen. Sauber gefegte rote Erdstraßen, eine Menschenmenge unter einem großen Baum versammelt, die Frauen singen und bewegen sich im Takt des Keyboardspielers. Eine riesige Traube bunt gekleideter Kinder bildet sich um unser Auto. Wir geben der Frau in ihrer Mitte eine Tüte aus unserem Proviant, Maniokchips, was für großen Jubel sorgt. Jedes Kind bekommt etwas ab, minutenlang sorgt die Frau dafür, dass die Chips gerecht aufgeteilt werden, streng nach dem *Ubuntu*-Grundsatz, teile alles, was du hast, mit deinen Brüdern, mit allen Mitgliedern des Clans.

»Wieso seid ihr ausgerechnet in unser Dorf gekommen?«, fragt einer der Ältesten, die uns eingeladen haben, uns neben sie zu setzen. Wir wollten zum See. Sie lächeln. Hier komme nie jemand vorbei. Es herrscht eine ausgelassene Atmosphäre, eine heitere Sonntagabendstimmung, und so verabschieden wir uns ganz wehmütig, wieder einmal von der unkomplizierten Gastfreundschaft und der Fröhlichkeit der tansanischen Menschen beeindruckt. Doch nach Kigoma sind es noch über 100 Kilometer, und wieder einmal hat unsere Neugier und Entdeckerlust dafür gesorgt, dass wir unseren Grundsatz, eigentlich keine Nachtfahrten in Tansania zu unternehmen, über den Haufen schmeißen.

Kigoma, Livingstone und die *Liemba*

Wie sind wir eigentlich auf der halsbrecherisch steilen Sandpiste mit den Riesenschlaglöchern des Nachts bis hinunter an das Ufer des Tanganjikasees und dort in das schlecht ausgeschilderte, aber paradiesische Guesthouse Jakobsen Beach gelangt? Als wir, herrlich vom sanften Geräusch der Wellen begleitet, aus unserem Tiefschlaf erwachen, steht die Sonne schon hoch am Himmel, und wir nehmen staunend zur Kenntnis, dass wir unser Ziel wohl nur mit der Hilfe von Engeln erreicht haben. Beim Yoga auf der überschatteten Terrasse sehen uns ein paar Zebras verstohlen zu. Solange wir sie keines Blickes würdigen, tun sie ihrerseits so, als seien sie unsichtbar, und wähnen sich in Sicherheit. Mehrere Familien Grüner Meerkatzen schleichen über die Veranda unseres Bungalows und spähen nach der Tür. ›Vielleicht haben diese Greenhorns sie ja offen gelassen‹, scheinen ihre scheuen, aber umso vorwitzigeren Blicke zu sagen. ›Man muss schließlich jede Gelegenheit nutzen.‹

Am nächsten Tag erkunden wir Ujiji, die älteste Stadt im Westen Tansanias, Ausgangspunkt der großen Karawanenroute nach Tabora und Bagamoyo. Um 1900 – da gab es das heute viel größere Kigoma noch gar nicht – hatte die Ansiedlung schon 10 000 Einwohner. Heute ist sie ein kleines Nest mit einem umso größeren, 2006 renovierten Museum.

Weltberühmt wurde Ujiji durch einen knappen Satz, der in die Geschichte eingegangen ist: »Doctor Livingstone, I presume?«

Henry Morton Stanley, der amerikanisch-britische Journalist, hatte sich im Auftrag seiner Zeitung auf die Suche nach dem seit 1869 verschollen geglaubten Missionar und Entdeckungsreisenden David Livingstone gemacht. Am Ufer des zehn Jahre zuvor von Richard Francis Burton und John Hanning Speke für die europäische Welt entdeckten Tanganjikasees fand Stanley am 23. Oktober 1871 einen arg abgemagerten Weißen und begrüßte ihn – da es in der Zeit nicht gerade von Europäern im Inneren Afrikas wimmelte – ironisch britisch: »Doktor Livingstone, nehme ich an?«

Die beiden Urgesteine der Erschließung des Kontinents durch die Europäer – Livingstone hatte schon die Viktoriafälle am Sambesi, unzählige Flüsse, Seen und Gebirgszüge entdeckt, Stanley den Regenwald des Kongo für König Leopold gesichert – waren menschlich komplett verschieden. Dennoch verbrachten der friedliebende Livingstone, der seine verbleibende Kraft dem Kampf gegen den Sklavenhandel widmen würde, und der skrupellose Eroberertyp Stanley einige Monate zusammen am See, um ihn zu erforschen. Dann trat Stanley die beschwerliche Expedition an die Küste und anschließend nach Europa an, während Livingstone in seinem geliebten Afrika blieb.

All dies erzählt uns der schon seit 40 Jahren im Museum tätige Führer voller Enthusiasmus, mit dramaturgisch wohlgesetzten Kunstpausen und nicht, ohne auf seine eigene Geschichte zu verweisen. Er selbst sei mit dem Besitzer von Jakobsen Beach dreimal zu Fuß von Ujiji nach Bagamoyo gepilgert, er wüsste also wirklich Bescheid. Es sei Livingstones letzte Expedition gewesen, die Suche nach den Quellen des Nils habe ihn bis zuletzt umgetrieben. Doch er starb schon ein halbes Jahr, nachdem ihn Stanley verlassen hatte, an der Ruhr. Sein treuer Weggefährte Chuma, ein von Livingstone befreiter Sklave, habe seinem Körper das Herz entnommen und es unter einem Affenbrotbaum begraben. Die Leiche aber habe man, einbalsamiert und unter großen Mühen, bis an die Küste Ostafrikas geschleppt, von wo sie nach England abtransportiert worden sei. Bis heute, so beendet der Führer seinen Bericht, werde Livingstone in Tansania verehrt.

Am Nachmittag steht – nach einer kurzen Abkühlung im See – noch eine weitere historische Fact-finding-Mission auf dem Programm, die uns ein Abenteuer erspart, das wir, wenn es nicht seit 2018 unmöglich wäre, mit todesmutigem Recherchefleiß in Angriff genommen hätten: eine Fahrt auf der *Liemba*, von Kigoma bis Kipili, den Tanganjikasee abwärts und von Kipili auf dem Landweg bis zum Mahale-Mountains-Nationalpark und den dort lebenden Schimpansen.

Doch die *Liemba*, eines der ältesten in Dienst befindlichen Passagierschiffe der Welt, liegt auf Dock, um einer umfassenden Erneuerung unterzogen zu werden. Vier Millionen US-Dollar solle das Ganze kosten, vielleicht mit deutscher Unterstützung, erzählt uns ein sehr gewichtig klingender Manager der Hafenbehörde von Kigoma und erlaubt uns schließlich doch – ausnahmsweise, schließlich herrsche derzeit Covid-19 –, mit ihm das Schiff zu besichtigen (was die Besichtigung der menschenleeren *Liemba* mit Corona zu tun hatte, hat sich mir bis heute nicht erschlossen, noch dazu in einem Land, indem es ansonsten keine Coronabeschränkungen gab).

»Die *Liemba* fasst 600 Passagiere und 200 Tonnen Fracht«, erzählt uns Joel Gagala nicht ohne Stolz. Doch selbst die 1. Klasse hat so gut wie keine sanitären Anlagen, und so danke ich Gott, dass er diesen Recherchekelch an mir vorüberziehen ließ. Vielleicht haben Sie Glück, und das traditionsreiche Schiff empfängt Sie in strahlendem Weiß, komplett überholt und mit dem nötigen Komfort. Und dann lassen Sie sich in die sagenhafte, vom Schweizer Schriftsteller Alex Capus in *Eine Frage der Zeit* unbeschreiblich komisch beschriebene Geschichte der *Liemba* zurückversetzen; in die Zeit, als das Schiff, zunächst benannt nach dem Ostafrikaforscher Gustav Adolf Graf von Goetzen, 1913 in der deutschen Werft Papenburg vom Stapel lief.

Ein stolzes Passagierschiff für den Handel zwischen dem Kongo und Deutsch-Ostafrika sollte es werden. Um es an sein Ziel zu bringen, wurde es auseinandergeschraubt, in 5000 Holzkisten verpackt und per Schiff nach Daressalam und von dort mit der Mittellandbahn nach Kigoma transportiert, wo es, überwacht von drei Ingenieuren aus Papenburg, von 200 Einheimischen wieder zusammengebaut wurde. Das zog sich derart in die Länge, dass noch vor der Schiffstaufe der Erste Weltkrieg ausbrach und das für Friedenszeiten gebaute Schiff zum Hilfskriegsschiff *SMS Goetzen* mutierte. Es wurde mit einer Kanone des im Rufiji-Delta versenkten Kriegsschiffes *Königsberg* ausgestattet und sollte nun auf dem Tangajikasee zum Einsatz kommen. Und zwar gegen zwei kleine britische Kanonenboote, die *HMS Mimi* und die *HMS Toutou*, die ebenfalls von Süden her durch den halben Kontinent, durch Sümpfe und Regenwald bis an den See geschleppt worden waren.

Capus beschreibt das Ganze als eine Art Karikaturweltkrieg, der die Absurdität des kolonialen Unterfangens – wieso musste man Schiffeversenken auf dem Tanganjikasee spielen – wie in einem Brennglas deutlich macht. Für die *Goetzen* schien das Ende besiegelt, als ihr, nachdem sie gegen *HMS Mimi* und *HMS Toutou* erstaunlich siegreich agiert hatte, belgische Kanonen zusetzten. Schließlich ließ der Kommandant der Deutschen Schutztruppen, von Lettow-Vorbeck, sie bei Kigoma versenken, allerdings nicht, ohne dass die ihr Schiff liebenden Ingenieure die wichtigsten Maschinenteile mit Fett einschmierten und sie so für die Nachwelt erhielten.

1924 schon hoben die Briten das berühmte Schiff vom Grund und benannten es in *Liemba* um. Seither fährt es mit einigen Unterbrechungen unverdrossen den See auf und ab, befördert Menschen und Waren und während der Bürgerkriege rund um den See (die es reichlich gab) immer wieder auch Flüchtlinge. Die *Liemba* ist wohl eines der erfolgreichsten Flüchtlingsschiffe überhaupt: 1997 setzten die Vereinten Nationen das Schiff ein, um mehr als 75 000 Flüchtlinge zu repatriieren, die nach dem Sturz des langjährigen Diktators Mobutu Sese Seko aus dem Kongo nach Tansania geflohen waren. Insgesamt 22 Fahrten machte die *Liemba* zwischen Uvira in der kongolesischen Provinz Süd-Kivu und Kigoma dafür. Und 2015 evakuierte das Schiff 50 000 Flüchtlinge, die vor den Unruhen in Burundi flohen. Die Rettung und Instandsetzung der großen alten Dame des Tanganjikasees ist also ein historisches, politisches und literarisches Gebot der Stunde.

Der Bischof von Kigoma ist auch unsere Rettung

Der Bahnhof von Kigoma, wo einst die 5000 Kisten mit der *Goetzen* ankamen, erinnert, historisch wuchtig in seiner Architektur, noch immer an vergangene Zeiten. Nur viermal in der Woche verkehrt ein Zug nach Daressalam und braucht für die Strecke 36 Stunden, also doppelt so lang wie das Auto.

Eine Art Ende-der-Welt-Gefühl stellt sich ein und lässt uns auch beim Bischof von Kigoma nicht los, der zum Abendessen in seinen prächtigen Bischofssitz eingeladen hat. Er will uns von den Problemen seiner riesenhaften Diözese erzählen, dieser »forgotten region«, wie er sie nennt, in der es »less of everything« gäbe, dafür aber mehr Armut, schlechtere Straßen, Bürgerkriege und Konflikte in den Nachbarstaaten und in der Folge immer wieder große Flüchtlingsströme. Traurige Höhepunkte erlebte die Region im Zuge des Völkermords in Ruanda, als 200 000 Menschen täglich über die Grenze strömten, in den diversen Kongokrisen und zuletzt wieder einmal durch Unruhen in dem seit der Unabhängigkeit krisengeschüttelten Burundi, einem der ärmsten Länder der Welt. »2015 haben wir hier im Bischofssitz über Monate 24 Stunden täglich gekocht und das Essen ins Sportstadion zu den Flüchtlingen gebracht.«

Das ist nur eine der vielen Geschichten, die der Bischof erzählt, Ausnahmesituationen, die zu seinem bischöflichen Alltag gehören. Die meisten Tage des Monats ist er auf Achse, fährt auf holprigen Pisten von Dorf zu Dorf, oftmals muss er stundenlang zu Fuß gehen, um sich die Sorgen der Dorfbewohner anzuhören und seine Schützlinge zu unterstützen. Er baut Schulen und Krankenstationen in einem Gebiet, wo man bis zur nächsten gesundheitlichen Versorgung fast einen ganzen Tag unterwegs ist, und er beschafft Hilfsgelder über das große und gut funktionierende Missionsnetzwerk der katholischen Kirche. (Sie ist eine wichtige Institution in Tansania, mehr als eine Kirche, fast schon ein Staat im Staat, ausgerichtet auf Entwicklungshilfe und Seelsorge.) Eine Arbeit, die uns bei der Reise durchs Land immer wieder Respekt abverlangen wird, weil sie so gut funktioniert. Durch die Interaktion im Land bekommen die Priester und Bischöfe Informationen aus erster Hand, die sie durch die zentrale Macht der Kirche dann international analysieren können, um Lösungen für die Probleme anzubieten.

Der Bischof und seine Gefolgschaft, allen voran der eifrige Prälat Everest, haben nichts von weltvergessenen Missionaren an sich, sondern das Tempo und die Pragmatik guter Krisenmanager. Beiläufig erzählt der Bischof, dass er auf der Strecke entlang der Grenze zu Burundi – eine Straße, die man meiden sollte, da es dort häufig zu Überfällen käme – einmal tatsächlich nur um ein Haar den bewaffneten Banditen entkommen sei. Ein Baumstamm versperrte den Weg, während sich Gewehre auf sein Fenster richteten. Doch sein beherzter Fahrer gab Gas und setzte – wohl mithilfe der Engel – über den hohen Stamm zur eiligen Weiterfahrt an.

Auch uns kommt die praktische Ader des Kirchenmanns zugute. Auf dem Weg zum Bischofssitz hatte unser Fahrzeug begonnen, sonderbare Hüpfbewegungen auszuführen, was uns in Sorge gestürzt hätte, wäre da nicht der Bischof gewesen, der – völlig entspannt und routiniert – das Auto seinem Mechaniker übergab, während er uns in seine Räumlichkeiten führte. »Wir haben die besten Mechaniker, die werden das Problem bis zum Ende unseres Abendessens gelöst haben.« Gesagt, getan. Nach dem Gespräch mit dem Bischof steht unser Auto wie neu vor der Tür, und wir verstehen, wieso Bischof Joseph Mlola so ein Segen für seine schwierige Diözese ist.

Bei unseren nächsten Verwandten in Gombe und Mahale

Wir sind unterwegs in den Gombe-Stream-Nationalpark, den wohl berühmtesten Schimpansenpark der Welt und einen meiner größten Sehnsuchtsorte. Seit mindestens 20 Jahren will ich dorthin, um Melissa, Gremlin und all die anderen Schimpansen aus dem Kinderbuch kennenzulernen, das Jane Goodall nach einem Interview, das ich mit ihr führen durfte, meiner Tochter geschenkt und gewidmet hat. Und jetzt gleiten wir in der aufgehenden Sonne in einem kleinen Boot mit Außenbordmotor über den Tanganjikasee, der in tausenderlei Farben glitzert. Fröstelnd ziehen wir unsere Massai-Umhänge enger, die uns Edwin auf der Safari durch die Serengeti geschenkt hat und die tatsächlich zu einem der wenigen unverzichtbaren Reiseutensilien avanciert sind – als Kleidungsstück, Tischtuch, Kopfkissen (zusammengerollt) usw. Einige Fischerboote fahren an uns vorüber, mit Trauben voller Menschen, die Frauen in bunten *Kangas*, die Männer in gelben T-Shirts. Dörfer am Ufer, gerade aus ihrem Nachtschlaf erwacht, Fleißige, die am Seeufer Wäsche waschen, herumwuselnde Kinder … Mich überkommt ein unendliches Glücksgefühl.

Gombe – eine grüne Insel voller Vitalität

Doch der Blick ans Ufer wirft Fragen auf. Warum sehen die Bäume nur so dürr, so zerrupft, so vertrocknet aus? Warum ist der Wald an den Abhängen zum See nur so schütter? Dann, plötzlich, als wir die Grenze zum Nationalpark passieren, jäh ein ganz anderes Bild: überbordendes Grün, unberührte Natur, und – das Erstaunlichste von allem – bis hinaus aufs Wasser riecht man den Regenwald förmlich. Eine Vitalität ausströmende Duftwolke erfasst uns und verleiht dem Begriff der »grünen Lunge« eine neue Bedeutung. Sofort werden alle Sinne wach, Blütenduft weht in Wellen an uns vorbei, die wunderschönen Baumkronen der Urwaldriesen lassen den Wald wie ein wogendes Meer aus Pflanzen erscheinen. Aller Druck fällt von uns ab, tiefes Durchatmen, und Dankbarkeit für dieses Stückchen Paradies stellt sich ein. Denn der Gombe-Stream-Nationalpark ist mit seinen 35 Quadratkilometern einer der kleinsten Nationalparks in Tansania. Und kaum ein anderer ist so sehr unter Druck, durch die arme, nicht nur wegen der hohen Geburtenraten, sondern auch wegen der vielen Flüchtlinge aus Burundi wachsenden Bevölkerung, die rund um den Park lebt. Alle Themen des Natur- und Umweltschutzes drängen sich hier auf: Waldrodung für Brennholz, Landgewinn für die landwirtschaftliche Nutzung, Jagd auf Schimpansen, um den wachsenden Hunger nach Fleisch zu stillen. Doch mehr dazu später.

Hier in den Wäldern von Gombe, an den steilen Abhängen zum Tanganjikasee, hat Jane Goodall als 26-jährige Studentin 1960 mit ihren weltberühmten Verhaltensstudien über Schimpansen begonnen. Hier hat sie Flo, Fifi, David Greybeard und all die anderen Schimpansen in freier Natur beobachtet und mit ihren Entdeckungen die Forschung revolutioniert. Die seither ununterbrochenen Verhaltensbeobachtungen sind heute die längsten Feldstudien über die uns nächsten Verwandten weltweit und bieten die größte Basis an Wissen über diese Primaten, mit denen wir uns 98,6 % der DNA teilen.

Wir werden von einem freundlichen 70-Jährigen im Besucherzentrum des Parks empfangen, er sieht etwas grau und unwohl aus. »Malaria, wieder einmal«, sagt er mit wegwerfender Handbewegung, und wir sind gerührt, dass er sich trotzdem den ganzen Vormittag für uns Zeit nimmt. Anthony Collins ist Chef des Pavian-Forschungsprojekts im Jane-Goodall-Institut und war lange Janes rechte Hand. Schließlich ist er seit 1972 hier, er ist einer, der die gesamte Entwicklung von Park und Forschungsstation, auch die vielen Schwierigkeiten, mitbekommen hat, die es von Anfang an gab und aus denen das Team um Jane Goodall wichtige Lehren zu ziehen vermochte.

Als sei es gestern gewesen, erinnert sich Anthony daran, wie 1975 eines Nachts drei Studenten aus Stanford und die holländische Assistentin von Jane gekidnappt wurden. Laurent Kabilas Truppen, die damals im Kongo gegen den von Amerika gestützten Mobuto Sese Seko kämpften, wollten mit ihren Entführungen internationale Aufmerksamkeit sowie hohe Lösegelder erwirken. Kabila wurde nach Mobutos Sturz 1997 für vier Jahre Präsident der Demokratischen Republik Kongo und entpuppte sich – man hätte es ahnen können – als chaotischer Autokrat, in dessen Amtszeit der Zweite Kongokrieg fiel. »Alle Ausländer«, berichtet Anthony im Rückblick auf das schreckliche Ereignis, »mussten Gombe sofort verlassen.« Das war zu einer Zeit, als die Forschungsarbeit noch ganz in den Händen von Europäern und Amerikanern lag. Doch – und das war das Glück und ein Wendepunkt in der Geschichte von Gombe – das tansanische Hilfspersonal übernahm alle Forschungsarbeiten sofort. »Die Tansanier waren einfach fantastisch. In den Datenreihen fehlt nur ein einziger Tag, sie wussten alles über den Park und die Schimpansen.« Seither besteht das Forschungsteam in Gombe aus Einheimischen und Ausländern.

Jane Goodall und ihr Lebenswerk

Zwei Schimpansen sind bald gefunden, als wir mit Anthony zu einem Rundgang durch den Park aufbrechen: Gaia, die Tochter von Gremlin und Enkeltochter von Melissa, sowie deren Tochter. Gaia ist mit ihren 50 Jahren heute die Seniorin von Gombe. Bei bester Gesundheit, etwas grau meliert und mit einigen Zahnlücken, pflückt sie in aller Ruhe die Blätter ihres Lieblingsbaumes – es ist schließlich Frühstückszeit. Gremlin war eine der fürsorglichsten Mütter in Gombe und wurde außerdem durch ihre besondere Geschicklichkeit beim Fischen von Termiten berühmt.

Schon in den 1960er-Jahren hat Jane Goodall mit der Entdeckung, dass Schimpansen Werkzeuge – in diesem Fall Grashalme – benutzen, die Fachwelt erstaunt. Heute gilt diese Erkenntnis als eine der größten Errungenschaften ihres Faches im 20. Jahrhundert. Eine, die den Paläoanthropologen Louis Leakey, der die junge Jane in den Urwald zu den Schimpansen geschickt hatte, zu dem berühmt gewordenen Ausspruch hinriss: »Jetzt müssen wir den Begriff ›Werkzeug‹ neu definieren und den Begriff ›Mensch‹ oder Schimpansen als Menschen akzeptieren.«

Anfangs dafür angefeindet und verlacht, weil sie den Tieren Namen gab und insistierte, dass »nicht nur Menschen eine Persönlichkeit haben« und dass nicht nur wir zu »Freude und Trauer fähig sind«, wurde Jane mit der Zeit gerade deshalb weltberühmt. Sie beschrieb Verhaltensweisen wie Umarmungen, Küsse oder Schulterklopfen, alles Gesten, die beweisen, wie eng und liebevoll die Bindungen zwischen Schimpansen einer Familie sind. Aber auch, dass sie Kriege führen und dann sogar zu Kannibalismus fähig sind. An all diese Beobachtungen aus Janes Büchern muss ich denken, als wir Gaia und ihrer Tochter durch den Wald folgen, immer mit einem gewissen – erstaunlich geringen – Sicherheitsabstand und immer mit Masken, nicht nur wegen Corona. »Das haben wir schon davor eingeführt«, erklärt Anthony, der auch zu Krankheiten bei Menschenaffen forscht. »Krankheiten sind eine der wichtigsten Bedrohungen für unsere Schimpansen. Vor allem Atemwegserkrankungen, die sie von uns Menschen bekommen. Daran können sie sterben.«

Wenn Anthony und sein Team ein bis zwei Schimpansen einer Gruppe finden, die husten, versuchen sie, die Gruppe im Auge zu behalten. Wenn sie am nächsten Tag gesund sind und dafür andere husten, sei es nicht so schlimm. »Aber wenn wir eine Gruppe finden, wo fast alle husten, dann wissen wir, dass sie die Krankheit von uns Menschen aufgeschnappt haben. Diejenigen, deren Husten tief, also in die Bronchien gewandert ist und die sich von der Gruppe isolieren, versuchen wir zu behandeln.« Sie bekommen Antibiotika, in Bananen versteckt. Das Problem sei, dass sie, kaum dass sie sich wieder besser fühlen, weglaufen und nicht mehr zu finden sind. »Sie haben noch jede Antibiotikakur abgebrochen.«

Aus Umweltschutz wird Tierschutz

Als Jane Goodall in den frühen 1990er-Jahren über den Urwald von Gombe flog, bot sich ihr ein beunruhigender Anblick und einer, der zum Ausgangspunkt für ihre zweite Karriere, die der Umweltschützerin, werden sollte. Sie sah, dass der Park zu einer kleinen, scharf abgegrenzten grünen Fläche geworden war, umringt von unfruchtbarem Ödland, übernutzten Agrarflächen, von Dörfern, die immer näher an die Parkgrenze heranreichten. Sie erkannte jäh, dass die Schimpansen langfristig nur dann eine Überlebenschance haben, wenn es auch den Menschen rund um den Park besser geht. So wurde aus der Primatenforscherin die weltberühmte Mahnerin für Umwelt- und Naturschutz, eine, die bis heute – bald 90-jährig – um die Welt jettet, um auf das prekäre Gleichgewicht von Natur und Mensch aufmerksam zu machen.

Dafür hat sie die Jugendorganisation Roots & Shoots gegründet, die auf der ganzen Welt Bäume pflanzt, und das Community-Projekt TACARE (Tanganyika Catchment Reforestation and Education) ins Leben gerufen. Mittlerweile ist es zu einem Best-Practice-Modell für die Einbindung von lokalen Gemeinschaften in den Natur- und Tierschutz in ganz Afrika avanciert. Auch in Senegal, Uganda und dem Kongo wird das Programm eingesetzt; Mali, Burundi, Kamerun und Guinea sollen folgen. Der Ansatz, dass nur wenn man lokalen Gemeinschaften die Verantwortung für den Erhalt ihrer Umwelt überträgt, wenn sie gewissermaßen zu Eigentümern und Nutznießern der Natur werden, Umweltschutz langfristig gelingen kann, ist mittlerweile weitverbreitet. Und trotzdem – das werden wir noch erleben – gelingt er nicht überall.

Bei TACARE erhalten Freiwillige eine Ausbildung zu Waldwächtern, sie bekommen ein Mobiltelefon mit einer App, mit der sie den Zustand des Waldes, Abholzung und Wilderei überwachen können, außerdem verleiht ihnen eine entsprechend stattlich aussehende Uniform einen angesehenen Status im Dorf. Baumschulen werden gestiftet, Umweltkomitees eingerichtet und Familienplanungskurse initiiert. So können Dorfbewohner und Wissenschaftler gemeinsam einen Landnutzungsplan erstellen, der langfristig allen nützt, den Menschen, der Natur und den Tieren. »Wir haben den Menschen in den Dörfern zugehört und sie dann dafür sensibilisiert, dass es auch um die Zukunft ihrer Kinder geht«, erklärt Anthony. Mit TACARE entstanden eine wichtige Pufferzone um den Park und Korridore aus Miombowald, die es den Schimpansen erlauben, über die Parkgrenzen in andere Schutzgebiete zu migrieren. Denn das tun Schimpansen seit jeher.

Um 1900 lebten noch 1,2 Millionen Schimpansen in 24 afrikanischen Ländern in freier Wildbahn, von Sierra Leone über

Äquatorialguinea und Kongo bis Uganda und Tansania, heute sind es keine 500 000. Doch die Fortschritte beim Bäumepflanzen sieht man mittlerweile sogar auf Satellitenbildern. Eine Hoffnung für die Schimpansen, nicht nur die von Gombe.

Dass ein Spaziergang durch den Gombe-Stream-Nationalpark zu den Höhepunkten einer Reise durch Tansania gehört, muss ich wohl nicht mehr extra betonen. Was Sie jedoch noch wissen sollten, ist, dass der Besuch des Parks durchaus erschwinglich ist, insbesondere wenn man nicht im Park selbst wohnen möchte, wo die Gombe Forest Lodge sieben luxuriöse Zelte bietet. Kigoma ist nahe und die Fahrt mit dem Boot in den Nationalpark nicht lang und gleichzeitig wunderschön. Und außerdem ist der Besuch von Gombe so vielseitig, neben Schimpansen gibt es Paviane, Meerkatzen, Vögel und einen herrlichen, wilden Strand. Da der See nahezu krokodilfrei ist und an seinen Ufern auch keine Bilharziose vorkommt, kann man einfach neben dem kleinen Landesteg des Parks ins Wasser springen. Oder man spaziert, durch Lianengestrüpp hindurch, zu zwei Wasserfällen. Dort finden wir die intensiv duftenden Blütenbäume wieder, deren Duftwolken am Morgen bis hinaus aufs Wasser getragen wurden. Die dicken weißen Blüten riechen nach Zimt und Jasmin, betörend wie Frangipani und Rosen zugleich.

Mahale – noch wilder, noch jungfräulicher

Wer nach dem Besuch Gombes von Schimpansen noch nicht genug hat, muss in den Mahale-Mountains-Nationalpark fahren, den zweiten, sehr viel größeren Schimpansenpark am mittleren Ufer des Tanganjikasees. Doch das kostet viel Zeit oder eine gut gefüllte Reisekasse (für Flüge und Luxuscamps), denn Mahale ist mit Blick auf die Kilometer zwar recht nah, aber dennoch immer noch unglaublich weit weg. Die Straße von

Kigoma aus ist, wie Bischof Joseph Mlola gesagt hat, eine schlaglochreiche Piste, auf der man nur im Schneckentempo vorankommt. Immer wieder muss ich daran denken, dass das ganze Umland zu seiner Diözese gehört, dass er oft Wochen unterwegs ist und dann immer noch weite Strecken zu Fuß zurücklegen muss.

Ein Blick auf den See, dann auf der anderen Straßenseite auf trockenen Miombowald. Je mehr sich das Auge an die Landschaft gewöhnt, desto mehr sieht man auch, wie das Land genutzt wird und dass es außerhalb der Nationalparks selbst in Tansania keine Wildnis mehr gibt. Zwischen Ilagala und Rungwa müssen wir den Malagarasi-Fluss mit einer Fähre überqueren, dann geht es weiter nach Lokoma. Da aber durch die starken Regenfälle während der letzten Regenzeit die Brücke bei Lokoma zusammengebrochen ist, endet unsere Reise unverhofft in diesem kleinen Fischerdorf. Wir überlassen das Auto der Obhut irgendwelcher Wächter und verladen all unser Gepäck auf ein wackeliges Boot mit Außenbordmotor. Die spielende Kinderschar und ihre Mütter am Ufer zurücklassend nähern wir uns der Parkgrenze.

Im Hauptquartier erledigen freundliche TANAPA-Mitarbeiter in ihrem chaotisch wirkenden Büro die uns nun schon bekannten Formalitäten und kassieren die Parkgebühren. Dann geht es wieder auf das Boot und zu den TANAPA Bandas, den erstaunlich sauberen Betonhütten der Parkverwaltung. Auch diese *Bandas* gibt es fast in jedem Park, doch wenn Sie die Wahl haben, sind meistens die öffentlichen Campingplätze der Parks angenehmer und romantischer. In Mahale gibt es aber nur die *Bandas* oder zwei Luxuscamps (Greystoke Mahale und Kungwe Beach Lodge), was angesichts des strengen Reglements – jede Besuchergruppe (maximal sechs Personen) darf sich pro Tag nur eine Stunde bei den Schimpansen aufhalten – ausreicht. Die Gemeinschaftsküche der *Bandas* ist in einem schlechten Zustand, dennoch gibt es dank der Campingerfahrung von Anne und Jean selbst nach dem ermüdenden Reisetag noch ein großartiges Hühnchencurry und anschließend Bier und Lagerfeuer am Strand.

Am Morgen führt uns Raymen – wieder so ein großartiger Guide mit umfassendem Wissen und noch viel mehr Liebe für seinen Beruf – durch den wunderschönen, vielfältigen Wald von Mahale. Er wirkt ursprünglicher und makelloser als der von Gombe. Abgesehen von den Schimpansen gibt es hier eine Menge endemischer Vogelarten, aber auch Rote Stummelaffen, Flusspferde, Krokodile (Achtung: nicht baden) sowie auf der Ostseite der Mahale Mountains Elefanten, Löwen und Giraffen.

Raymen eröffnet uns in seiner sanften, nachdenklichen, fast melancholischen Art die Wunder dieses Waldes und seiner Bewohner. Von seinem eigenen steinigen Weg vom Nachtwächter zum gut ausgebildeten TANAPA-Guide wird er uns später am Lagerfeuer erzählen. Hier am Ufer, wo der Wald fast undurchdringlich ist, gebe es wenig Vögel, berichtet er, dafür könne man Warzenschweine und die unvermeidlichen Paviane antreffen. Also erfreue ich mich einmal mehr an den Pavianen, dieser gewieftesten Tierart Tansanias, ja ganz Afrikas. Da sie nicht besonders scheu sind, lassen sie sich am einfachsten beobachten, und tatsächlich ist es dabei meist wie bei einer Folge von *Sex and the City* oder *Bridgerton* – wer mit wem und wer wem warum eins auswischt, um sich so an die Macht zu schummeln, sind vorrangige Themen der Paviangemeinschaft.

Und dann – wir haben auch dieses Mal Glück – treffen wir auf Schimpansen, eine Mutter und ihr zweijähriges Kind. Dieser Babyschimpanse ist wohl das süßeste Wesen, das ich in der Tierwelt je gesehen habe. Rauf auf den Rücken seiner Mutter, dann runter, wieder rauf, dort eine Rolle rückwärts, dann wieder auf den Boden, ein bisschen rumturnen, dann von unten an Mamas Bauch geklammert ein bisschen schmusen usw. Wir begleiten die beiden bis zu einem Baum, der eine bestimmte Art von

Ameisen vorhält, die Lieblingsspeise der Schimpansen von Mahale (während die in Gombe Termiten fressen). Und nun werden wir Zeuge dessen, was Jane Goodall als Erste beobachtet und beschrieben hat und womit sie die Verhaltensforschung revolutionierte: wie Schimpansen Werkzeuge verwenden. Die Mutter bricht einen kleinen, aber dicken Grashalm ab und steckt ihn immer wieder in das Loch im Baumstamm, zieht ihn, voll mit Ameisen, heraus und leckt die köstliche, proteinreiche Tiernahrung ab. So geht es eine Stunde lang. Das Kleine turnt in den Ästen des Baumes herum, schleckt Ameisen von der Rinde, spielerisch, ohne Werkzeug, es muss davon schließlich nicht satt werden, dazu hat es immer noch seine Mutter und die köstliche Babymilch.

Woran man erkenne, ob es sich bei dem Affenkind um ein Männchen oder ein Weibchen handelt, fragt uns Raymen. Wir wissen es nicht. Es sei ganz einfach, erwidert er. »Schaut nur, wie dieses Baby posiert, wie es auf den Baumstamm einschlägt und damit Lärm erzeugt, wie es die ganze Zeit zeigt, was für ein starker Mann in ihm steckt.« Wir schmunzeln. Ja genau, so ist es. Und, ergänzt Raymen, wenn hier mehrere Mütter und Kinder wären, wäre es noch viel lustiger. Dann würden sie spielen und herumtollen wie die Menschenkinder.

Wir sind auch so schon überwältigt und lassen die beiden Vertreter unserer nächsten Verwandten nicht aus den Augen. Auf den ersten Blick gibt es keine frappierende Ähnlichkeit, denn Schimpansen laufen auf allen vieren und sind behaart. Das Gefühl der Nähe stellt sich erst über die Beobachtung und Raymens wohlgesetzte, profunde Erklärungen ein. Seht, wie sie zu uns herüberblicken, uns wahrnehmen und sich dann gelassen wieder ihrem Alltag zuwenden. Jetzt ist dem kleinen Mann langweilig, und so beginnt er, seine Mutter beim Essen zu stören. Und sie, ganz routiniert, zieht ihn an seinen Beinen von sich weg, ermahnt ihn lässig, doch ein bisschen Ruhe zu geben.

Game of Thrones im Urwald

Auch nachdem wir die Schimpansen schließlich verlassen müssen, erzählt Raymen weiter, öffnet uns die Augen für interessante Zusammenhänge, etwa, wie umsichtig und kenntnisreich Schimpansen sich mit den Pflanzen des Waldes selbst kurieren. Da gebe es Pflanzen, die gegen Kopfweh helfen, Rinden gegen Magenschmerzen und das Blatt der Aneilema, das sie zusammenrollen und schlucken, damit sich die Würmer im Darm darin verfangen, sodass sie gemeinsam mit dem Blatt wieder ausgeschieden werden. Und dann gibt es natürlich noch *Game of Thrones …*

Der gute König Alofu, er war von 2002 bis 2007 Alphamännchen von Mahales M-Gruppe (dem Mimikire-Clan), trat, da er gerecht und friedliebend war, freiwillig von seinem Amt zurück, um dem jüngeren Pimu das Feld zu überlassen. Doch Pimu wurde ein brutaler und aggressiver Herrscher, der seine Mutter vergewaltigte und einem Babyschimpansen einige Finger und Zehen abbiss. Das war der Gemeinschaft der Menschenaffen dann doch zu viel, und so formierte sich der Widerstand rund um den alten König. Alofu scharte alle Männchen um sich, und als es schließlich zum Krieg kam, töteten sie den brutalen Herrscher Pimu. Alofu übernahm noch einmal die Macht, aber nur für einige Monate, um wiederum einem Jüngeren den Thron zu überlassen. Primus. Auch ihm stieg die Macht zu Kopf, und er vergewaltigte seine Schwester. 2019 schließlich wurde auch Primus gestürzt. Das jetzige Alphamännchen Michio, so sagt Raymen zufrieden, verspricht, wieder ein guter König zu werden – friedliebend, stark und gerecht.

Lodges, deren wichtigster Protagonist die Natur selbst ist

Wenn es Ihnen möglich ist, legen Sie auch einen Stopp im Greystoke Mahale Camp ein, eine der wahrlich legendären Lodges in Tansania. Der Manager, ein Deutschitaliener, der seine Karriere bei einem italienischen Unternehmen an den Nagel gehängt hat, um mit seiner Frau diese *Once-in-a-lifetime*-Erfahrung in der Wildnis zu machen, lädt uns auf einen Kaffee in der mit Schilf gedeckten Haupthalle mit Blick über den Tanganjikasee ein und erzählt uns die Geschichte von Greystoke. Dabei fallen all die Namen, die mit der Geschichte des Tourismus in Tansania verbunden sind und denen die Sehnsucht nach Freiheit und einem *Out-of-Africa*-Gefühl anhaftet, das seit Tania Blixen und Entdeckern vom Schlage eines Emin Pascha oder Richard Francis Burton in den Köpfen von Europäern herumspukt und zu besonderen Lebensentwürfen geführt hat. Die Pioniere des Tourismus, wie eben Roland Purcell und seine Frau Zoe in Mahale, sind mit dem Land, seinen Schönheiten, seinen Menschen eine tiefe Verbindung eingegangen und haben einzigartige Unternehmen geschaffen. Dabei versteht es sich fast von selbst, dass sie nur lokale Materialien für ihre Lodge verwendet haben (altes Holz von Fischerbooten und Schilfgras für die Dächer, die alle zwei Jahre erneuert werden müssen).

Greystoke ist ein paradiesischer Platz nach der Erfolgsformel: so wenig Architektur wie irgend möglich, sodass der wichtigste Protagonist die Natur selbst bleibt. Jeder einzelne Baum, jede Pflanze unter dem grünen Blätterdach, jeder in die Wurzeln eines Baumes integrierte Tonkrug ersetzt – und das in aller Großartigkeit – Hotelarchitektur und Interior Design. Auch deshalb, weil Natur etwas kann, was Architektur nicht hinbekommt. Die Natur verändert sich ständig, sie untermalt das Dasein mit einem permanenten, unseren ursprünglichen Bedürfnissen entsprechenden Schauspiel, sanft alle Sinne beschäftigend, öffnend, schärfend, eine ständige Achtsamkeitsübung, eine Aufforderung, im Hier und Jetzt zu leben. Fast schon eine spirituelle Erfahrung.

Die Büffel des großen Katavi-Nationalparks und die kleinen Buntbarsche

Wieder einmal erreichen wir unser nächstes Etappenziel erst in der Dunkelheit, nach der abenteuerlichen Offroad-Erfahrung und der eingangs geschilderten Autopanne. Jean war in dem unwegsamen Gelände ganz in seinem Element. »It's a machine«, rief er lachend und verglich unseren Toyota mit einem Bulldozer, einem Raupenfahrzeug, einfach einem spektakulären Fortbewegungsmittel, fast allmächtig und all-fähig. Immer wieder ging es steil bergauf und wieder bergab – für Jean und seinen Übermut kein Problem. Für den Toyota leider schon – mit den bekannten *Ubuntu*-Folgen und einer sträflichen Verspätung, man sollte die tansanischen Nationalparks stets bei Licht erreichen.

Immerhin kommen wir, völlig erschöpft und halb verdurstet, kurz bevor das Gate in Sitalike um sechs Uhr abends schließt, dort an. Schnell den Staub der schlechten Sandpisten abschütteln, die brandneuen Sanitäranlagen aufsuchen, Papiere ausfüllen, Parkgebühren bezahlen – wir haben keine Zeit. Im Zwielicht der hereinbrechenden Nacht fahren wir durch Tansanias drittgrößten Nationalpark zum Ikuu-Campingplatz. Die Ranger vom nahe gelegenen Ranger Post sind gleich zur Stelle und versorgen uns mit Feuerholz. Touristen sind hier schon zu normalen Zeiten eine freudige Abwechslung, jetzt, in Zeiten von Corona, kommt fast niemand mehr. Eine Familie aus Arusha campt weit abseits von unserem Zeltplatz.

Zuerst machen wir Feuer, um die wilden Tiere abzuhalten – auch die öffentlichen Campingplätze in den Parks sind Wildnis pur –, dann werden in Windeseile die Zelte aufgebaut, und wir freuen uns auf Thunfisch-Pasta und Whisky am Feuer. Und anschließend fallen wir, von der abenteuerlichen Autofahrt ermüdet, in unseren Zelten unter dem Sternenhimmel in den wohlverdienten Schlaf. Gleichzeitig in der Natur geborgen und ihren wilden Phänomenen ausgesetzt. Man hört Flusspferde, die den nahe gelegenen Hippo-Pool stöhnend verlassen, um an Land zu grasen, später das Brüllen der Löwen, mal in der Ferne, dann ziemlich nah, ein tiefes, rhythmisches Stöhnen, fast Rülpsen. Unterbrochen vom wilden, hohen Ruf der Hyänen.

Es ist ein einzigartiges Gefühl, im Freien in der Wildnis zu schlafen. In dem kleinen Zelt mit Moskitonetzfenstern ist man der Nacht und ihren Bewohnern noch viel stärker ausgesetzt als in den etwas größeren Zelten mit dickeren Wänden des Fly Camps in der Serengeti oder gar den geräumigen *Out-of-Africa*-Zelten der Luxusanbieter. Die kühle Nachtbrise fächelt frische Luft durch das Netz, die Sterne glitzern, der Schlaf ist leicht. Das Unterbewusstsein findet zu einer alten Aufmerksamkeit aus grauer Vorzeit zurück, stets bereit, die Flucht anzutreten. Ich träume, wie ganze Antilopen- und Gnuherden über mich hinwegspringen, dann plötzlich erfasst der Wind das mich schützende Zelt und zieht es weg. Ich, auf der Matratze liegend und nun gänzlich der Wildnis ausgesetzt, schreie und wache auf.

Hippos und Büffel everywhere

Am nächsten Morgen brechen wir zu einem Game Drive entlang des Katuma-Flusses auf, der sich träge und halb ausgetrocknet durch sein breites Sandbett Richtung Katisunga-Ebene schlängelt. Die Hauptbewohner sind Flusspferde, sie baden zu Dutzenden im Schlamm und sehen wie dunkle, nass glänzende Felsen aus. Doch dann kommt Bewegung in das hügelige Landschaftsgemälde. Hier wackelt ein Ohr, dort wird ein überdimensional großes Mal aufgerissen. Die Hippos grunzen der Reihe nach, wohlig die Planschgeräusche untermalend, die diese sonderbare Tiergemeinschaft erzeugt. Klatschend schmeißt sich ein Nilpferd, nachdem es einige Schritte mit halb aus dem Wasser schauenden Körper getätigt hat, wieder in den moorigen Fluss. Am anderen Ufer sind drei junge Hippos an Land geklettert, leicht adipös wirkend und mit rosaroter Schweinchenhaut zwischen den Achseln und am runden Bauch. Dabei handelt es sich in Wirklichkeit um einen Schutzfilm, mit dem sich die Flusspferde per Schweißdrüse einschmieren, um ihre Haut nicht nur vor UV-Strahlen, sondern auch vor dem Austrocknen und sogar vor Bakterien zu schützen. Sie ist so zart und empfindlich, dass die Tiere ihre Tage fast ausschließlich im Wasser zubringen müssen und es nur nachts länger zum Grasen verlassen. Doch heute, an diesem etwas bedeckten Safaritag, unternehmen sie Spaziergänge an Land.

Die Szenerie der Flusspferde wird von einer kleinen Herde Elefanten durchbrochen, mehreren jungen Weibchen und einigen Babyelefanten. Einer sieht wie ein dazugestelltes Souvenir aus schwarzem Mahagoniholz aus, so winzig ist er. Er dürfte wohl kaum mehr als eine Woche alt sein, noch ganz wackelig steht er auf den Beinen. Die Herde ist jung, und keines der Tiere hat große Stoßzähne. Wird im Katavi-Nationalpark gewildert, fragen wir uns? Doch bevor wir das Thema weiter vertiefen können, sehen wir Nilkrokodile, überall! Selten habe ich so viele und so große Exemplare dieser Dino- oder besser Archosaurier gesehen. Im seichten Wasser liegt ein totes Flusspferd, an dem sich mindestens fünf Krokodile laben, weitere fünf warten auf der nahen Sandbank, bis sie an der Reihe sind.

Der Katavi ist berühmt für seine unberührte Wildnis, für seine endlosen Miombowälder und seine Sümpfe rund um die drei seichten Seen. Viele der Baumarten haben Strategien entwickelt, um Feuersbrünsten zu trotzen, etwa der *Pterocarpus angolensis,* auch *Wild Teak* genannt, der sich einfach durch eine besonders dicke, schlecht brennende Rinde zu schützen weiß. Die Seen verwandeln sich in der Trockenzeit fast zur Gänze in goldgelbes Grasland. Dies ist das Land der Büffel. Nirgends gibt es größere Herden als im Katavi. Während man in der Serengeti schon über Ansammlungen mit 300 Tieren staunt, sind es hier gleich 3000.

Auf unserem nächsten Game Drive, zum Chadasee, erblicken wir sie: über 1000 Tiere, eng nebeneinander, ein schwarzer zur Mitte hin dicker werdender Streifen inmitten der Savanne. Wir nähern uns (im Katavi darf man im Gegensatz zur Serengeti offroad fahren), die jungen Wächterbüffel nehmen am Rand der Herde Aufstellung und schauen auffordernd in unsere Richtung. Kurz ist nicht klar, wer die Flucht ergreifen wird, doch dann weichen die Büffel nach links und rechts aus, die Herde teilt sich, um sich alsbald wieder dem Grasen zuzuwenden. Wir bleiben stehen, beobachten, fotografieren. Die Komfortzone der Büffel sollte man nicht durchbrechen, Büffel sind nicht zu unterschätzen, sie können aggressiv werden, und sie haben eine explosive Kraft, wenn sich ein Tier in der Herde zum Angriff entschließt.

Doch abgesehen von dieser Büffelherde sehen wir an diesem Tag so gut wie nichts, keine Tiere weit und breit. Wird im Park tatsächlich gewildert? Zwischen 2006 und 2009 sollen im Katavi an die 60 000 Büffel und Zebras durch Buschfleisch-Wilderei verloren gegangen sein. Doch wie kann in einem Nationalpark in nur drei Jahren derart viel Wild der illegalen Jagd zum Opfer fallen? Zumindest eine Erklärung liefert uns unser nächstes Abenteuer.

Brückenbau und andere Abenteuer

Wir fahren weiter zu den Paradise Plains mit den 25 Meter hohen Afrikanischen Fächerpalmen, eine Szenerie wie bei *Jurassic Park*. Doch schon bald bricht die Straße mehrmals ab, das Wasser hat während der Regenzeit tiefe Furchen in die steinige Piste gegraben, und es scheint – anders als in den viel besuchten Parks (Serengeti, Tarangire, Lake Manyara, Ngorongoro) – seit Monaten kein Ranger hier durchgekommen zu sein, geschweige denn ein Straßenbautrupp.

Zuerst weichen wir links oder rechts in das Grasland aus, das erfordert Aufmerksamkeit und gelegentliches Aussteigen, um unwegsame Stellen auf ihre Passierbarkeit hin zu prüfen. Diesen zweiten Tag im Katavi werden wir als unseren Straßenbautag in Erinnerung behalten. Sie sollten ihn nicht nachzuerleben versuchen (er diente bloß meinen, zugegeben etwas absonderlichen, dennoch unvergesslichen Recherchevorlieben). Die Hindernisse werden immer größer, und ganz instinktiv wissen wir, dass wir vom Regen in die Traufe kommen werden, sollten wir an einen Punkt gelangen, an dem wir umkehren und alle Hindernisse noch einmal überwinden müssen. Und doch, aufgeben ist keine Option.

Die Straße verliert sich plötzlich zwischen Gras und Büschen, einige Hügel müssen umfahren werden, dann geht nichts mehr. Also schlagen wir uns zu Fuß durch die Vegetation – eigentlich unmöglich, wir sehen nicht weit genug, falls Löwen in der Nähe sind, und könnten, fast schlimmer noch, im dichten Gestrüpp auf eine drei Meter lange Schwarze Mamba treten, die giftigste Schlange Afrikas und stolze Bewohnerin des wilden Katavi.

Doch wir stapfen (schließlich gibt es Schutzengel) unverdrossen und mit einer Machete bewaffnet durch den Busch, um die Möglichkeiten der Weiterfahrt zu erkunden. Man könnte über die steil abfallende Kante ins sandige Flussbett fahren und dieses dann parallel zum alten, kaum noch erkennbaren Weg benutzen …

Gesagt, getan, der Vierradantrieb mit Untersetzung (dies ist die höchste Eskalationsstufe, die unser Geländewagen zur Verfügung hat) röhrt auf, und wir brechen uns unseren Weg durch den Busch, bis wir zur Abwechslung wieder auf einer Straße landen. Doch nun sind es die Elefanten, die alle paar Hundert Meter Bäume auf die Straße geschmissen haben. Erst reichen Macheten, um den Weg freizumachen, dann brauchen wir die Hacke, und zum Schluss müssen wir wieder einmal einen großen Umweg durch den Busch machen. Den Höhepunkt bildet eine Brücke mit einem Spalt, der einen Meter breit ist. Keine Chance, einfach darüberzufahren. Also springen wir – unsere Angst vor dem Busch ist längst Makulatur – aus dem Auto, und Jean ruft den Brückenbau aus. Wir bilden eine Kette vom Flussbett hinauf auf die Straße und füllen den Spalt mit großen Steinen. Nie hätten wir uns ohne Jean und Anne, ohne deren lebenslange Erfahrung im Busch, so etwas zugetraut. Touristen ist es in den Nationalparks nicht einmal erlaubt, das Auto zu verlassen (außer, um in unmittelbarer Nähe die Buschtoilette aufzusuchen). Und das mit gutem Grund, zu unberechenbar ist die Tierwelt, wenn man sich nicht wirklich gut auskennt.

Doch der Straßenbautag ist eben auch eine Art Lehrgang in Nationalparkgeografie, beziehungsweise über die Probleme, denen die Nationalparkverwaltung ausgesetzt ist. Der Katavi ist mit den beiden angrenzenden Wildschutzgebieten 12 500 Quadratkilometer groß, umfasst also ein Gebiet, halb so groß wie Hessen. In jeder Regenzeit werden Wege überschwemmt und zerstört, in der feuchten Jahreszeit von Februar bis Mai kann man sich so gut wie nicht fortbewegen, nur zwischen Juli und

September sind die Wege – wenn sie repariert wurden – passierbar. Wenn man die Eintrittsgebühren der etwa 4000 Besucher hochrechnet, merkt man schnell, dass der Park unterfinanziert ist (und von der Serengeti unterhalten werden muss). Und man bekommt eine – wenn auch nur vorläufige – Antwort auf die Frage nach der Wilderei. Je weniger Touristen einen Park besuchen, desto weniger wird auf ein gutes Wegenetz geachtet, und auch die Ranger kontrollieren nicht mehr den ganzen Park, sondern nur die Gegend um ihren Ranger Post. So wird eine Gegend wie die um die Paradise Plains zum willkommenen Niemandsland für Wilderer.

Die Jagd nach Elfenbein ist laut offiziellen Statistiken seit 2015 durch die »Zero Poaching«-Politik der tansanischen Regierung und ihrer nationalen Anti-Poaching-Taskforce sowie das Verbot des Elfenbeinhandels in China 2017 stark zurückgegangen. Während sich die Elefantenpopulation von 2009 bis 2014, also in nur fünf Jahren, in Tansania fast halbiert hat, wachsen die Bestände seither wieder, zumindest in den gut kontrollierten Parks. Doch obwohl der Handel mit Buschfleisch, also mit Büffeln, Gazellen, Gnus, in Tansania verboten ist, warnten Naturschutzorganisationen in den Jahren der Pandemie vor einem Anstieg der Buschfleisch-Wilderei. Nicht nur, weil Menschen kein Einkommen mehr hatten und sich deshalb in die gefährliche Wilderei stürzten, sondern auch weil das komplexe Nationalparksystem eben auf längere Sicht nur durch Tourismus funktioniert.

Auch Carel Verhoef ist dieser Zusammenhang bewusst. Als wir in seinem Camp um das Lagerfeuer saßen, erklärte er jedoch, dass es so viel Wild in der Serengeti gebe, dass es nichts ausmache, wenn Menschen einige Tausend Gnus, die durch die Dörfer kämen, erlegten. »In den Park schaffen die Wilderer es nicht, der ist zu gut bewacht.« Doch der Katavi-Nationalpark ist nicht gut bewacht, selbst wenn alle offiziellen Stellen dies stets betonen.

Zurück am Chadasee versöhnt uns ein makelloser Sonnenuntergang mit dem erlebnisreichen, arbeitsintensiven Tag. Ein paar Meerkatzen und Mungos huschen über das kurze Gras zum Wasser, auffliegende Reiher verleihen der Szenerie etwas fast unwirklich Perfektes. Ein Schreiseeadler (*African fish eagle*) nistet über uns in der Krone des Akazienbaumes. Der Busch geht zur Ruhe, und wie überall in der Nähe des Äquators wird es fast augenblicklich dunkel. Jetzt heißt es, schnell zurück ins Camp fahren und es sich am Lagerfeuer bequem machen.

In der Nacht erscheint eine riesige Tüpfelhyäne – ihr lechzendes Gesicht kommt dem Netz unseres Zeltes so nahe, dass wir erstarrt die Luft anhalten. Sie gräbt ohne Erfolg in unseren Reisetaschen nach etwas Essbarem und stiehlt schließlich unsere gut riechende Pfanne auf Nimmerwiedersehen.

Wenn Zäune ein No-Go sind

Wir verlassen den Katavi-Nationalpark und fahren noch einmal zum Tanganjikasee zurück, nach Kipili am östlichen Ufer, um uns ein paar Tage in der wunderschönen Lake Shore Lodge auszuruhen. Und wieder einmal bieten der Ort und seine Menschen Erfahrungen der besonderen Art. Chris und Louise Horsfall sind vor mehr als zehn Jahren aus Südafrika nach Tansania gekommen und nach einem Stopp in Arusha, wo sie ein Fitnessstudio aufgebaut haben, landeten sie in Kipili. Chris ist von Beruf Bauingenieur und hatte den Auftrag, auf einer Insel im Tanganjikasee eine Luxuslodge, das Lupita Island Resort, zu bauen. Dabei haben er und seine Frau sich in die abgeschiedene Gegend im Windschatten der ausgetretenen Tourismuspfade und in ihre Menschen verliebt und ein Grundstück am Festland für sich entdeckt, direkt unterhalb der angeblich ältesten Kirche in Tansania, der Kipili Mission.

Heute ist das Gotteshaus eine Ruine, überwachsen von Bäumen und niedergerungen von deren kräftigen Wurzeln, seine Geschichte schon fast dem Busch zurückgegeben. In den 1880er-Jahren hatten die Afrikamissionare der Weißen Väter die Kirche sowie ein Nonnen- und ein Mönchshaus errichtet. Sie missionierten die Gegend und versuchten, den lebensbedrohlichen Krankheiten des inneren Afrikas etwas entgegenzusetzen. Allein die an die harten Lebensbedingungen und Krankheiten nicht gewohnten Europäer starben alle mit der Zeit an Lepra, Typhus und Malaria. Die Missionsstation verfiel und wurde zu einem zaubrischen Ort mit starker Ausstrahlung. »Es gibt Energielinien – so eine Art Songlines – von der Kirche hinunter an den See, und genau dort haben wir unsere Lake Shore Lodge gebaut«, sagt Louise. Dabei wusste das damals noch ganz junge Ehepaar offenbar sehr gut, auf was es achten musste.

Vor ihnen hatte ein Italiener hier sein Glück versucht. Als Erstes zäunte er sein Grundstück ein. Das sei eine Untat in Tansania, meint Louise, man mache das einfach nicht. »Es ist unhöflich und entspricht nicht der Kultur.« Im ländlichen Tansania hat man bis heute weder Türen noch Zäune. Wenn man seine Nachbarn besucht, kündigt man sich deshalb schon von Weitem mit einem lauten »Hodi Hodi« an. Es bedeutet so viel wie »Kann ich eintreten?«, und wenn jemand zu Hause ist, antwortet er »Karibu«, »Du bist willkommen«. Und danach folgt eine lange Begrüßungslitanei, in der man sich nach dem Befinden seines Gegenübers, dem der Eltern, der Geschwister, der Frau und dem Zustand der *Shamba* erkundigt.

Der Italiener hat sich nicht lange gehalten. Chris und Louise hingegen machten es von Anfang an anders. »Natürlich bauten wir keinen Zaun, im Gegenteil«, erklärt Chris und erzählt folgende Geschichte: Auf dem von ihnen für 90 Jahre gepachteten Grundstück (Grundstückserwerb ist in Tansania nicht möglich) lebte eine alte Frau. Sie war davon überzeugt, dass Nyerere ihr persönlich dieses Land geschenkt hat. Louise und Chris hatten volles Verständnis für ihre Sicht der Dinge und bauten ihr eine neue Hütte, in die sie aber, weil ihr das Dach aus Aluminium zu neumodisch erschien, nicht einzog. Stattdessen baute sie sich daneben eine Lehmhütte mit Strohdach, lebte fortan mit Louise und Chris, die ihr Grundstück in die Lake Shore Lodge verwandelt hatten, und sammelte die ihrer Auffassung nach zu ihrem Besitz gehörenden Mangos, um sie an Chris und Louise zu verkaufen. »Das war total okay für uns. Es geht darum, etwas zurückzugeben. Und wer Liebe lebt, bekommt sie auch zurück«, kommentiert Louise.

Die beiden haben viele Geschichten auf Lager, mit denen sie das Zusammenleben mit ihren Nachbarn beschreiben. Es sind wunderbare kleine Parabeln, die die Augen für andere Traditionen, eine andere Lebenskultur oder auch einfach die Härte des Lebens öffnen. Louise erzählt von einer der Wäscherinnen, der sie zu erklären versucht habe, wie sie die Kleidung falten sollte. »Aber sie hat es einfach nicht verstanden. Also habe ich gefragt: Wie machst du es denn? Wie faltest du deine Kleider zu Hause? Sie antwortete, ich mache es gar nicht, ich habe nur zwei *Kangas*, eine hängt zum Trocknen über einem Busch, eine habe ich an.«

Die Lake Shore Lodge ist ein perfektes Sozialunternehmen mit täglich gelebter Praxis. Und natürlich wird auch die Grundschule in Kipili unterstützt, indem Computer und andere Lehrmaterialien angekauft werden. Wenn das Geld reicht, will Chris eine Handwerksschule ins Leben rufen. Denn die Menschen hier seien unglaublich begabt, erzählt er. »Sie können fast alles und das ohne formelle Ausbildung.« Einmal sei einer der Stromgeneratoren kaputtgegangen. Ein neuer hätte Unsummen gekostet, also fuhr Chris damit nach Sumbawanga, das kleine Bezirksstädtchen, zu seinem Mechaniker. Der verwies ihn an einen Kollegen einige Werkstätten weiter. Dieser Handwerker, ungelernt wie alle und mit einer Werkstatt, in der unsereins nicht mal ein Fahrrad reparieren könnte, zerlegte den Generator in seine

Einzelteile – zum Erschrecken von Chris – und baute dann alles wieder zusammen. Der Generator funktioniert bis heute.

Chris bewundert die Fertigkeiten seiner Mitarbeiter. Zum Beispiel die von Frank, dem Mechaniker der Lodge, der auch unser nach der Halbzeit der Reise schon etwas in Mitleidenschaft gezogenes Auto unter seine Fittiche nimmt. »Frank ist einfach ein Zauberer, und er ist fleißig und ein richtiger Unternehmer.« Chris drückt damit etwas aus, das mir schon seit einiger Zeit durch den Kopf geht. Wie bewunderungswürdig die Menschen im ländlichen Tansania aus nichts etwas machen, wie sie erstaunlich findige Experten sind – ob Bootsbauer, Mechaniker, Tischler. *Fundis* eben, wie man in Swahili sagt. Und dass es vielleicht sinnvoller wäre, noch viel stärker in die Berufsausbildung in Tansania zu investieren.

Doch noch einmal zurück zur Lake Shore Lodge, die Sie, wenn Sie nur irgendwie können, besuchen müssen. Mit viel Geschmack hat Chris großzügig an das Seeufer hingestreckte Bungalows gebaut, jeder mit eigenem Strand, einem großen auf den See hinausblickenden Bett, von einem Moskitonetz wie ein weites, luftiges Zimmer im Zimmer umgeben. Flusssteine als Fußboden, krumme Holzstangen aufeinandergeschichtet als Wände. Neben den luxuriösen Bungalows gibt es auch noch günstigere *Bandas* und einen wunderschönen Campingplatz mit blitzsauberen, freundlich dekorierten Sanitäranlagen. In der Lodge sollen alle Arten von Reisenden auf ihre Kosten kommen, vor allem aber sollen sie, wie über dem Eingang zu lesen ist, »als Gäste kommen und als Freunde gehen«, ein Anspruch, den die Besitzer dadurch einlösen, dass sie sich sehr persönlich um jeden Besucher kümmern. Wahrscheinlich ist das ihr wichtigstes Erfolgsrezept, denn genug Gäste zu dieser weit entfernten Destination zu locken, ist wahrlich ein Kunststück.

Wer vom Ausruhen, dem köstlichen Essen, vom Lesen in der Hängematte genug hat, kann im Tanganjikasee nach Buntbarschen tauchen. Die winzigen, farbenfrohen Fische kennt man bei uns aus dem Aquarium. Und doch: Auch in dieses unberührt wirkende Paradies reichen die Umweltschäden. Der Tanganjikasee, er ist zwölf Millionen Jahre alt und hält ein Sechstel der Süßwasserreserven der Welt, enthält die größte Artenvielfalt aller Seen der Erde, darunter Hunderte von Fischen, die es nur hier gibt. Klimaerwärmung und zunehmende Trockenheit lassen den Wasserspiegel jedoch sinken, mit negativen Folgen für den Fischreichtum. Und das wirkt sich wieder auf das Überleben der Menschen in der Region aus. Außerdem werden zu viele Buntbarsche für die Aquarien der Welt aus dem See geholt. Chris und Louise haben deshalb angefangen, Buntbarsche zu züchten und sie dann dem See zurückzugeben.

Ubuntu und die Pandemie

Am Abend wundert sich Chris über unsere Erzählungen aus dem Katavi-Nationalpark. Er glaube nicht, dass im Park gewildert werde. Vielleicht seien die Tiere einfach an einer anderen Wasserstelle gewesen, es habe ja so viel geregnet. Der Katavi sei ein Paradies, er würde normalerweise einfach am Ufer des Katavisees sein Zelt aufschlagen und dann abwarten. Alle Tiere würden dann an ihm vorbei zur Wasserstelle ziehen, Herden von Elefanten, Antilopen und Zebras, und die Löwen würden ihre Jagd vor seinen Augen vollführen. Ach ja, auch die Störche, die Pelikane, die Nashornvögel und Ibisse, Reiher und Enten wären da und alle in großen Schwärmen, großen Herden, immer Hunderte, Tausende.

Wir sitzen wieder einmal um ein großes Feuer und diskutieren bis spät in die Nacht. Sarah aus Südafrika hat ein *Potjiekos*, einen traditionellen Eintopf aus ihrer Heimat, gemacht. Da dieses Gericht von geradezu mythischer Konsistenz ist, wurden sowohl der Topf als auch die einzelnen Zutaten (Bohnen, Gemüse und Gewürze, nur das Lammfleisch musste ersetzt werden) von ihrer Mutter aus Daressalam bis nach Kipili gesandt. Das sind über 1000 Kilometer! Und zwar mit dem Bus, ohne Begleitung, einfach mit einem Zettel für den Busfahrer, dass dieses Paket bis an den Tanganjikasee transportiert werden soll. Nicht nur wurden der *Potjiekos* und seine köstlichen Zutaten nicht gestohlen, er musste sogar mehrmals umsteigen und kam trotzdem noch pünktlich etliche Stunden vor dem geplanten Abendessen in der Lake Shore Lodge an. Dieses unglaubliche, auf Vertrauen und Ehrlichkeit basierende Transportwesen (wenn auch früher nicht mit dem Bus) gibt es in Tansania (wohl in ganz Schwarzafrika) seit Jahrhunderten. Nur dadurch konnte Handel betrieben werden.

Anne erzählt, dass die Fischer im Rufiji-Delta ihren Tagesfang in einem Korb per Bus auf den Fischmarkt nach Daressalam senden. Dort wird er von Mittelsmännern übernommen, die, nachdem sie den Fisch verkauft haben, dem Busfahrer das Geld in einem Kuvert übergeben, der es bei seiner nächsten Fahrt in den Süden dem Fischer überbringt. Es ist ein System der Ehre, niemand stiehlt in der Kette, niemand verschlampt die für denjenigen, der dem System vertraut, kostbaren Güter. Eine Urform der Blockchain gewissermaßen.

Kein Wunder, dass der *Potjiekos* – derart mit Sinn aufgeladen – besser schmeckt als jedes Viersternegericht. Und dass er die schönsten Geschichten befördert, wieder einmal *Ubuntu*-Erlebnisse. Wie alle Tourismusbetriebe erlebten auch Chris und Louise harte Zeiten in den beiden Pandemiejahren. In der ersten Saison 2020 brach der Tourismus komplett ein, kein Gast, kein belegtes Bett. Trotzdem schafften sie es, keinen ihrer Angestellten entlassen zu müssen, natürlich gänzlich ohne Corona-Überbrückungsmaßnahmen, ohne staatliche Hilfe. Und dann, so erzählt Chris immer noch gerührt, habe eines Tages der Besitzer des kleinen Gemischtwarenladens in Kipili angerufen, bei dem sie M-Pesa aufladen und manchmal auch etwas Reis kaufen. »Sein Geschäft ist nicht größer als ein Tisch für vier Leute.« Dieser Bekannte, ja Freund, habe ihm, Chris, gesagt, dass er 20 Millionen Tansania-Schilling, umgerechnet etwa 8000 US-Dollar, gespart habe und sie nun Chris als zinslosen Kredit geben wolle. Auch Anne erzählt, dass der alte *Mzee* (Höflichkeitsform für »alter Mann« in Swahili), der ein kleines Geschäft in Chole betreibt, eines Tages zu ihr gekommen sei und angeboten habe, dass sie fortan nichts mehr bezahlen müsse, was sie kaufen wolle. »Erst wenn euer Geschäft wieder läuft, gibst du mir wieder Geld«, sagte er, und dabei war er, wie auch der Händler von Kipili, selbst durch die Krise existenziell erschüttert. »Sie wussten selbst nicht, ob sie die Krise überstehen würden, ohne zu hungern«, erzählt Anne.

Ich denke an Edwin, den ich gefragt habe, wie er sich in der Zeit der Pandemie finanziell durchschlage, und der einfach nur lachend meinte, es gehe ihm und seiner Familie gut, sie hätten Reis und Mehl gekauft, als die Preise niedrig waren, und nun würden sie nicht hungern müssen. Punkt. Kein Lamento. Keine Ansprüche an ein wie auch immer geartetes soziales Auffangsystem. Eigenverantwortung und gegenseitige Hilfe, eine Hilfe, die ungefragt daherkommt, von Menschen, die für andere Sorge tragen im besten Sinne des Wortes.

Gestärkt an Leib und Seele stürzen wir uns am nächsten Tag mit noch mehr Vertrauen in unsere nächste Reiseetappe, wissend, dass wir in diesem Land sicher sind. Und das ist keine Sozialromantik. Nie ist es in all den Wochen der Reise gefährlich geworden (außer bei Nachtfahrten, weil alle wie die Wahnsinnigen Auto fahren und keine Rücklichter haben). Nie hat man das Gefühl, Angst um sich, seine Tasche, seine Wertsachen haben zu müssen (außer in den großen Städten und Touristenzentren). Und immer trifft man auf zutiefst hilfsbereite Menschen, die Autos aus dem Schlamm ziehen, Koffer tragen, Flipflops reparieren und vieles mehr.

Mbeya – Provinzstädtchen und Kaffeehochburg

Mit mindestens einem weinenden Auge verlassen wir die Lake Shore Lodge, immer wieder erstaunt darüber, wie schnell man sich in diesen eigentümergeführten, unverwechselbaren Unterkünften wohl und zu Hause fühlt. Auch das ist eine der Besonderheiten in Tansania, ob in einem Airbnb in Daressalam, beim Campen mit den Massai oder in einer dieser Lodges mit besonderer Geschichte, all diese Locations adressieren Reisende, nicht unbedingt Touristen. Und da ich auf typische Touristendestinationen überwiegend allergisch reagiere, werde ich sie Ihnen ersparen. Um gleich vorwegzunehmen, was ich damit meine, sehe ich doch, wie Sie milde bis abschätzig lächeln und denken: ›Ach, sind wir nicht alle Touristen?‹ Überall, wo ich Sie hinführe, geht es um Begegnungen und ein dadurch besseres Verständnis des Landes.

Wir fahren also zwischen dem Rukwasee und der Grenze zu Sambia bis Tunduma, einem prosperierenden Grenzstädtchen mit auffallend vielen größeren Häusern. Hier verläuft die Hauptverkehrsader von Daressalam nach Kapstadt (der TANZAM-Highway und die TAZARA-Eisenbahn). Davon profitiert die Stadt. Aber auch von Händlern aus dem Kongo, wie uns der

Bischof von Mbeya erzählen wird, die Fisch aus dem Rukwasee und andere tansanische Waren mit US-Dollar kaufen und damit südlich des Tanganjikasees durch Sambia zurück in die Region Katanga fahren.

Von Tunduma ist es nicht mehr weit in die Bezirksstadt Mbeya. Sie liegt auf 1700 Höhenmetern im südlichen Hochland, an einem Ausläufer des Ostafrikanischen Grabenbruchs, umgeben von den grünen Mbeya-Bergen im Norden und den Poroto-Bergen im Südosten. Mit ihrer schnell wachsenden Bevölkerung gehört sie zu den größten Städten des Landes, eine der reizvolleren, wie ich finde. Alleen aus Jacarandabäumen, das angenehme Hochlandklima mit Temperaturen, die auch im Sommer selten 30 Grad erreichen, eine ländliche Stadt. Und dann finden wir auch noch das wirklich hervorragende Ridge Cafe im Zentrum, in dem man Latte macchiato mit Mandelmilch und einem Schuss Karamell, grüne Smoothies und Snacks bekommt – alles so hip wie in Daressalam (wo es auch ein Ridge gibt), in London oder in San Francisco.

Und damit wären wir beim Thema Kaffee und dessen rasanter Erfolgsstory von einer Massenware zum Premiumprodukt, bei dem seit einiger Zeit Herkunft und Lage so wichtig sind wie sonst nur beim Wein. Das Ridge röstet seinen Kaffee selbst, und zwar Bohnen von kleinen Kaffeebauern aus der Region, und steht somit an vorderster Front eines weltweiten Trends. Wer einmal, statt im Supermarkt nach Jacobs-Kaffee oder Espresso von Lavazza zu greifen, in einer kleinen Kaffeerösterei zwischen 20 Kaffeesorten aus Peru, Costa Rica, Äthiopien, Uganda et cetera einen 100 Prozent Arabica aus dem südtansanischen Hochland oder eine Mischung aus Arabica und Robusta von den Hängen des Kilimandscharo und der Region um den Viktoriasee gewählt hat, ist vom Massenkonsum geheilt, genauso wie Wein- oder Käsekenner.

Noch ist die Region um Mbeya ein Geheimtipp. Nur wenige Touristen verirren sich hierher, sehr zu Unrecht, gibt es gerade im südlichen Hochland eine Menge zu entdecken. Nehmen Sie in der zur gleichnamigen Kaffeefarm gehörenden Utengule Coffee Lodge Quartier. Auch der Kaffee dieser traditionsreichen Farm wird vor Ort geröstet und im ganzen Land vermarktet, insbesondere in meinem Lieblingscafé, dem Zanzibar Coffee House in Stone Town (darauf werden wir noch zurückkommen). Planen Sie gleich mehrere Tage für die Erkundung der Umgebung und die Entspannung am Pool ein. Die Berge rund um Mbeya sind ein außerordentlich schönes, aber auch anspruchsvolles, weil wenig erschlossenes Wandergebiet. Man kann den fast 3000 Meter hohen Mount Rungwe oder die Livingstone-Berge besteigen (bitte nehmen Sie unbedingt einen lokalen Führer mit) oder die ausgedehnten Waldschutzgebiete mit endemischen Tier- und Pflanzenarten durchstreifen, die es an den Abhängen der Gebirge gibt. Man kann im Malawisee baden oder am Rukwasee Krokodile und Nilpferde (nicht baden!) beobachten. Und wenn Sie in der Regenzeit zwischen Oktober und Mai in der Region sind, müssen Sie in den Kitulo-Nationalpark fahren, denn dort gibt es zu dieser Jahreszeit ein einzigartiges Schauspiel zu bewundern – Tausende Orchideen blühen auf dem unter Naturschutz stehenden Plateau, ein bis zum Horizont reichendes Blütenmeer. Nicht von ungefähr wird der Park auch die Serengeti der Pflanzen genannt.

Landwirtschaft im südlichen Hochland

Das südliche Hochland ist die wichtigste landwirtschaftliche Region Tansanias, gesegnet mit mehr Regen als der Norden, mit fruchtbaren, an Vulkanerde reichen Böden und einem moderaten Klima. Von hier kommen Mais, Kartoffeln, Bananen, Maniok (Cassava) und Bohnen. Außerdem wachsen hier vornehmlich für den Export bestimmte Produkte wie Kaffee, Tee und Avocados (Tansania ist auch der sechstgrößte Produzent von Cashewnüssen, die meisten kommen aus der Gegend um Lindi und Mtwara).

Insgesamt ist die Landwirtschaft der größte und wichtigste Wirtschaftszweig des Landes, fast 30 Prozent des Bruttoinlandprodukts kommen aus dem Agrarsektor, immer noch drei Viertel der Arbeitskräfte sind darin tätig. Im Zuge der wirtschaftlichen Liberalisierung hatte der Langzeit-Präsident Jakaya Kikwete 2009 den Slogan *Kilimo Kwanza,* »Landwirtschaft zuerst«, geprägt und die grüne Revolution ausgerufen. Seither wächst auch in Tansania die Plantagenwirtschaft der großen Agrarindustrie, die von Kleinbauern und ihren Unterstützern, aber auch von Umweltschützern und Biobauern immer wieder kritisch aufs Korn genommen wird.

Etwa die SAGCOT-Initiative (Southern Agricultural Growth Corridor of Tanzania). Dabei werden auf einem Drittel der Landesfläche Tansanias, von Daressalam bis an die Grenze von Malawi und Sambia, private Agrarunternehmer gefördert. In den Worten der Initiative, zu der neben dem tansanischen Staat, der Weltbank und diversen Geberinstitutionen auch Konzerne wie Unilever oder der norwegische Düngemittelhersteller Yara gehören, klingt das vielversprechend. Oberstes Ziel sei es, »die landwirtschaftliche Produktivität zu steigern, die Ernährungssicherheit zu verbessern, die Armut zu verringern und die ökologische Nachhaltigkeit durch die Kommerzialisierung der kleinbäuerlichen Landwirtschaft zu gewährleisten.« Will man kirchlichen Hilfsorganisatoren glauben, scheint es dabei aber vor allem um eine Umverteilung zugunsten der industriellen Landwirtschaft zu gehen. Denn unter der Annahme, dass große Teile des Landes »unterentwickelt« und ungenutzt seien, wurde Agrounternehmern der Landerwerb (also in Wirklichkeit die Pacht) ermöglicht. Doch 70 Prozent des Landes gehören eigentlich Dorfbewohnern, also einzelnen Familien. Und diese Kleinbauern, die – gegen vollmundige Versprechungen – das Land an die Agrokonzerne vergeben, bleiben schließlich als Tagelöhner zurück, die dann zu Hungerlöhnen auf gewinnträchtigen Plantagen arbeiten. Und die den Dörflern verbleibenden Flächen reichen nicht mehr, um die Familien zu ernähren.

»Früher war es so, dass wir Land miteinander geteilt oder von Freunden geliehen haben. Jetzt konkurrieren wir miteinander. Jeder hat sein kleines Stück Land, und das war's.« Stimmen, die selten gehört werden, gilt Afrika doch längst als Brotkorb für die Welt, und alle – ausländische Investoren, Agrarfonds und der Staat – wittern große Gewinne. Was die einen als Weg aus der Armut preisen, ist für die anderen reines Land- und Watergrabbing. Denn Land, Wasser, Saat und Arbeitskräfte lassen sich nicht endlos vermehren, gewinnen tut meist der wirtschaftlich Stärkere. 2030, so der Zukunftsforscher Mauro F. Guillén, werde Afrika das neue Asien sein, und die afrikanische Landwirtschaft werde bis 2030 zu einem billionenschweren Sektor aufsteigen.

Und doch ist das Bild so klar dann auch wieder nicht. Es gibt unzählige Initiativen wie das Ridge, und sie arbeiten nicht nur aus sozialen Gründen mit Kleinbauern zusammen, sondern weil es sich lohnt. Viele Kleinbauern arbeiten in Genossenschaften, und Biobauern erzeugen Produkte für den Export. Den Rückgang der Armut und das Wachstum der Städte, vor allem aber die Entstehung einer großen Mittelklasse, fördert auch die lokale, kleinbäuerliche Landwirtschaft, nicht nur die industrielle Produktion. Auch im Tourismus werden vor allem lokale, nachhaltige Lebensmittel propagiert und vielfach auch verwendet. Das Bild der in Tansania vorherrschenden Subsistenzwirtschaft sei deshalb nicht mehr zutreffend, sagen Experten. Die wichtigste Gruppe seien kleine, auf Kommerzialisierung ausgerichtete Betriebe, die von ihren Produkten leben und die lokale Wirtschaft ankurbeln. Diese in Verbindung mit größeren Farmen, die den Kleinbauern mit Maschinen aushelfen und für Wissenstransfer sorgen, würden zu einem gesellschaftlichen Strukturwandel führen, wie ihn Europa ab Mitte des 19. Jahrhunderts in der Landwirtschaft erlebt habe.

Kaffee – vom Massenprodukt zum hippen Barista-Erlebnis

Ein gutes Beispiel für diese Entwicklung ist der Kaffee, deshalb zurück auf die Utengule Coffee Farm. Die dunkelgrünen Kaffeestauden, die sich in ordentlichen Reihen über die Hügel am Fuß der Mbeya-Berge, des Gebirgszugs im Norden der Stadt Mbeya, hinstrecken, sind ein bezaubernder Anblick. Über ihnen spenden die Kronen vereinzelter Akazien und Eukalyptusbäume den kostbaren Pflanzen Schatten. Sobald man näher kommt, sieht man wie bunte Flecken im Grün Frauen zwischen den Stauden stehen. Die Kaffee-Ernte, die hier im April beginnt, geht jetzt im August zu Ende, aber noch immer finden sich rote Kaffeebeeren an den Ästen der Stauden und schimmern durch das Dunkelgrün der Blätter. Circa acht US-Dollar können die Pflückerinnen am Tag verdienen, nicht viel und doch ein wesentliches Einkommen in der landwirtschaftlich geprägten Region. Und in Utengule verdienen sie wesentlich mehr als auf manch anderer Plantage. An die 300 Saisonarbeiter finden auf diese Weise eine Beschäftigung – und das auf 200 Hektar bebautem Land.

Kaffee ist immer noch zu einem großen Teil Handarbeit, intensive, mehrere Arbeitsschritte verlangende Handarbeit. Die Beeren hängen traubenförmig an den Zweigen, aber jede Beere muss einzeln gepflückt werden. Sie enthalten in der Regel zwei Samen, Bohnen, die erst nach dem sogenannten »Pulping« zum Vorschein kommen. Dabei wird in einem mechanischen Prozess das Fruchtfleisch von den Bohnen getrennt, dann wird der Rest durch Fermentation in großen Wannen mit Wasser gelöst, dann werden die Bohnen auf großen Maschendrahtgestellen in der Sonne zum Trocknen ausgebreitet. Beim anschließenden »Grading« werden die Bohnen nach Größe sortiert, und zum Schluss wird beim »Hulling« die pergamentartige Haut entfernt. Erst nach all diesen Arbeitsschritten erhält man die grünen Bohnen, die entweder vor Ort oder – sehr viel öfter – erst bei den jeweiligen Großhändlern in allen Teilen der Welt geröstet werden. Kaffee ist ein komplexes Produkt, das sich vom traditionellen Genussmittel der Haya über den Plantagenkaffee in der Kolonialzeit bis hin zum Trendprodukt im Zeitalter von Blockchain und Kryptowährungen entwickelt hat. Doch eins nach dem anderen.

Missionare der Herrnhuter Brüdergemeinde brachten schon 1919 die ersten Arabica-Pflanzen der Sorte Bourbon (sie stammten von der Insel La Réunion im Indischen Ozean) nach Utengule, um dort Kaffee anzubauen. Schnell merkten sie, von welch außerordentlicher Qualität der geerntete Kaffee war, und so gründeten sie 1925 die »Mährische Plantagengesellschaft« und stiegen groß in die Kaffeeproduktion ein. Das war zu einer Zeit, als in ganz Ostafrika das Kaffeefieber ausgebrochen war. Europäische Siedler, unter ihnen auch Tania Blixen, siedelten sich im Hochland des Ostafrikanischen Grabenbruchs an – von den Ngong-Bergen Kenias über die Region um den Kilimandscharo und die äußeren Abhänge des Ngorongoro-Kraters bis hinunter ins südliche Hochland des damaligen britischen Protektorats Tanganjika. Neben Nairobi entwickelte sich Moshi am Fuße des Kilimandscharo zum Kaffeeumschlagplatz. Doch das vielversprechende Geschäft blieb schwierig, auch Tania Blixens Kaffeefarm war – und nicht als einzige – nie profitabel.

Kaffee gab es in Ostafrika freilich schon länger. Der mündlichen Überlieferung nach wurde er im 16. Jahrhundert vom Volk der Haya aus dem damaligen Abessinien in ihr Königreich am Viktoriasee gebracht. Dieser Haya-Kaffee oder *Amwani*, wahrscheinlich eine Robusta-Sorte, diente vor allem als rituelles Genussmittel bei religiösen Veranstaltungen. Dabei wurden die Kaffeekirschen mit Kräutern gekocht, danach für mehrere Tage geräuchert und anschließend gekaut. Nachdem die Deutschen Ostafrika kolonisiert hatten, erkannten sie schnell den Wert dieser Pflanze und entwickelten den heute noch üblichen Kaffee auf großen Plantagen für den Export. Dadurch verloren die Haya ihren Wohlstand und ihr Kaffee-Monopol. Kaffee hatte aufgehört, ein königliches Privileg zu sein, bei dem jedem Mann nur ein Kaffeebaum zustand, mit dessen Schicksal er sich verbunden fühlte und den er darum fürsorglich pflegte.

Während heute 80 Prozent des Kaffees aus dem südlichen Hochland kommt, befanden sich die großen Plantagen und Kaffeeanbaugebiete in deutscher und britischer Zeit an den Abhängen des Ngorongoro-Kraters und des Kilimandscharo. Und auch heute noch wird in dieser Region fantastischer Kaffee angebaut. Doch erst in den 1990er-Jahren wurde Tansania (ebenso wie Ruanda) als Herkunftsland für Premiumkaffee entdeckt, seither werden auch lokale Kaffee-Brands immer zahlreicher. Ja es ist sogar ein eigener Tourismuszweig entstanden, ähnlich wie in Italien, wo man stilvoll von Landgut zu Landgut (Agriturismo) reisen kann. Auch in Tansania gibt es Kaffeefarmen, auf denen man entweder im kolonial-romantischen Stil seine Ferien zubringen oder als Farmhelfer ein Praktikum absolvieren kann und dabei einen ganz anderen Aspekt des Landes, fernab der Nationalparks, kennenlernt.

Mit zu den schönsten derartigen Orten gehört das Shangri-La Estate bei Karatu, eine 600 Hektar große Farm an den vulkanischen Abhängen des Ngorongoro-Kraters. Man kann im alten Farmhaus aus den 1920er-Jahren mitten auf der Kaffeefarm übernachten und geführte Touren durch die Kaffeehaine oder auch Wanderritte durch die Wälder oberhalb der Farm unternehmen. Oder man wohnt im eleganten Haupthaus mit Blick auf die – wenn Sie über Weihnachten und Neujahr kommen – weiß blühenden und nach Jasmin duftenden Kaffeestauden. In den Abendstunden kommen Elefanten an das Wasserloch gleich neben der Terrasse, 200 Hektar der Farm sind Wildkorridore und Büffel oder Elefanten keine Seltenheit, ganz abgesehen von den vielen Vögeln und Kleintieren, die den Aufenthalt in Shangri-La zu einem Glücksmoment im Paradies machen.

Ein Trend hin zu beträchtlichen industriellen Kaffeefarmen ist in Tansania eher nicht zu beobachten. Die großen Unternehmen produzieren nur zehn Prozent des Kaffees, 90 Prozent sind in den Händen von 450 000 kleinen Bauern, die jeweils 0,5 bis drei Hektar Land bewirtschaften. Sie verkaufen ihre grünen Bohnen fast immer an der Kaffeebörse in Moshi, wo sie von Großhändlern exportiert, mit anderen Kaffeesorten aus anderen Regionen vermischt und geröstet als Tchibo-, Dallmayr- oder Jacobs-Kaffee in den Handel kommen. Doch während die staatliche Kaffeebörse in den 1970er-und 1980er-Jahren wichtig war, weil sie für eine gewisse Qualität bürgte, ziehen es viele Kaffeehändler heute vor, direkt mit Bauern oder Genossenschaften zusammenzuarbeiten. Die Entwicklung des Kaffees zu einem hochwertigen Premiumprodukt hilft auch den Kleinbauern. Sie bürgen ganz automatisch für spezielle Lagen und gute Bedingungen in einem Konsummarkt, der im oberen Preissegment auf sozial und ökologisch nachhaltige Produkte setzt. Fairtrade, eines der größten und anerkanntesten Nachhaltigkeitssiegel der Welt, hat vorgemacht, wie man 1,8 Millionen Kleinbauern zu Unternehmern macht. Viele ähnliche Initiativen sind gefolgt.

Wenn Sie nach Moshi am Kilimandscharo kommen (falls Sie auf den Spuren des Kaffees durch das Land reisen, können Sie Moshi nicht auslassen), müssen Sie unbedingt dem Union Café einen Besuch abstatten. Schon an den vielen historischen Fotografien und dem ganz eigenen Flair erkennen Sie, dass auch dieser Ort seine ganz besondere Geschichte hat. Das Union Café gehört zur KNCU (Kilimanjaro Native Co-Operative Union), einer der ältesten Genossenschaften in ganz Afrika. Sie geht auf Sir Charles Cecil Dundas, den ersten britischen Distriktkommissar von Moshi, zurück. Er erlaubte den einheimischen Chagga schon in den 1920er-Jahren, selbst Kaffee anzubauen, etwas, das ihnen von der deutschen Kolonialverwaltung zuvor verboten worden war. Damals eine Pioniertat, die Dundas nicht nur den Titel eines Ältesten der Chagga einbrachte, sondern die

Entwicklung des Kaffeeanbaus in Tansania wesentlich beeinflusste. Denn Kaffee-Genossenschaften wurden nicht nur zu einer wichtigen Organisationsform für die Kleinbauern insgesamt, sondern auch zu einer Art des Widerstands gegen die weißen Siedler und Plantagenbesitzer. Die 1933 gegründete KNCU mit elf angeschlossenen Mitgliedsgesellschaften wurde zu deren Vorreiter.

Agrarindustrie oder gut vernetzte, auf Nachhaltigkeit setzende Kleinbauern? Schwer zu sagen, wer das Rennen gewinnen wird, aber noch ein globaler Trend favorisiert die kleinen Kaffeefarmer beziehungsweise insgesamt kleine Bauern und Produzenten, deren Provenienz bisher am globalen Markt oft untergeht, nämlich die Blockchain-Technologie. Damit kann eine lückenlose Rückverfolgung des Latte macchiato, den Sie beispielsweise in einem Lokal in Berlin zu sich nehmen, bis zum Kaffeebauern am Abhang des Kilimandscharo garantiert werden. Mit einer interaktiven Landkarte und einer App, etwa der »Thank My Farmer«-App, könnten Sie Ihren Bauern dann auch noch direkt unterstützen und ihn wissen lassen, was Ihnen an seiner Kaffeesorte besonders geschmeckt hat. Das alles ist keine Zukunftsmusik, sondern es gibt bereits mehrere Start-ups in diesem Bereich. Gerade für Produkte mit komplexen Lieferketten und den Handel mit Entwicklungs- oder Schwellenländern birgt die Blockchain-Technologie ein enormes Potenzial. Sie vereinfacht den Austausch und die Verfolgung von Informationen, macht Zahlungen rückverfolgbar, transparent und für Korruption unanfällig, und vor allem verhilft sie kleinen Produzenten zu größerer Sichtbarkeit, erhebt sie gar zu eigenständigen Playern in einem großen Markt.

Iringa – die Hehe und das Fox-Imperium

Und wieder wechselt die Landschaft, und wir tauchen in eine neue, ganz andere Naturerfahrung ein. Ein Garten Eden von einer unglaublichen Schönheit und Harmonie. In leuchtendem Grün überziehen Teeplantagen die sanften Hügel der südlichsten Ausläufer der Eastern Arc Mountains, einer Kette von Gebirgen, die sich 600 Kilometer lang von den Taita Hills in Kenia im Bogen südöstlich des Kilimandscharo zu den Usambara-Bergen und weiter bis zu den Udzungwa-Bergen im Südwesten Tansanias erstrecken. Die räumlich voneinander getrennten Gebirge sind vor 100 Millionen Jahren entstanden, als Regenwälder weite Teile von Afrika bedeckten. Dann, als es vor zehn Millionen Jahren trockener wurde, breiteten sich in den Niederungen die Savannen aus, und die Regenwälder der Eastern Arc Mountains blieben als Inseln auf den Bergen bestehen – bis heute, so sie nicht abgeholzt wurden. Sie zählen zu den artenreichsten Regionen der Erde mit zahlreichen endemischen Pflanzen und Tieren.

Das Udzungwa-Waldgebiet, in dem wir uns hier befinden, macht den größten Teil der Eastern Arc Mountains aus, ein

Fünftel ist als Udzungwa-Mountains-Nationalpark besonders geschützt. Aber auch außerhalb des Parks haben sich kleine Urwälder erhalten. Dazwischen liegen eben jene hügeligen Teeplantagen, zahlreiche kleine Dörfer mit ihren *Shambas* und bei Mafinga das größte Sägewerk Ostafrikas. Sao Hill Industries, ursprünglich 1970 als Staatsunternehmen gegründet, ist heute in norwegischer Hand. In Tansania, Mosambik und Uganda pflanzt das Unternehmen auf 38 000 Hektar Wälder, meist schnell wachsende Pinien- und Eukalyptussorten zur Holzgewinnung. Sie sehen schon, es geht auch hier wieder um den Wettstreit zwischen Naturschutz und wirtschaftlicher Entwicklung.

In den Udzungwa-Bergen – wilde Natur

Blätter segeln zu Boden, ein Sonnenstrahl verfängt sich im Dickicht und spielt mit den sich im Wind bewegenden Ästen, im Unterholz überraschen vereinzelte Tupfer von Blüten. Man sieht Lianen, die sich von einem zum anderen Baum schlingen und scheinbar auf Affen und anderes Getier warten, das die Einladung zum Spielen versteht. Und Urwaldriesen, im Nationalpark ragen sie teilweise bis zu 50 Meter in den Himmel. Dort – und auf der ganzen Welt nur dort – kann man Udzungwa-Stummelaffen in den Bäumen beobachten, hinreißende schwarz und weiß befellte Tiere mit einem charakteristischen roten Haarschopf auf dem Kopf. Sehr grazil schwingen sie sich von Ast zu Ast auf der Suche nach ihrer bevorzugten Blätternahrung.

Es geht steil bergauf bis zum Sanje-Wasserfall, von dem man einen weiten Blick in die Ebene hat und in dem man ein köstlich kaltes Bad nach dem anstrengenden Aufstieg genießen kann. Nur sehr wenige Touristen besuchen den Park, denn es gibt nur geführte Wanderungen zu Fuß. Wer wirklich fit ist und einen ganzen Tag oder eine Übernachtung im Zelt einplant, kann bis auf 2100 Meter hinaufsteigen (in den Udzungwa-Bergen gibt es den einzigen Regenwald Ostafrikas, der ununterbrochen von 250 bis auf über 2000 Höhenmeter reicht und alle Varianten dieses großartigen Habitats aufweist). Doch nehmen Sie sich in Acht, in der tropisch feuchten Hitze ist das Gehen doppelt so anstrengend wie in unseren heimischen Bergen. Missen sollten Sie den Udzungwa-Nationalpark indes auf keinen Fall.

Ihr Guide wird Sie darauf hinweisen, nicht auf die großen Ameisen zu treten, die allerorten Straßen über die Wege bauen und fürchterlich aggressiv werden und beißen, wenn man sie daran hindert. Kennen Sie den Witz von dem Elefanten, der auf eine Ameisenstraße tritt? In Windeseile krabbelt daraufhin ein mutiger Ameisenheld bis zum Nacken des Tieres hinauf, um den Elefanten zu beißen. Unten steht das gesamte ihn anfeuernde Ameisenvolk und ruft: »Franzi, würg ihn!« Wenn Sie einmal von Urwald- oder den in der Savanne operierenden Safariameisen gebissen worden sind, wissen Sie, welch wahrer Kern in dem Witz steckt.

Wenn es neben Ihnen im Laub raschelt, könnte es aber auch das erst 2008 entdeckte Graugesichtige Rüsselhündchen aus der Ordnung der Rüsselspringer sein, das hier gerade sein Nest baut. Sie merken schon, mir gefällt der Name einfach zu gut, schon deshalb verdient dieses ebenfalls endemische Tier eine Erwähnung. Und dann wird Ihnen Ihr Guide die verschiedenen Bäume des Urwaldes erklären, und Sie werden zwischen Teak und Mahagoni unterscheiden lernen und hoffen, dass Ihr Teakholztisch zu Hause aus einer nachhaltigen Waldbewirtschaftung stammt und nicht aus einem dieser paradiesischen Urwälder, deren Existenz durch uns Menschen gefährdet ist.

Das Hochland von Mufindi – Teeplantagen und wilder Jasmin

Im paradiesischen Hochland von Mufindi ergeben die schmalen, krakeligen Wege zwischen den Teesträuchern ein Muster wie die Risse in einem ausgetrockneten Flussbett, nur eben im frischesten Grün. Und in den Talsenken an den Flussläufen schlängeln sich dunkelgrüne Reste des einstigen Primärwaldes. Zur Abwechslung erkunden wir das Gelände der Mufindi Highland Farm zu Pferd, der Morgen ist noch kühl, und Tau glitzert auf den Blättern der Bäume, während wir in den Wald eintauchen. Und wie bei meiner ersten Wanderung vor Jahren im Udzungwa-Mountains-Nationalpark (er ist fünf Stunden Autofahrt von Mufindi entfernt) ist da dieses Gefühl, überreich beschenkt zu werden von der intakten Natur.

Auf unserem Ritt fällt das Nebeneinander von kultivierter und sich selbst überlassener Natur besonders ins Auge, und in der Abwechslung von Urwaldrest und Teeplantagen, kleinen, wilden Bachläufen und aufgestauten, von Regenwald umgebenen Seen, die der Bewässerung dienen, liegt auch der wahrscheinlich wichtigste oder zumindest realistischste Ansatz zur Versöhnung von beidem. Schon seit den 1960er-Jahren beobachtete der Besitzer der Farm, Geoff Fox, wie der Wald in seiner Region dezimiert wurde, illegal und ohne Kontrolle. Es dauerte, aber durch das Engagement unterschiedlicher Gruppen und NGOs wurden die einzigartigen Waldreste des Mufindi-Hochlands schließlich als Village Forest Reserve unter Schutz und strenge Nutzungsauflagen gestellt.

Wir legen eine Rast an einem der künstlich angelegten Teiche ein, Frösche quaken laut, Fischreusen warten auf ihren Fang, Seerosen in Weiß und Rosa, dazwischen geschäftig umherschwimmende Enten. Überall der betörende Duft von wildem Jasmin, der hier als Kletterpflanze an den Bäumen hochrankt.

Die Idylle ist perfekt. Auf einer Anhöhe mit Blick auf den See und ausschließlich von Wald umgeben hat ein Sohn von Geoff sich ein Haus wie aus einem Märchen gebaut.

Die Mufindi Highland Lodge, die zur Farm gehört und in der Sie sich ein wenig wie in Schottland fühlen werden, ist nicht nur ein guter Tipp für alle, die sich vom Staub und der Hitze der Savanne erholen wollen, sondern auch ein eigenes Universum mit einer ganz besonderen Geschichte. Denn die Gegend um Mufindi ist ein altes Hideaway der Europäer und Expats, die sich – nach etlichen Jahren in den Tropen – alle ins Hochland (in das rund um Arusha, in die Usambara-Berge oder eben hierher) zurückzogen. Manche kamen als Farmer, andere kühlten sich hier nur temporär ab. Vor dem Ersten Weltkrieg waren es vor allem deutsche Siedler, die sich im Mufindi-Hochland als Kaffeefarmer versuchten. Dann wechselte die Kolonialmacht, die meisten Deutschen mussten gehen, und die Engländer übernahmen deren Plantagen (nur wenige, wie etwa die Familie Voigt, durften bleiben). Die Engländer, das wundert nicht, fanden schnell heraus, dass in diesem Teil des Hochlandes Tee viel besser gedeiht als Kaffee, für den es meist zu feucht ist. So entstanden diverse Teeplantagen in der Region.

Geoff Fox, seine Eltern waren englische Kolonialbeamte in Uganda, kam 1959 als junger Manager zu Brooke Bond Tanzania und pflanzte fortan Tee in Mufindi für das traditionsreiche englische Teehaus. Nach einigen Jahren holte er seine Frau Vicky nach, und vier Kinder kamen zur Welt, während die Briten Tanganjika in die Unabhängigkeit entließen und Nyerere seine Form des afrikanischen Sozialismus ins Leben rief. Viele Farmen und ausländische Unternehmen wurden enteignet, nicht so Brooke Bond (heute Unilever) und Geoff Fox. Also blieb die Familie und wurde im Takt mit der langsam zusammenbrechenden Wirtschaft immer »einheimischer«. Nahrungsmittel wurden, wie bei den tansanischen Nachbarn, in Subsistenz von Vicky im eigenen Garten angebaut, die Kinder wuchsen in und mit der sie umgebenden Natur und den Kindern der Nachbarschaft auf. Mitte der 1980er-Jahre zog sich Geoff von Brooke Bond zurück. Zu Hause, wo über die Jahre auch die Mufindi Highland Lodge entstand, züchtete er alsbald Rinder, und Vicky pflanzte weiterhin Gemüse, schon bald im großen Stil. Denn als zweites Standbein kam ein Safariunternehmen hinzu, für dessen Camps Nahrungsmittel gebraucht wurden, die man in den sozialistisch kargen Jahren kaum kaufen konnte.

»Es gab nichts mehr, und an Sonntagen durfte man wegen Treibstoffmangels nicht Auto fahren«, erzählt Sohn Peter und fügt dann hinzu: »Es war eine wunderbare Kindheit.« Heute führt Peter die mittlerweile in der tansanischen Marktwirtschaft höchst erfolgreich gewordene Farm, die neben Kaffee, Rindern und Schafen jährlich 100 000 Festmeter Holz produziert und – das ist bis heute Vickys Domäne – sogar Käse herstellt.

Wie aus dem Ruaha einer der schönsten Nationalparks wurde

Doch wie wurde die Familie zu Safariunternehmern? Geoff und Vicky teilten die Leidenschaft vieler Europäer für wilde Tiere. Wann immer es ihnen möglich war, fuhren sie über Mafinga und Iringa in den Ruaha, der – 1964 unter Nyerere zum Nationalpark erhoben – mit seinen 20 000 Quadratkilometern bis heute der größte Park in Tansania ist. Dort waren sie praktisch allein. Zwar gab es Parkaufseher, aber keinerlei touristische Infrastruktur und somit auch keine Safaritouristen. Umso besser, wie sich Geoff und seine Frau dachten. »Wir wollten einfach nur dorthin, unser Zelt aufschlagen und Tiere beobachten. Es war das ultimative Abenteuer und eine existenzielle Erfahrung, die uns alle geprägt hat.«

So wurde der Ruaha zur zweiten Heimat der Familie Fox, jede freie Minute streiften die Kinder mit den Parkaufsehern und Rangern zu Fuß durch die Savanne, sie lernten von ihnen Fährtenlesen und Gefahren richtig einschätzen. Der Ruaha wurde »ihr« Park, die Familie startete einige Camps und gründete einen Unterstützerverein, die »Friends of Ruaha«. Denn um den Park für Touristen attraktiv zu machen, fehlte es an allem, an befahrbaren Straßen, ausgebildeten Guides, Lodges und Maßnahmen gegen die Wilderei, die sich hier besonders ungehindert ausbreiten konnte. Also schaffte man eine Cessna an, und Peter wurde ihr Pilot. Von der Luft aus spürte er Wilderer auf und dirigierte deren Verfolgung. Und dann kam Nicola Colangelo ins Spiel – erinnern Sie sich noch an ihn und seine Buschairline Coastal Aviation?

»Ohne Nicola wäre es nicht gelungen, aus Ruaha eine Tourismusdestination zu machen«, sagt Peter und erzählt von den Anfängen des tansanischen Tourismuswunders in den 1990er-Jahren. Coastal Aviation nahm Ruaha als Ziel ins Flugnetz auf und startete regelmäßige Touristenshuttles. Und dann gründete Peter die Fox-eigene Linie Safari Air Link, die bis heute ebenfalls und höchst exklusiv Touristen in die Lodges, die zum Unternehmen gehören, bringt. In die Ruaha Riverlodge, aber auch in den Mikumi-, den Katavi- und den Sadaani-Nationalpark. Und natürlich zu Chris Fox, Peters Bruder, der ebenfalls im Ruaha eine Lodge betreibt. Doch wir greifen vor.

Noch sind wir im Hochland von Mufindi und erkunden mit Peter die Farm. Freundlich begrüßt er seinen 80-jährigen Vorarbeiter, der fast schon genauso lang hier arbeitet wie die Fox-Eltern. Julius Mdegela kommt jeden Morgen zum Meierhof und verteilt die Arbeit, er könnte längst in Pension gehen, aber er will nicht. So wie Geoff und Vicky, die ohne die Farm, heute aber vor allem ohne ihre umfassenden Hilfsprogramme für AIDS-Waisen gar nicht leben könnten. England, wohin sie einmal im Jahr reisen und wo sie zu ihrem Leidwesen von ihren Kindern zu Beginn der Pandemie in Sicherheit gebracht worden waren, langweilt sie.

Peter nutzte die Zeit ohne Touristen, um den Meierhof neu zu strukturieren, die Käserei zu verlegen, neue Pferdeställe zu bauen und mit einigen Jugendlichen ein gutes Dutzend alter Militär-Geländewagen, die Peter für günstiges Geld der britischen Armee abgekauft hat, in Safarijeeps zu verwandeln – alles nach einem ausgeklügelten System. Auch die Lodge werde man renovieren, wenn genug Zeit bleibt. Ob das nötig ist? Die Cottages wirken zwar etwas aus der Zeit gefallen, aber umso größer ist ihr Charme zwischen schottischem Country-Haus und einem Retreat in den Rocky Mountains. Das Schönste – und unbedingt Notwendige, denn die Abende sind frisch – ist der offene Kamin, über den jedes Zimmer verfügt. Und die Delikatessen aus der Küche. Selbst gemachte Käsestangen, Zimtschnecken, Orangen-, Ingwer- und Mangomarmelade, eigens erzeugte Würste, die mit Omelette oder Spiegeleiern zum Frühstück serviert werden. Alles absolut vollendet britisch, so wie Francis Nyigo, der Oberkellner, der in großer Selbstverständlichkeit von allen respektvoll und nach Swahili-Tradition mit dem Ehrentitel *Mzee* angesprochen wird. Auch im Garten des Haupthauses duftet es nach Jasmin. Es ist Frühling, im Garten blühen Stiefmütterchen, Rosen, Löwenmäulchen – eine Reminiszenz an Europa.

Iringa und die Entwicklungshilfe

Julius Mdegela und Francis Nyigo gehören zum Volk der Hehe, das seit Jahrhunderten im südlichen Hochland von Tansania lebt. Und auch wenn Nyerere mit seinen Dorfumsiedlungsprogrammen dafür gesorgt hat, dass sich Tansanier in erster Linie als Tansanier fühlen und erst dann als Hehe, Pare, Chagga oder Angehörige einer der 130 anderen Ethnien, so ist das ganze Gebiet hier doch Hehe-Land und Iringa, die Bezirksstadt, ihr Zentrum.

Auf der fast sechsstündigen Fahrt vom Mufindi-Hochland in den Ruaha-Nationalpark machen wir in Iringa halt. Ähnlich wie Mbeya liegt die Stadt auf 1600 Metern Höhe, auch hier sind die Straßen von blau blühenden Jacarandabäumen gesäumt, die Stadt hat das gleiche angenehme Klima wie Mbeya, wirkt aber wohlhabender, geschäftiger, weniger provinziell. Iringa war schon immer ein wichtiger Handelsknotenpunkt, deshalb gibt es hier zum Beispiel auch Griechen, die einst als Missionare der griechisch-orthodoxen Kirche nach Iringa kamen oder als Straßenbauer unter den deutschen Kolonialherren. Auch südafrikanische Siedler verschlug es einst hierher, und nach dem Krieg kamen außer den Engländern sogar Italiener. Teilweise mischten sie sich mit den Indern (und heute auch mit Afrikanern), und so entstand ein interessanter Bevölkerungsmix.

Außerdem ist Iringa bis heute eine Art Nukleus für Entwicklungszusammenarbeit, ein Hotspot für NGOs und Sozialunternehmen. Es gibt besonders viele junge Menschen aus dem Globalen Norden, die hier arbeiten, etwa Deutsche, die ihr Freiwilliges Internationales Jahr in einem der Amani-Kinderdörfer außerhalb von Iringa absolvieren. Oder solche, die bei Neema Crafts arbeiten. Dieses Sozialunternehmen ist das absolute Vorzeigeprojekt von Iringa. Susie Hart – sie und ihr Mann kamen als Missionare der anglikanischen Kirche nach Iringa - ist die Gründerin von Neema Crafts, dessen Namen auf eine junge Mutter zurückgeht, die durch eine Infektion beide Beine verlor und – als Behinderte zur »Schande« geworden – von ihrem Mann verlassen zur alleinerziehenden Mutter wurde. Neema ist kein Einzelfall, zehn Prozent der tansanischen Bevölkerung gelten als schwerbehindert, in der Region um Iringa gibt es besonders viele Betroffene. Und ohne die Hilfe von NGOs wie Neema Crafts (oder Shanga und Sanaa in Arusha) würden diese Menschen in äußerster Armut leben. Behinderung ist ein Stigma, genauso wie Albinismus, der in keinem anderen Land Afrikas so verbreitet ist wie in Tansania (durch Aberglauben und geschäftstüchtige Hexendoktoren angeheizt, werden Albinos sogar Opfer von Mordanschlägen). Der Staat wurde erst durch internationale Organisationen und Initiativen wie Neema Crafts zu einer sozialeren Politik gegenüber behinderten Menschen gedrängt.

In den Werkstätten von Neema Crafts arbeiten über 100 behinderte Menschen (viele sind taubstumm) aus der Region. Im dazugehörenden Shop, aber auch online und in ausgewählten Geschäften des Landes bekommt man wunderschöne Stoffe, Kleinmöbel, Lampen und Wohnaccessoires, die nichts mit den üblichen Souvenirs, die es in Tansania gibt, und doch alles mit den kulturellen Traditionen des Landes zu tun haben. Ein junges englisches Ehepaar, beide Designer, leitet das Projekt seit gut zehn Jahren. Sie haben es in einen kultigen, cutting edge Design-Hotspot verwandelt, mit schickem Branding, coolem Marketing und internationalem Vertrieb. Aber auch mit Hightech. So werden die Stoffmuster zuerst am Computer entworfen und dann auf eine perforierte Folie mit mikroskopisch kleinen Löchern übertragen. Die Mitarbeiter in der Werkstatt bestreichen die auf den Stoff gelegte Folie dann mit Farbe. In der Tischlerei wird nur zertifiziertes Teakholz verwendet, und die gedrechselten Lampenfüße sind so schön, dass schon viele Hotels und Lodges sich mit Neema Crafts-Design eingerichtet haben. Ich könnte mich hier oder bei den vergleichbaren Labels in Arusha jedes Jahr mit Weihnachtsgeschenken für die gesamte Großfamilie eindecken. Außerdem betreibt Neema Crafts ein dem Ridge ähnliches, mit einem noch umfangreicheren Sortiment ausgestattetes Café samt absolut erwähnenswertem Gästehaus, das (siehe auch das Slow Leopard in Kilwa) eine Lücke in Tansanias Tourismusindustrie schließt, nämlich preiswertes und dennoch möglichst stylishes Reisen für eine gehobene Backpacker-Klientel anzubieten.

Amani – Sie erinnern sich, das ist der Name der Kinderdörfer – heißt auf Swahili »Frieden«. Und das ist wohl kaum ein Zufall, denn Iringa steht – und das kann ich insbesondere meinen deutschen Lesern nicht ersparen – auch für eines der blutigsten und menschenverachtendsten Kolonialkapitel Deutschlands. Dem Kampf gegen die Hehe. Sieben Jahre lang leistete dieses besonders kämpferische und stolze Volk der deutschen Kolonialverwaltung erbitterten Widerstand und musste sich dennoch – wie es so oft in der Geschichte passierte – dem übermächtigen Aggressor schließlich geschlagen geben. In einem mit EU- und UN-Geldern renovierten Spital aus der deutschen Kolonialzeit (es handelt sich nicht, wie oft behauptet wird, um die *Boma*) gibt es ein lohnenswertes Museum zur Geschichte der Region und ihrem angestammten Volk.

Während Sie von den Hehe vor dieser Lektüre (es sei denn Sie waren schon in Tansania oder hegen ein explizites Interesse an der Kolonialgeschichte Deutschlands) wahrscheinlich nichts gehört haben, spielt diese Bevölkerungsgruppe in Tansania eine große Rolle, ja sie ist eine Art Symbol dafür, wie die lokale Bevölkerung den Kolonialherren die Stirn bot. Denn kein Volk in Deutsch-Ostafrika hat sich so lange und so erbittert gegen die Kolonialmacht zur Wehr gesetzt wie sie. Ihre Tapferkeit und ihr Mut nötigten sogar deutschen Offizieren Respekt und Anerkennung ab. Was Leute wie Emil von Zelewski oder Hauptmann Tom von Prince allerdings nicht daran hinderte, einen regelrechten Vernichtungskrieg gegen die Hehe zu führen und sie mit grausamen Methoden zur vollständigen Unterwerfung zu zwingen. Wie viele Menschen den unzähligen »Strafexpeditionen« und Vergeltungsmaßnahmen in den 1890er-Jahren zum Opfer fielen, ist nicht genau bekannt. Nach Angaben des Missionars Alfons Adams betrug die Zahl der gefallenen, verhungerten und gehängten Hehe wohl einige Tausend. Doch die Tragik dieses Unterwerfungskrieges wird von Todeszahlen sowieso nicht angemessen wiedergegeben.

Der Kopf des Chief Mkwawa

Kurz zur Geschichte also: Als der Chief der Hehe, Munyigumba, im Jahr 1880 starb, wurde sein Sohn Mkwawa zum unumschränkten Herrscher seines Volkes. Er erbte ein Reich, das fast ganz Südwesttansania umfasste und setzte die Eroberungskriege seines Vaters gegen die Nachbarvölker der Gogo, Ngoni, Sangu und Sagara fort. Dabei erwarb er den Ruf eines tapferen, aber auch ruchlosen Kämpfers. Und wie sein Vater war er ein charismatischer Stratege und unterhielt einen guten Geheimdienst.

In den Anfangsjahren des Kolonialismus fühlten sich die Deutschen von ihrem wehrhaften Konkurrenten im Süden nicht sonderlich gestört, sie waren noch viel zu sehr damit beschäftigt, das restliche Land zu unterwerfen. Aber als es zu Zusammenstößen der Hehe mit den Karawanen, die sich auf dem Weg zur Küste befanden, kam, schickte die junge Kolonialverwaltung 1891 eine sogenannte Strafexpedition, angeführt von Emil von Zelewski ins südliche Hochland. Doch mit welchem Recht sollten eigentlich die Hehe von den Deutschen bestraft werden? Dafür, dass sie ihren sehr viel älteren und rechtmäßigeren Anspruch auf ihr Land verteidigten und, dank ihres Muts, ihr Territorium nicht nur hielten, sondern erweiterten? Die besondere Arroganz der kolonialen Eroberungspolitik drückte sich immer auch in den verwendeten Begriffen aus, suggerieren sie doch ein Anrecht der Europäer auf den afrikanischen Kontinent, welches uns heute als blanker Hohn aufstößt und immer noch beschämt.

Doch die vollmundig angekündigte Strafexpedition Zelewskis geriet in einen Hinterhalt der Hehe und wurde fast zur Gänze aufgerieben. Auch der Kommandant selbst verlor dabei sein Leben. Deutschland drohte mit einer umfassenden Offensive, aber anstelle eines relativ schnellen Sieges kam es zu einem sieben Jahre dauernden Guerillakrieg. Trügerische Ruhe und hinterhältige Attacken wechselten sich ab, Mkwawa entkam immer wieder, beschützt von seinen Kämpfern und seinem loyalen Volk.

1896, nach fünfjährigem erfolglosem Hin und Her, setzten die Deutschen auf eine neue Strategie. Sie errichteten ein Fort in Iringa, nahe dem Hauptquartier Mkwawas in Kalenga. Blutige Zusammenstöße, die Verschleppung von Frauen und Kindern, die Zerstörung von Saatgut, die Vernichtung von Lebensmittelvorräten und die einkalkulierte Hungersnot sollten den Kampfeswillen der Männer und deren Loyalität gegenüber Mkwawa brechen. Als die Schutztruppe am 17. Juli 1898, nachdem sie wieder einmal Hunderte Frauen und Kinder festgenommen, ihre Hütten niedergebrannt und das Vieh getötet hatte, einen Diener des Chiefs festnahm, verriet dieser ihnen das Versteck des Herrschers. Doch bevor die Deutschen eintrafen, setzte der Häuptling seinem Leben selbst ein Ende, um nicht in die Hände der Feinde zu fallen. Die Deutschen fanden seine Leiche, schnitten ihr den Kopf ab und schickten ihn nach Berlin.

Schon zur Kolonialzeit kritisierte man diese »Strafexpeditionen«, die es nicht nur gegen die Hehe gab. Allein zwischen 1891 und 1897 wurden 61 ähnliche (wenn auch kleinere) Feldzüge zur Unterdrückung oder, wie man selbstgerecht sagte, »Pazifizierung« der Einheimischen in unterschiedlichen Landesteilen geführt. Der sozialistische Politiker August Bebel war einer ihrer Gegner und prangerte an, dass man im großen Stil Frauen und Kinder verschleppte. Vor allem die Mitglieder der ehemaligen Hehe-Herrscherfamilie schickte man an die Küste, in ein Klima, das ihnen nicht bekam, zu Missionaren, die gemeinsame Sache mit den Kolonisatoren machten. Der Widerstand der Hehe war gebrochen. Als 1905 der Maji-Maji Aufstand begann, beteiligten sich die einst so mutigen und kampfeserprobten Hehe so gut wie nicht mehr daran.

Doch war das Kapitel Mkwawa damit noch lange nicht zu Ende. Auf Bitten der Hehe verpflichteten die Alliierten 1919 im

Versailler Vertrag Deutschland zur Rückgabe des Schädels. Dort war jedoch angeblich über dessen Verbleib nichts bekannt. Erst Sir Edward Twining, dem letzten britischen Gouverneur Tanganjikas, gelang es 1953, im Bremer Übersee-Museum den Schädel des Chiefs ausfindig zu machen. Ein Jahr später, am 19. Juni 1954, wurde er in einer feierlichen Zeremonie den Hehe übergeben und in ein eigens errichtetes Mausoleum gebracht. Heute ist der Schädel in einem kleinen Museum in Kalenga ausgestellt. Doch ist es wirklich Mkwawas Kopf? Darüber gibt es wieder einmal keine Sicherheit, denn erst kürzlich kam heraus, dass im Bremer Übersee-Museum gar kein passender Schädel gefunden worden war. Sir Edward hatte daraufhin entschieden, dass man ihm drei Schädel zur Auswahl übersenden solle, aus denen er – zynisch-pragmatisch wie die Briten ihr Weltreich regierten – einen geeigneten zur Übergabe auswählte. Vielleicht wirkt das Museum in Kalenga auch deshalb etwas verwahrlost, verlassen, schlecht gemanagt. Bestimmt würden die Erben Mkwawas dafür Geld bekommen und könnten ein Museum wie das in Iringa damit unterhalten.

Und tatsächlich gibt es sie noch, die Nachfahren Mkwawas. Ein Neffe, Adam Sapi Mkwawa, diente dem unabhängigen Tansania lange Zeit als Sprecher des Parlaments in Daressalam. Und erst 2020 wurde dessen Enkel Adam Abdul Sapi Mkwawa als Chief der Hehe in Iringa in sein Amt eingesetzt, wie man auf der Website *The African Royal Families* nachlesen kann. Der junge Monarch (sein Vorgänger starb 2015, da war Adam Abdul Sapi noch nicht volljährig) studiere, so erfährt man, Informatik und liebe wie alle jungen Leute Basketball. Ein gut aussehender, durchaus seinem Urgroßvater ähnelnder junger Mann im traditionellen weißen Gewand und mit einem Speer lächelt den Betrachter von den Fotografien der Website an. Er habe sein *Ikulu*, das State House der Hehe in Iringa, bereits bezogen.

Auch das kleine Museum findet Erwähnung, doch der Tenor der Darstellung liegt auf Mkwawas Heldenmut, nicht auf den

Deutschen und ihren Gräueltaten. Schließlich ist die Geschichte der afrikanischen Königreiche viel älter als der Kolonialismus. Im 15. Jahrhundert tauschten sich Afrika und Europa auf Augenhöhe aus, diplomatische Missionen aus dem Senegal, aus Benin, den kongolesischen Königreichen oder aus Äthiopien kamen bis an die europäischen Höfe. Es waren Begegnungen zwischen Königshäusern, die erst im 18. Jahrhundert und dann endgültig mit dem Imperialismus des 19. Jahrhunderts zu dem wurden, was unser europäisches Erbe ist, der Kolonialismus mit seiner ganzen anmaßenden Ideologie.

Die afrikanische Geschichte wird derzeit vielerorts – und aus afrikanischer Sicht – neu geschrieben, so auch von den Autoren der Website über die afrikanischen Königshäuser, die stolz bekennen: »Wir schreiben die von der Moderne vergessene Geschichte der afrikanischen Königreiche um.« Ein bedeutender Satz, setzt er sich doch nicht in erster Linie nur mit dem dunklen Kolonialkapitel auseinander, sondern holt viel weiter aus.

Flucht in den Ruaha

Angefüllt mit den Geschichten aus Iringa sind wir für zwei Tage in den Ruaha-Nationalpark geflüchtet, in die Natur, zu den Tieren, dorthin, wo wir nicht ständig mit unserer unrühmlichen Geschichte – so hoffen wir – in Berührung kommen. Doch ohne Gespräche und Diskussionen am Lagerfeuer geht es nicht, und diesmal fügt Chris Fox, der radikalste der Fox-Brüder, unserem Verständnis des Landes und seiner Entwicklung einige entscheidende Momente hinzu.

Doch zuerst zu den Löwen. Wie immer erreichen wir unser Camp bei Sonnenuntergang, einen atemberaubenden Platz, beschützt von Akazien und mit Ausblick auf das ausgetrocknete Bett des Mwagusi-Flusses. Ein Elefant trollt sich ins Dickicht, als wir uns anschicken, die Zelte aufzuschlagen und Feuer zu machen. Schon beginnen die Zikaden ihren monotonen Abendgesang, der Busch geht zur Ruhe, und auch wir verschwinden in unsere Zelte. Doch nachdem Anne darauf hingewiesen hat, dass wir nur deshalb auf dieser Seite des Parks zelten, weil es derzeit am Großer-Ruaha-Fluss sogenannte Man-Eater geben soll (Löwen, die, einmal auf den Geschmack gekommen, Menschen nicht nur wie normalerweise zur Verteidigung angreifen), ist mein Nachtschlaf dahin. Noch aufmerksamer als sonst lausche ich den Nachtgeräuschen: Hyänen, Elefanten und dann dem Rülpsen der Löwen – nicht allzu fern.

Am anderen Tag beim Game Drive sehen wir ihn, den König der Tiere. Wir beobachten mehrere Gruppen von Löwen, ein Pärchen im Liebesspiel, einige Weibchen, faul unter einem Baum hingestreckt, drei Löwen im Flussbett, die – so hoffen wir auf ein ikonisches Safarierlebnis – Jagd auf die Impalas machen, die über den Sand zur anderen Seite des Flusses marschieren. Doch weit gefehlt, die Löwen sind nicht hungrig und relaxen lieber.

Auch große Elefantenherden bevölkern den Ruaha, der mit seinen Affenbrotbäumen und sanften Hügeln für mich zu den schönsten Parks in Tansania zählt. Thomson-Gazellen, die ständig auf der Hut sind und bei jedem Geräusch in anmutigen Sprüngen auf und davon eilen. Wilde Hunde, die im Ruaha häufiger als sonst zu sehen sind. Giraffen, die immer so wirken, als würden sie sich in Zeitlupe fortbewegen, auch dann, wenn sie richtig schnell sind. Dikdiks und Paviane.

Am Abend erwartet uns ein Dinner inmitten des ausgetrockneten Mwagusi-Flusses, von Chris Fox und seinem Lodge-Personal so weit in die Wildnis gestellt, dass außer der Natur nichts mehr um uns herum zu sein scheint. Wir führen Gespräche darüber, was ein echtes Safarierlebnis ausmacht und warum es die dafür nötige Ursprünglichkeit im Prinzip nicht mehr gibt (wobei wir mit unserer Reise während der Pandemie diesem Erlebnis wohl sehr nahegekommen sind).

»Ich glaube noch immer daran, dass die Essenz einer Safari darin besteht, ein Lagerfeuer zu machen und daneben auf einer Matratze unter einem Moskitonetz zu schlafen«, sagt Chris. Und dieses Prinzip oder diese Erfahrung wollte er in seinem großartigen Mwagusi Camp auch seinen Gästen ermöglichen. Sie beziehen eine Plattform, jede mit einer anderen Aussicht auf den meist trockenen Mwagusi-Fluss, die Wasserlöcher, die Tiere. Dazu ein Badezimmer, offen in die Natur gebaut wie auch der ganze Rest, ein Bett, himmlisch von einem Moskitonetz überwölbt. Herrlich. Doch nicht nur einem Gast war das zu abenteuerlich, einer verklagte Chris sogar, weil in der Nacht eine Löwin mit ihren Babys quer durchs »Zimmer« marschierte und ein Leopard über die niedrige Mauerbrüstung auf die Plattform sprang, bevor er sich Richtung Flussbett und Wasserloch verabschiedete. Also musste sich Chris einen Kompromiss ausdenken, und so stellte er die Betten seiner luftigen Unterkünfte in ausladende Safarizelte, die man in der Nacht schließen kann und in denen man sich so etwas geschützter vor den wilden Tieren fühlt.

»Es ist nie etwas passiert«, meint Chris und seufzt. Er weiß, dass selbst zwischen ausgefuchsten Safariliebhabern und ihm Welten liegen. Er selbst hat von den Massai alles über die Natur der afrikanischen Savanne gelernt, ist praktisch einer von ihnen geworden. Und heute bilden seine Leute ganz besondere Guides aus. Das dauert mehrere Jahre, denn um sich im Habitat der Löwen, Giraffen und Elefanten wie im Schlaf zu bewegen, muss man mit ihnen leben. Leider, so sagt Chris ohne Verbitterung, aber doch etwas resigniert, wollen sich die meisten Touristen dieser Erfahrung gar nicht mehr aussetzen, sie erwarten Komfort und ein instagram-fähiges Erlebnis, schnell, schmerzlos, ohne die Anstrengung, die es zum Beispiel kostet, zu Fuß auf Safari zu gehen und etwas über die Natur zu lernen, statt nur Fotos zu schießen.

»Ein befreundeter Massai sagte einmal zu mir: ›In deiner Zeit kam ein Flugzeug in der Woche mit Touristen, heute kommt jeden Tag eines, und so wird deine Art der Safari bald der Vergangenheit angehören.‹« Chris weiß, dass er, wie er selbst von sich sagt, ein Dinosaurier ist und dass sich die Zeiten ändern müssen. Einige seiner Guides – und er findet, sie können dies viel besser als er – haben ihr eigenes Business gestartet. Die Tourismuszahlen müssen steigen, damit das Land vorankommt. »Ich bin in einer kolonialen Blase aufgewachsen, mit Golfplätzen und englischer Lebensart«, sagt Chris zum Abschluss nachdenklich. »Wie ignorant ich war, ist mir erst aufgefallen, als ich mit einem indischen Mädchen ausgegangen bin und gesehen habe, wie integriert sie in der tansanischen Gesellschaft war. Heute habe ich eine schwarze Lebensgefährtin, sie ist die Mutter meines Sohnes. Ich verkehre mit den Ältesten der Hehe ebenso wie mit amerikanischen Wildtierspezialisten. Und am meisten lerne ich von der Intelligenz und Kompetenz meiner Rosy und vom kulturellen Austausch mit ihr.«

Silicon Dar und die hippe Crowd von Arusha – der Afrika-Boom

In einem der mittlerweile überall aus dem Boden sprießenden schicken Cafés von Arusha – es werden vegane Bowls mit Hummus und Avocado, Chia-Samen und Mango gereicht – treffe ich Osse Greca Sinare, einen der angesagtesten Travel-Blogger Tansanias. Der Sohn einer italienischen Mutter und eines tansanischen Vaters – er führte die erste Tierklinik in Daressalam – hat in Malaysia Betriebswirtschaftslehre studiert und dann sein Reiseportal für die junge tansanische Mittelklasse gegründet. »Das sind immerhin 35 Prozent der Bevölkerung«, meint er optimistisch, »und die verdienen etwa 1500 US-Dollar im Monat.« Ob diese Gruppe tatsächlich so groß ist und ein derart gutes Einkommen erzielt, sei dahingestellt. Fakt ist, dass eine neue Generation aus jungen, gut ausgebildeten, in Technologieunternehmen arbeitenden, Start-ups gründenden Tansaniern mit multiethnischen Wurzeln längst Wirklichkeit ist. Und dass sie wächst.

»Natürlich wollen die jungen Leute auch in Tansania Urlaub machen, wer will das nicht«, erklärt Osse, dessen Blog die ganze Breite an Erlebnissen abbildet, die man in Tansania findet. »Außerdem hat Tansania weit mehr zu bieten als Safaris«, sagt er und sprudelt nur so vor Ideen. »Radtouren zu Wasserfällen, Events mit Künstlern am Kilimandscharo, Tree-Top-Walks im Lake-Manyara-Nationalpark, eine Wanderung zu den heißen Quellen in Moshi, Musikfestivals.« Osse verspricht, mir seine 20 alternativen Hotspots zu schicken, und vergisst es dann. Ich klicke mich durch seine Storys auf Instagram und entdecke nicht nur viele gemeinsame Lieblingsplätze (Chole Mjini in Mafia oder The Slow Leopard in Kilwa zum Beispiel), sondern vor allem jemanden, den die atemberaubende Schönheit seiner Heimat ebenso begeistert wie mich, der sich zwar für einige Sportarten interessiert, die mir zu rasant erscheinen, aber ansonsten ein ähnliches Narrativ verfolgt. Ist es also doch nicht einfach nur ein weißes, koloniales Projekt, Tansania als Naturparadies zu lieben?

Arusha und seine hippe Crowd

Osse fabriziert Informationen über seine Heimat, die vielen Tansaniern abgehen, so wie Mejah, mit dem wir Daressalam erkundet haben. Und er dekolonisiert das Marketing großer Tourismusketten. So hat die Serena-Hotelkette (die interessanterweise ein ursprünglich kenianisches Unternehmen ist) ihn für den Relaunch ihrer Marketing-Strategie angeheuert, da man – *it's never too late for a change* – bemerkte, dass das weiße Pärchen, das sich glücklich durch die Hotellandschaft bewegt, nicht mehr zur zunehmend bunten Klientel passt, die in Tansania Urlaub macht. »Wer von den jungen Tansaniern soll sich so was anschauen?«, fragt Osse seufzend und schüttelt den Kopf. Er setzt auf die Veränderung, die auch in Tansania allerorten zu spüren ist, auf den sprichwörtlichen »Wind of Change«.

In Afrika gibt inzwischen eine riesige Mittelschicht den Ton an. Experten zufolge ist sie bereits größer als die in Indien, und es kommen im Jahr fünf Millionen Menschen dazu. Besser ausgebildet und mit einigem Wohlstand gesegnet, sind sie der eigentliche Motor eines riesigen Wachstumsmarktes. Sie wollen bessere Schulen und ein funktionierendes Gesundheitssystem, Good Governance und Latte macchiato, lebenswerte Innenstädte und gute Infrastruktur. Die Entstehung einer Mittelschicht gilt als einer der wichtigsten Wachstumsparameter für ein Land. Lange haben europäische Beobachter sie nur in den Tigerstaaten Asiens auszumachen verstanden, doch nun ist die Mittelschicht auch in Afrika – und natürlich auch in Tansania – nicht mehr zu übersehen. Wer die Augen aufmacht, kann überall Anzeichen finden, vor allem in den großen Städten. In Daressalam und Arusha gibt es längst Uber, in noch mehr Städten das Konkurrenzunternehmen Bolt, die Mittelklasse verdient mit Airbnb zusätzliches Geld. Musik- und Kunstfestivals folgen internationalen globalen Trends und die Mode einem coolen Afrostyle, bei dem es darum geht, heimische Modemarken und Textilien mit Mustern aus der reichen Kulturtradition des Kontinents zu bevorzugen und den billigen (aus China bzw. europäischen Secondhand-Kleidern) oder auch teuren Importprodukten (internationalen Modebrands) die Stirn zu bieten. Das macht beispielsweise den Erfolg von Nida Textiles aus, einem der führenden Produzenten und Exporteure von Stoffen *made in Africa* explizit im Afrostyle, darunter die schönsten *Kangas* und *Kitenges* im ganzen Farbenreichtum des Kontinents.

Dass Afrika boomt, spricht sich langsam auch in Europa herum. In China, Indien und Brasilien ist das mittlerweile eine Binsenweisheit. Während diese Länder regelmäßige Afrikagipfel abhalten und Besuchsdelegationen in die vielversprechenden Zentren des Kontinents schicken, denken viele Europäer immer noch in den alten Klischees über den Hunger-Armut-Kriege-Kontinent. Doch als Ganzes betrachtet ist Afrika friedlicher denn je, die Auslandsverschuldung der Mehrheit der Staaten seit dem letzten Schuldenerlass erträglich. Die Armut sinkt in den meisten Ländern, und das Bildungs- und Gesundheitssystem holt auf. Nirgendwo wuchs der Mobilfunkmarkt so schnell wie in Afrika und seinen 54 Ländern. Unternehmen und Start-ups sprießen überall aus dem Boden. 2035 werden voraussichtlich 50 Prozent der Afrikaner in Städten leben. Seit etwa 20 Jahren produziert Subsahara-Afrika Wachstumsraten von fünf bis sechs Prozent. Tansania zählt mit seinem seit den 1990er- bzw. 2000er-Jahren regelmäßig erzielten BIP-Wachstum von sechs und sieben Prozent zu den am schnellsten wachsenden Volkswirtschaften Afrikas und der Welt. 600 Milliarden US-Dollar wurden von China, Indien und den Golfstaaten in Infrastrukturprojekte auf dem Kontinent investiert, in Straßen, Brücken, Häfen und städtische Bauprojekte.

Doch wo in Tansania sieht man, dass Afrika, wie es der ehemalige amerikanische Präsident Obama ausgedrückt hat, die »nächste große Erfolgsstory der Welt« sein wird? Wo sind die Trends, die Anzeichen, dass auch Tansania in eine derart glückliche Zukunft schreitet? Und was macht Tansania besonders? Schon mit dem Roadtrip durch das Land habe ich Ihnen immer wieder Spuren des aktuellen Aufblühens zu vermitteln versucht, die Samen und kleinen Pflänzchen einer Entwicklung, die wir Europäer deshalb so gerne übersehen, weil wir Entwicklung mit Entwicklungshilfe gleichsetzen und bei Investitionen, die in Afrika seit geraumer Zeit so oft und im großen Stil von den Chinesen getätigt werden, sofort Neokolonialismus wittern. Aber – und dafür sind der China-Spezialist Frank Sieren und sein seit Jahren in Südafrika lebender Bruder Andreas mit ihrem Buch *Der Afrika-Boom* der wahrscheinlich beste Augenöffner – »allein die 20 Jahre chinesischer Investitionen in Afrika haben dem Kontinent mehr geholfen als ein halbes Jahrhundert westlicher Entwicklungshilfe«. Außerdem würden Inder und Chinesen von Emerging Markets einfach mehr verstehen, sie haben Entwicklungen erst vor Kurzem erlebt, durch die viele Afrikaner jetzt gehen. Eine neue Weltordnung – multipolar und nicht mehr vom Westen dominiert – sei im Entstehen und das sei gut so. Denn »der westliche Rassismus war bisher wohl die größte Hürde eines Aufschwungs auf dem Schwarzen Kontinent«.

Wie Edwin gegen Corona gewann

Doch Sie wollen mehr Beispiele sehen, schließlich habe ich Ihnen zahlreiche »weiße« Lodgebesitzer und Unternehmer aus den Pionierzeiten der tansanischen Tourismusindustrie präsentiert. Wo also ist hier ein »Wind of Change«? Edwin Mramba zum Beispiel, der uns durch die Serengeti geführt und dessen faszinierende Safaritour von uns den Spitznamen »Wildlife University« bekommen hat, ist das beste Beispiel für einen einheimischen Tourismusunternehmer. Aus einer Bauernfamilie der Pare – sie bevölkern die Kilimandscharo-Region und die Usambara-Berge – stammend, hat er in Mweka, nicht weit von Moshi, das College of African Wildlife Management besucht, eine der führenden, ebenfalls von der Zoologischen Gesellschaft Frankfurt geförderten Institutionen. So wurde er Safari-Guide.

2015, auch damals erschütterte eine Epidemie, nämlich Ebola, das Vertrauen in die Tourismusindustrie, traf Edwin in Arusha auf Sebastian aus Deutschland, der eine Safari gebucht hatte, allerdings bei einem Safariunternehmen, das sich während der Krise in Luft aufgelöst hatte. Edwin half Sebastian, sein Geld wiederzubekommen, und fuhr mit ihm anschließend auf eigene Faust durch die Serengeti. So wurden sie Freunde und Geschäftspartner. Sie nannten ihr Unternehmen »Pumba Safaris« nach den wunderbaren Warzenschweinen, den Komikern der afrikanischen Savanne. Edwins Begeisterung für seinen Beruf und sein Wissen um die Tierwelt und ihr Ökosystem prägen dieses kleine, vor allem auf die Bedürfnisse von Individualreisenden maßgeschneiderte Safariunternehmen. Allein durch seine Facebook-Posts konnte Edwin in den Krisenjahren 2020 und 2021 so viele Gäste für Pumba begeistern, dass das Team seine Safariflotte von zwei Toyota Landcruisern auf zehn steigern konnte. Unglaublich. Während der Tourismus 2020 und 2021 in

Tansania nahezu komplett eingebrochen ist, verzeichnete Pumba Safaris Wachstumsraten.

Vor 2015 wäre solch ein Unternehmen für einen ehemaligen Safari-Guide (selbst mit ausländischer Beteiligung) einem Griff nach den Sternen gleichgekommen, erzählt Edwin. Denn unter der Regierung der Präsidenten Mkapa und Kikwete (sie förderten vor allem ausländische Investoren) konnte nur derjenige ein Safariunternehmen gründen, der fünf Fahrzeuge (ein enormer Kapitaleinsatz) besaß und 2000 US-Dollar für die Safarilizenz im Jahr zu zahlen imstande war. Ein Protektionismus, der dafür sorgte, dass die Industrie in weißer oder indischer Hand blieb. Bis eben der nächste Präsident, John Magufuli (und man versteht, warum er bei vielen Tansaniern beliebt, bei Ausländern hingegen verhasst war), die Hürden herabsetzte. Heute reicht ein Fahrzeug, und die Lizenz kostet 500 US-Dollar im Jahr. Seit damals verändert sich der Markt rasant, für die einen entsteht endlich die längst überfällige bunte Vielfalt, die anderen befürchten, dass Tansania bald vom Massentourismus à la Kenia überrollt und das exquisite Safarierlebnis zerstört wird.

Die komische Sehnsucht nach den leeren Stellen auf der Landkarte, den unentdeckten, jungfräulichen Orten der Welt ist – selbst wenn Osse Greca Sinare die Schönheit der tansanischen Natur ebenso preist wie ich – etwas zutiefst Europäisches. Die Abenteuerlust der Entdecker und Naturforscher des 19. Jahrhunderts schwingt da ebenso mit wie die Sehnsucht von Menschen, deren Leben zu Hause immer genormter und durchorganisierter wurde, in Ländern, deren wilde Tiere längst erschossen sind und deren ursprüngliche Natur auf wenige geschützte Moore und Urwald-Miniaturen zusammengeschrumpft ist. Seit Hemingways *Schnee auf dem Kilimandscharo* wurde der Traum von Afrika, dem Leben in freier Natur und einer authentischen, die Anfänge der Menschheit erspürenden Erfahrung für die reisende Oberschicht und seit Grzimek für ein wohlbetuchtes Massenpublikum zur erreichbaren Urlaubsoption. Die Europäer haben im Schulterschluss mit dem Unabhängigkeitspräsidenten Nyerere in Tansania einen ganzen Industriezweig daraus gemacht, seit den 1990er-Jahren so erfolgreich, dass der Tourismus bis heute neben der Landwirtschaft und dem Bergbau der wichtigste Devisenbringer des Landes ist. Dass die Entwicklung dieses Sektors lange eine »weiße« Angelegenheit war, nimmt deshalb nicht wunder. Erstens ging es zunächst um europäische (und amerikanische) Sehnsüchte. Und zweitens waren die Europäer und Amerikaner lange Zeit die einzigen Menschen auf der Welt, die das Geld für Fernreisen hatten. Doch das ändert sich derzeit rapide.

Aber warum sieht man dann immer noch vergleichsweise wenig Tansanier in den Nationalparks? Edwin antwortet darauf mit einem einfachen Zahlenbeispiel. Ein Tagesausflug in den Tarangire-Nationalpark (der wie auch der Lake-Manyara-Nationalpark einigermaßen leicht von Arusha aus zu erreichen ist) kostet für einen Tansanier zwar nur ein Zehntel der Parkgebühren, die ausländische Gäste hinblättern müssen, doch man braucht ein Auto mit Vierradantrieb für etwa 200 US-Dollar Miete am Tag, das entspricht dem Monatslohn der meisten Einheimischen. Ein Tourguide verdiene 145 US-Dollar im Monat, er selbst würde sich als Unternehmer 350 US-Dollar bezahlen, der Mindestlohn seien 20 US-Dollar (wohlgemerkt im Monat). Trotz wachsender Mittelschicht (Osse und Edwin gehören dazu und sind doch, was Einkommen und Perspektive betrifft, höchst unterschiedlich) wird das Safarierlebnis teuer bleiben, aber dennoch nicht mehr ein exklusives Vergnügen der »weißen« Oberschicht sein. Denn zum einen wird das Angebot vielfältiger und also auch preisgünstiger, werden die Straßen – zumindest die bis zu den Parkgrenzen – besser und die Campingangebote zahlreicher. Zum anderen werden die Luxus-Lodges zunehmend ein globales, nicht unbedingt weißes Publikum ansprechen, in Afrika gibt es eine wachsende Schicht von Milliardären, auf der arabischen Halbinsel und in Asien sowieso.

M-Pesa und Silicon Dar

Selbst unter deutschen Politikern bürgert es sich langsam ein, mehr von den Chancen zu sprechen, die der afrikanische Kontinent für deutsche Unternehmen bereithält, als von Entwicklungshilfe. So wirbt die Germany Trade & Invest (GTAI) überschwänglich um Investoren und preist das Land als »dynamischen Wachstumsmarkt mit konstantem Wirtschaftswachstum und guter Sicherheitslage«. Tansania hat zwar weniger Rohstoffe als Nigeria oder Angola, aber Erdgasfunde im Süden – wie schon berichtet – lassen die Erwartungen steigen. Tansania hat – auch dies hier nur zur Rekapitulation – einen interessanten Agrarsektor, der sich gerade von einer Subsistenz-Landwirtschaft zu einer modernen Agrarökonomie mit kleinen und mittleren Bauern, Großunternehmen und Plantagen entwickelt. Tansanias Städte wachsen. Der massive Ausbau der Infrastruktur – Straßen, Elektrizität und Häfen – fällt jedem auf, der durch das Land fährt, und man kann sich unschwer ausmalen, wie viel einfacher der Handel für jedermann sein muss, seit sich das Straßennetz verbessert und man begonnen hat, Eisenbahnlinien instand zu setzen.

Und dann sind da die Sprunginnovationen, die es Afrika erlauben, ganze herkömmliche Entwicklungsphasen auszulassen. So ersetzt die lokal gewonnene Solarenergie den Ausbau teurer Stromnetze, und das Mobilfunknetz ist zu einer Art Supernetzwerk geworden, das nicht nur Kommunikationsmöglichkeiten in jedes Dorf bringt, sondern auch das herkömmliche Bankensystem ersetzt. Und zwar durch M-Pesa, ein in Kenia entwickeltes System für die Abwicklung des bargeldlosen Zahlungsverkehrs über Mobiltelefone ohne die Notwendigkeit eines regulären Bankkontos. Das milliardenschwere Unternehmen gibt es mittlerweile in zahlreichen afrikanischen Ländern (seit 2008 in Tansania), in Afghanistan, Indien, aber auch in Albanien. Es hat sich den Ruf erworben, Millionen Menschen aus der Armut befreit und insbesondere das Leben der Frauen erleichtert zu haben. Jeder in Tansania hat mittlerweile ein Smartphone, und fast überall – selbst in kleinen Dörfern – gibt es Internet (sogar in den Nationalparks, was die Notwendigkeit eines Satellitentelefons für den Notfall fast beseitigt). Innerhalb von nur zehn Jahren sei das Smartphone in Afrika von einem Luxusprodukt zu einem grundlegenden alltäglichen Gebrauchsgegenstand geworden, verkündete Präsident Paul Kagame aus Ruanda, der aus seinem Land eine Art Schweiz Afrikas gemacht hat.

Laut der Brüder Sieren entstehen derzeit nirgendwo mehr Start-ups als in Afrika, ja ganze Tech-Citys schießen aus dem Boden. Konza Technopolis außerhalb von Nairobi zum Beispiel soll auf 2000 Hektar 200 000 Jobs für gut qualifizierte Arbeitnehmer anbieten (befindet sich aber noch im Planungsstadium), dafür gibt es in der Hauptstadt Kenias mit iHub und Nailab bereits Start-up-Inkubatoren von Format. Auch in Kigali, in Ghana oder Südafrika sind ähnliche Innovations-Center bereits etabliert und ganze Tech-Citys im Entstehen. Und in Tansania?

»Natürlich gibt es auch bei uns eine Tech-Szene«, erklärt Princely Glorious, der Gründer von Ona Stories. Wir treffen ihn in Usa River, dem grünen Villenvorort von Arusha. Princely, der ursprünglich aus Moshi stammt und zur ethnischen Gruppe der Chagga gehört, hat an der berühmten Daystar-Universität in Nairobi Kommunikation und elektronische Medien studiert (der besten Uni für Medien und Kommunikation in Afrika, wie er sagt), dann im Marketingbereich diverser Firmen gearbeitet, bevor er mit Ona Stories eines der führenden Kommunikationsunternehmen in Tansania gegründet hat. Spezialisiert auf Virtual and Augmented Reality sowie 360-Grad-Live-Streaming-Events arbeitet Ona Stories für Unternehmen wie internationale Organisationen im Bereich Content-Marketing, Branding, digitales Storytelling.

»Die weißen Expats leben auf der Peninsula, der Rest in der echten Welt«, sagt er über Daressalam und meint die Business-Welt, die arabisch, indisch und tansanisch geprägt ist. Die Inder beherrschen seit Jahren den Immobilienmarkt und die Hotelindustrie (wir erinnern uns an die Familie Karimjee und deren Bedeutung seit dem Beginn des 19. Jahrhunderts für Tansania). Es gebe auch große arabisch-tansanische Unternehmen und seit einiger Zeit eben auch die Tech-Szene in Silicon Dar. Damit wir uns ein Bild machen können, empfiehlt er uns, nach Daressalam zu fahren, »und am besten geht ihr gleich zu RoboTech in die Kalenga Street«.

Also nichts wie hin. Tatsächlich entsteht in Daressalam rund um die Bagamoyo Road auf fast zehn Kilometern Länge etwas Einmaliges, nämlich ein Tech-Zentrum mitten in der Stadt, nicht eine Tech-City wie in Nairobi, Kigali oder Kapstadt. Und vielleicht ist das sogar das bessere Modell für die Schaffung von Innovations-Clustern, gewachsener, lebendiger und leichter aus dem Boden zu stampfen.

Bei RoboTech, dem, wie der Gründer Shaukatali Hussein sagt, Robotics Lab Nummer 1 in Tansania, wird an einem E-Bike gebastelt, junge Leute arbeiten im MakerSpace des Unternehmens an eigenen Prototypen, und es werden Workshops zu allen möglichen Zukunfts- und Innovationsthemen geboten. Auch bei Sahara Ventures, dem Gründerzentrum und Venture Fund hinter Silicon Dar, herrscht Aufbruchsstimmung: »Es ist nicht alltäglich, dass sich ein Technologieviertel ohne Investitionen oder politisches Engagement von selbst bildet. Die Bagamoyo Road zeigt uns, wie es geht. Alle notwendigen Komponenten, die für ein Innovationsökosystem erforderlich sind, gibt es hier.« Akademische Exzellenz, große Telekommunikationsunternehmen wie Vodacom, Tigo, Halotel und Airtel sowie Banken, die alternative Finanzierungsquellen bieten. Es gibt eine Start-up-School ebenso wie zahlreiche Start-up-Communitys, weder ein

Accelerator fehlt noch Angel Investoren. Selbst wenn die Website von Silicon Dar noch beeindruckender ist als die Realität, so entsteht hier unbestreitbar das neue Tansania.

Benötigt werden wie überall Investitionen und Bildung

»Wenn ich den ersten Scheck für ein tansanisches Unternehmen unterschreibe, wirst du mich ein ganzes Wochenende betrunken und glücklich sehen«, sagt Mbwana Alliy, der Gründer von Savannah Fund. Er ist ein typischer Seed-Investor, der derzeit in sieben afrikanischen Ländern investiert ist. In Tansania, seiner Heimat, beobachtet er einstweilen die Lage. Mbwana Alliy stammt aus der tansanischen Oberschicht. Sein Vater hatte schon ein Bauunternehmen, die Familie ist gut vernetzt, auch in der tansanischen Politik. Alliy und seine Geschwister studierten im Ausland, ohne Master sollten sie sich zu Hause gar nicht erst blicken lassen. Er ging dafür nach Stanford und anschließend zu Microsoft, wo er eine klassische Silicon-Valley-Karriere begann. Doch es zog ihn nach Hause, er litt unter Amerikas Rassismus und vermisste seine tansanische Großfamilie. Also startete er seinen mit Silicon-Valley-Geldern ausgestatteten Fonds, zuerst in Nairobi – »die wirtschaftliche Entwicklung ist in Kenia einfach 20 Jahre voraus«, sagt er –, dann verlegte er seine Firma nach Arusha.

Mbwana Alliy ist ein Beweis dafür, dass der Braindrain, der Afrika über Jahre hoch qualifizierte Arbeitskräfte gekostet hat, vorüber ist. Viele top ausgebildete Afrikaner kommen zurück in ihre Heimatländer. Denn nirgends ist es so spannend wie auf dem Schwarzen Kontinent, nirgends sind die Chancen des nahenden oder bereits stattfindenden Wirtschaftsbooms so verheißungsvoll. Mbwana Alliy könnte sich vorstellen, bald einen eigenen Agrotech-Fonds aufzulegen oder einen im Bereich Bildungstechnologie oder etwas im Gesundheitssektor zu machen. »Wir könnten die Welt ernähren«, sagt er, und man reibt sich wieder einmal die Augen. Doch Mbwana hat recht. Afrika gilt nicht nur als wichtigstes Rohstofflager der Welt, sondern auch als Nahrungsmittelreservoir. 60 Prozent der landwirtschaftlich nicht genutzten Flächen liegen in Afrika. Für Bergbauunternehmen hingegen interessiert er sich nicht – auch wenn Rohstoffe Afrikas Reichtum ausmachen. »Das ist Old Economy«, sagt er und basta.

Wo man nur hinschaut, entsteht Neues, entdeckt man Innovatives, immer ein wenig anders, als es zu den europäischen Vorstellungen von Afrika passt. Auch im Erziehungswesen tut sich viel. »Unsere Generation ist schon viel besser ausgebildet«, sagt der gerade 30-jährige Princely Glorious. »Meine Eltern waren unter den sehr wenigen, die einen Universitätsabschluss hatten. In meiner Generation hingegen kommt jeder vom College oder der Universität.« Überall entstehen private Grund- und Sekundarschulen, und selbst Leute wie Amani Laizer (wir werden ihn noch kennenlernen), der als Tourguide Wanderungen durch das Ngorongoro-Schutzgebiet organisiert, schickt seine Kinder lieber in eine solche Einrichtung als in die staatlichen Schulen. Das Schulgeld ist moderat, und dennoch musste er sich durch den Wegfall der Touristen in den Jahren der Pandemie einen Sponsor suchen. Doch Bildung ist allen in Tansania am wichtigsten.

Das ist auch das Credo der African Leadership University, 2015 vom ghanaischen Unternehmer Fred Swaniker gegründet. Er hat wie auch Mbwana Alliy in Stanford studiert und dann ein postgraduales Bildungsimperium geschaffen, mit dem er drei Millionen Führungskräfte für Afrika ausbilden will. Dafür will er 25 Campus auf dem Kontinent errichten, in Ruanda und Mauritius ist die ALU beispielsweise schon physisch vertreten, doch ihre Strahlkraft reicht längst auch bis Tansania. Erinnern Sie sich? Mejah Mbuya ist ein Studienabsolvent der ALU.

Diese extra auf die afrikanischen Bedürfnisse zugeschnittene Bildungsinstitution operiert natürlich auch online. Im Jahr der Pandemie hat die ALU ein Gründerzentrum ins Leben gerufen, um innovative Start-ups auf dem ganzen Kontinent zu unterstützen, mit dem bezeichnenden Namen: Beyond Tourism in Africa. Die Idee dahinter ist, Einkommensmodelle zu fördern, die nicht vom Tourismus abhängig sind, aber dennoch lokalen Gemeinschaften in afrikanischen Ländern ermöglichen, ihre natürlichen Ressourcen nachhaltig zu bewirtschaften. Der Einbruch des Tourismus während der Pandemie sei eine wichtige Lehre gewesen, heißt es. Etliche Start-ups haben Geld bekommen, darunter ForestPesa aus Uganda, das Blockchain-basierte Investitionen in nachhaltige Waldbewirtschaftung ermöglicht – gezahlt wird in Kryptowährung. Auch in Tansania gibt es ähnliche Ideen.

Die Wiege der Menschheit und wie es danach weiterging

Noch einmal brechen wir zu einem Roadtrip auf, wieder von Arusha aus. Dieses Mal sind nicht die Nationalparks und die dazwischenliegenden Städte unser Ziel, sondern die Berge und die tansanische Küste. Wir wollen wandern und schwimmen, zelten (es ist einfach immer anders) und in schönen alten Kolonialgebäuden übernachten, endlich – ich habe Sie bisher arg darben lassen – etwas über die tansanische Küche erfahren und vor allem etwas über die vielen verschiedenen Völker oder Ethnien, die die Kultur dieses Landes ausmachen, eines Landes, das noch dazu als die Wiege der Menschheit gilt.

Die Olduvai-Schlucht – und warum wir alle Tansanier sind

Dazu fahren wir von Arusha aus einen halben Tag, am Ngorongoro-Krater vorbei, zur Olduvai-Schlucht. Man biegt von der Straße in die Serengeti rechts ab, dort, wo manchmal ein bunter klappriger Bus hält, der sich, meist überfüllt, auf dem Weg

Richtung Loliondo und zum Natronsee befindet. Doch sollten Sie mit dem Bus zur Olduvai-Schlucht fahren wollen, müssen Sie sich an der Kreuzung auf einen längeren Fußmarsch zum Museum einstellen, was schon deshalb keinen Sinn macht, weil es dann am selben Tag nicht mehr weitergeht. Also bleibt nur der Mietwagen oder eine organisierte Tour. Wir haben unseren Toyota Landcruiser und werden nach dem Besuch der Schlucht wieder zurück zum Kraterrand fahren und von dort zu einer Wandersafari durch das Ngorongoro-Schutzgebiet aufbrechen, wo es nach dem ersten Etappenziel keine Straßen mehr gibt, weshalb Esel unser Gepäck vom Ngorongoro-Hochland hinunter zum Natronsee schleppen werden, doch davon später.

Unscheinbar und wenig verlockend ist das Schild zur Olduvai-Schlucht, die Piste scheint ins Nirgendwo zu führen. Links und rechts flache, dürre Steppe, jetzt in der Trockenzeit fast schon Wüste. Das allein war mir in all den Jahren, in denen ich Tansania bereist habe, Grund genug, diesen Ort immer links (bzw. rechts) liegen zu lassen, da nichts außer Sand und Hitze zu erwarten war sowie eine schlecht präsentierte Ausgrabungsstätte. Und die verwitterten Fußabdrücke des vor 3,7 Millionen Jahren in der Gegend lebenden *Australopithecus afarensis*, des ersten aufrecht gehenden Hominiden, sind noch 45 Kilometer weiter weg bei Laetoli – eine eigene Expedition und vor allem für Wissenschaftler interessant, die unlängst dort auch noch die Spuren eines weiteren, bisher unbekannten Vormenschen entdeckt haben.

All das war für mich – dies muss ich zu meiner Schande zugeben – bisher stets weniger verlockend als die quietschlebendigen wilden Tiere nebenan im Park. Zur Verteidigung muss gesagt werden, dass die Zeit meist knapp ist, die Äquatorsonne mit plötzlichem Untergang droht und Übernachtungsmöglichkeiten weit weg sind. Außer im Städtchen Karatu (dazu müsste man fast bis nach Arusha zurückfahren) gibt es nur teure, wenn auch wunderschön am Kraterrand mit spektakulärer Aussicht in die Caldera gelegene Lodges – oder in Ndutu ein nicht ganz so teures Safaricamp und eine alte, ehrwürdige Lodge zwischen Schirmakazien. Und doch, Sie sollten, wenn irgend möglich, den Besuch der Olduvai-Schlucht einplanen, keine Lektüre wird das Aha-Erlebnis ersetzen, das diese zu den bedeutendsten archäologischen Stätten der Welt gehörende Schlucht bereithält. Außerdem gibt es seit 2018 an der Fundstätte ein von der EU finanziertes und einem internationalen Team kuratiertes Museum (derzeit wohl das beste Museum in Tansania), wodurch der Besuch sich nun wirklich lohnt.

Gleich nach der Ankunft werden Sie – von einem freundlichen Guide begleitet – ins Amphitheater des Museums geführt, das den Blick auf die Schlucht freigibt. 90 Meter in die Tiefe reicht sie, einzelne Felsklötze ragen wie Pilze aus ihr empor, alle Verwitterungsschichten wie bei einer Schichttorte freilegend. Und dann passiert dieser Aha-Effekt. Denn in praktisch jeder Schicht hat man Menschenfunde gemacht, immer weiter zurückreichend, zwei Millionen Jahre Menschheitsgeschichte. Wie in einem riesenhaften steinernen Buch über die Evolution kann man zurückblättern bis zum 1959 von Mary Leakey entdeckten 1,8 Millionen Jahre alten frühen Hominiden, dem *Australopithecus boisei*.

Auch unser Führer weist auf diesen Fund hin, und dann – wir haben gesagt, dass wir nur wenig Zeit haben, also hat er seinen Vortrag zu einem Rap komprimiert – geht es im Schweinsgalopp über den *Homo habilis* zum *Homo erectus* und zum *Homo sapiens*, dazwischen Verweise auf das berühmte britisch-kenianische Paläoanthropologen-Forscherpaar Louis (Sie erinnern sich, er hat Jane Goodall nach Gombe geschickt) und Mary Leakey, die die Olduvai-Schlucht weltberühmt gemacht haben. Sieben Minuten für zwei Millionen Jahre, aber die Message ist unvergesslich: »Wir nennen die Schlucht die Wiege der Menschheit«, weil man alle wichtigen Entwicklungsstufen der menschlichen Evolution hier findet. Und dann die hinreißende Schlussfolgerung: »Also egal, wo ihr herkommt, ihr seid Tansanier, wir alle sind Tansanier.« Der Guide lacht uns entwaffnend an, und wir lachen zurück.

Die vielen Völker Tansanias

Dass wir alle Tansanier sind, ist ein wunderbarer Ausgangspunkt, um Ihnen die verschiedenen Völker des Landes näherzubringen, schließlich verbindet uns Europäer insgesamt genetisch tatsächlich mehr mit den Afrikanern, als wir gemeinhin annehmen. Denn 90 Prozent der genetischen Unterschiede finden sich schon in der jeweiligen Population selbst – in jedem bayrischen Dorf, wenn zwei Leute nicht miteinander verwandt sind. Unter den drei Milliarden Positionen des menschlichen Genoms gibt es hingegen kein Gen, das jeweils Asiaten, Afrikaner und Europäer unterscheidet, es gibt nicht mal eine einzige unterschiedliche Stelle im Genom. Die Varianten sind überall gleich. Wir gehören tatsächlich EINER Menschheit an, und unser Ursprung – auch wenn laufend neue Erkenntnisse um die Geburtsstunde des Menschen und seine Verbreitung über den Erdball gewonnen werden – liegt in Ostafrika. Und irgendwie ahnt man das auch. Zumindest ich spüre in der ostafrikanischen Savanne immer ein erstaunliches Gefühl von Heimat, ein Gefühl von althergebrachter Geborgenheit, eines, das vielleicht nur hier, am Ort der Wiege der Menschheit, entstehen kann.

Nach dem Besuch der Olduvai-Schlucht und des Museums kann man sich noch besser vorstellen, wie unsere Vorfahren durch diese Steppe gezogen sind. Die Landschaft, so sieht man es auch an den großen Dioramen im Museum, hat sich wenig verändert, es gab Zeiten, in denen es feuchter war, fruchtbarer, aber allmählich breitete sich die Trockensavanne aus, die noch immer so charakteristisch für weite Teile des Landes ist. Auch Elefanten, Gnus und Zebras leben hier seit den Zeiten der frühen Menschen, mit und um sie herum, die Elefanten hatten nur sehr viel größere Stoßzähne. Und bis heute gibt es in Tansania Bevölkerungsgruppen, die in ihrer Lebensweise den frühen Menschen durchaus nahekommen. So etwa die Hadza, die Datoga (Südniloten, die vor etwa 3000 Jahren aus Äthiopien eingewandert sind) oder auch die Massai, die sich gern als älteste ethnische Gruppe Tansanias bezeichnen, aber – sie sind einfach (aus mehreren Gründen) das bekannteste Volk Ostafrikas – erst im 18. Jahrhundert von Kenia in die Hochebenen der Serengeti gekommen sind.

Alle drei Volksgruppen leben im Gebiet zwischen dem Manyarasee, dem Eyasisee und der Serengeti. Die Datoga wohnen in der Region um den Oldeani-Berg und den Manyarasee. Die Hadza etwas südöstlich davon, am Eyasisee. Dieses nur noch um die 1000 bis 1300 Mitglieder zählende Volk gilt als letzter Rest der Urbevölkerung Ostafrikas, eine wegen der Klicklaute in ihrer Sprache wahrscheinlich den südafrikanischen Buschmännern verwandte Ethnie. Sie sind die letzten Jäger und Sammler – etwa 500 von ihnen leben tatsächlich noch gänzlich traditionell –, weshalb Ethnologen in ihnen eine sogenannte Modell-Ethnie für Fragestellungen der Menschheitsentwicklung und Frühmenschenforschung sehen. Einst bevölkerten sie weite Teile des Landes, dann kamen im 1. Jahrtausend vor Christus viehzüchtende Völker südkuschitischer Sprachen vom Äthiopischen Hochland und südnilotische Stämme aus dem Sudan in das Gebiet des heutigen Tansanias und verdrängten die Ureinwohner. Etwa um Christi Geburt wanderten Völker, die der Großfamilie der Bantu zugerechnet werden, aus Westafrika kommend ein und verdrängten die dort ansässigen Ethnien weiter an den Rand beziehungsweise in unzugängliche Regionen. Heute stellen die Bantu den Großteil der Bevölkerung Tansanias, ja des südlichen Afrikas. Im 18. Jahrhundert kamen dann militärisch schlagkräftige, halbnomadische Viehzüchter nilotischer Sprachen hinzu, vor allem die Massai, die um 1850 ein riesiges Gebiet zwischen

Marsabit im Norden Kenias und dem heutigen Dodoma in Zentraltansania beherrschten.

Die Hadza lieferten sich lange vor der Kolonialzeit einen Krieg mit den Massai, der auf einem durch ihre fundamentale kulturelle Verschiedenheit verursachten Missverständnis beruhte. Da die Hadza keine Vorstellung von menschlichem Eigentum an Tieren hatten, bedienten sie sich an dem neu in ihrem Lebensraum auftauchenden Weidevieh der Hirtennomaden als Beutetiere. Im Denken der Massai wiederum, in deren Leben sich alles um die ihnen von Engai, ihrem Gott, geschenkten Rinder dreht, war dies Raub, der geahndet werden musste. Die Massai gehen ja so weit, dass andere Rinderbesitzer Viehdiebe sind, hat ihnen Engai doch ALLE Rinder dieser Erde überlassen. Diese und das Land, auf dem sie grasen, für die Massai zurückzuholen, war lange Zeit die wichtigste Aufgabe der jungen Krieger (Morans), die für ihre Raubzüge oft monatelang wegblieben. Die seit Ende des 19. Jahrhunderts mindestens ebenso aggressiv vorgehenden Kolonialherren fürchteten sie und etablierten den Begriff der »kriegerischen« Massai – nicht ohne Bewunderung. Wirklich bezwingen konnten sie die Massai nie, doch die durch die Europäer eingeschleppte Rinderpest dezimierte 90 Prozent der Herden, und infolge von Hunger und Pocken starben zwei Drittel der Menschen.

Kulturtourismus-Programme bieten mittlerweile geführte Touren zu den Hadza und Datoga an, ja man kann Hadza Jäger sogar auf einen Jagdausflug begleiten. Ob diese Art des Tourismus die vom Klimawandel, mehr aber noch vom Vordringen der Zivilisation, vom Aussterben bedrohten indigenen Völker wirklich retten kann, ist diskussionswürdig. Ganz anders als die viehzüchtenden Massai – wie nachhaltig deren Lebensweise ist, werden wir auch noch zu diskutieren haben –, können die Hadza vielleicht als das einzige Volk in Tansania bezeichnet werden, das null ökologischen Fußabdruck erzeugt. Die Männer jagen nur so viel, wie sie essen können, und die Frauen sammeln Wurzeln und essbare Pflanzen in den Wäldern um den Eyasisee. Die Kinder werden von den Familien gemeinsam aufgezogen (»Um ein Kind zu erziehen, braucht es ein ganzes Dorf«, wie man in Afrika sagt), Essen und alle Güter werden geteilt. Jeder hat nur so viele Habseligkeiten, wie er auf dem Rücken tragen kann.

Neue, zu den Lebensgewohnheiten passende Einkommensmöglichkeiten für die Hadza zu kreieren, ist nicht leicht, aber Carbon Tanzania, ein Sozialunternehmen, das zertifizierte CO_2-Kompensationen verkauft, um damit Wälder zu schützen und indigenen Bevölkerungen zu helfen, hat mit den Hadza und Datoga ein von der UN preisgekröntes Programm auf die Beine gestellt. Mit dem durch CO_2-Kompensationen verdienten Geld wurden Wälder geschützt und wiederhergestellt, Erziehungsprogramme zur nachhaltigen Landnutzung aufgelegt und Ranger für den Schutz des Waldes bezahlt. Eigentlich kennen die Jäger und Sammler – wie so viele indigene Völker – das Konzept des Landbesitzes nicht, was in der modernen Welt, in der es um Eigentum und seine Vermehrung geht, leider von großem Nachteil ist. Aber dadurch, dass sie nun mit Habitat-Schutz Geld verdienen, konnten sie ihr Land als wirtschaftlichen Besitz reklamieren.

Die Massai und ihr Erfolg

Wir sind zurück zum Ngorongoro-Krater und dann am östlichen Kraterrand entlang bis zum Olmoti-Krater gefahren. Hier, neben dem Rangerposten des Ngorongoro-Schutzgebiets, schlagen wir unser erstes Camp auf, genauer gesagt ist es bereits für uns aufgebaut, als wir, hungrig und einigermaßen müde von einer Wanderung, auf den Kraterrand zurückkommen. Das Hochland ist kalt und verlangt nach Pullover und Anorak, das Lagerfeuer knistert wohlig, und an einer langen Tafel wartet schon ein

Abendessen auf uns. Dieses Mal haben wir eine Wandersafari bei einem der Kulturtourismus-Anbieter in Arusha durch das Ngorongoro-Hochland bis zum Natronsee gebucht. Kulturtourismus gilt als Alternative zum Safaritourismus, und unsere Wanderung soll uns auch in die Dörfer der Massai führen und mit ihrer Lebensweise bekannt machen. Amani Laizer, unser Guide, ist aus einem der Dörfer und wird uns drei Tage lang begleiten.

Die Landschaft hier auf 2500 Höhenmetern ist ganz anders als in den Nationalparks, viele der Bäume und Pflanzen kennt man auch aus Europa, die kristallklare Luft, über den Himmel huschende Regenwolken, dann wieder die stechende Sonne verleihen der Wanderung etwas Raues. Mindestens einmal am Tag müssen wir unsere Regenhäute über uns werfen, in der Nacht klopfen die Tropfen auf das Zeltdach, einen anderen Sound erzeugend als die Geräusche der wilden Tiere in der Savanne.

Dies alles ist Massai-Land. Als ikonisches Kriegervolk berühmt, sind die Massai so etwas wie das Symbol Afrikas. Noch heute ist den meisten zwar bestimmt das Volk der Massai bekannt, die Namen aller anderen Ethnien Tansanias aber wahrscheinlich nicht. 95 Prozent gehören zu den Bantu, darunter etwa die Sukuma, Chagga, Hehe (die wir schon kennengelernt haben). Nur fünf Prozent sind Niloten, nomadisierende Viehzüchter, die aus dem Niltal Richtung Süden kamen, darunter eben die Massai. Dass sie so bekannt sind, hat damit zu tun, dass sie rund um die weltberühmte Serengeti leben, aber auch mit ihrer archaischen Lebensweise und ihrer fotogenen Erscheinung. Und tatsächlich haben die Massai ein Kunststück fertiggebracht, nämlich einerseits ihre traditionelle Lebensweise zu erhalten und andererseits als Volksgruppe zu wachsen, etwas, was indigenen Völkern normalerweise nicht gelingt.

Am zweiten Tag zelten wir am Kraterrand des Empakaai. Wie auf einer geschlängelten Linie reihen sich die Vulkane des Hochlandes bis hinter zum Ol Doinyo Lengai, dem heiligen Berg der

Massai. Dort thront Engai, der mit Himmel und Erde verbundene Schöpfergott. Während alle anderen Vulkane, Oldeani, Ngorongoro, Olmoti und Empakaai, erloschen sind und große Calderas ausgebildet haben, ist der Ol Doinyo Lengai 2007 bis 2008 zum letzten Mal ausgebrochen. Die Bezirksverwaltung konnte die Massai in ihren Dörfern rechtzeitig warnen und davon überzeugen, das Gebiet zu verlassen. Nur ein Guide verlor beide Beine, weil der Tourist, den er führte, sensationsgierig das Schauspiel aus nächster Nähe besichtigen wollte (und unverletzt blieb), so erzählt es Amani, und am nächsten Tag wird er uns Reste der Lavaschichten in der Nähe des Berges zeigen. Der Empakaai, mit seinem 80 Meter tiefen, sechs Kilometer im Durchmesser großen See, ist von besonderer Schönheit. Durch dichten Regenwald wandern wir die 400 Meter hinunter in die Caldera, wo Flamingos vom Natronsee ihre Tagesrast einlegen und an den Ufern Rinder der Massai grasen.

Die Massai, so heißt es, sind die besten Hüter der wilden Tiere des Ngorongoro-Hochlandes, des einzigen Schutzgebiets in Tansania, das eine – wenn auch eingeschränkte – menschliche Nutzung erlaubt. Es entstand, Sie erinnern sich, als die Massai durch die Initiative von Bernhard Grzimek die Serengeti 1959 verlassen mussten. Sie wurden im Ngorongoro-Hochland angesiedelt, da sie im Gegensatz zu den meisten anderen Ethnien keine Wildtiere jagen und so als deren ideale Hüter erschienen. Das Ngorongoro-Schutzgebiet sollte als eine Art Pufferzone für die Serengeti dienen. Doch ist diese Formel auch heute noch zutreffend?

Wir sehen auf unserer Wandersafari, von einigen Zebras und Giraffen abgesehen, keine wilden Tiere. »Wo sind die Löwen, die Gazellen, die Elefanten?«, fragen wir Amani beim Abendessen. Letzte Nacht wären die Hyänen nicht allzu fern gewesen, sagt er. Und habt ihr nicht Löwen gehört, als der Regen aufhörte in der Nacht?

Dass es nur noch wenige der großen Tiere Afrikas ins Ngorongoro-Schutzgebiet verschlägt, ist jedoch eine Tatsache. Uns sind die Herden der Rinder, Schafe und Esel aufgefallen, die die grünen Hügel bevölkern. Ein weitgehend überweidetes Land. Gespräche mit Experten der Parkbehörde haben uns für das Problem sensibilisiert. »1959 gab es 8000 Massai im Schutzgebiet«, erklärte Ephraim, »heute sind es 100 000. Die Bevölkerung hat sich verzehnfacht – dass dies zuungunsten der Wildtiere geschah, muss man da gar nicht extra erwähnen.«

Als wir Amani darauf ansprechen, dass die Regierung einige Massai-Familien aus dem Schutzgebiet aussiedeln will, explodiert er förmlich. Es ist eines der heißen Eisen der tansanischen Politik, und die Querelen über Landrechte zwischen Massai und Parkbehörde reichen bis in die Anfangszeit der Serengeti zurück. Schon als den Massai 1975 die Bewirtschaftung des Ngorongoro-Kraters verboten wurde, immerhin das irdische Zuhause ihres Regengottes, war ihre traditionelle Lebensweise schwer getroffen. Erst seit den 1990er-Jahren haben die Massai zunehmend mächtigere Vertreter im In- und Ausland, sie stellten sogar zwei Premierminister, und die internationale Community positioniert sich in Petitionen (z.B. von Avaaz) gegen den Landraub und die Vertreibung der Massai. Dabei ging es 2017 hauptsächlich um die Vertreibung von etlichen Tausend Menschen aus dem Loliondo-Gebiet, welches einem Luxus-Jagdsafari-Anbieter aus den Vereinigten Arabischen Emiraten zugesprochen wurde, der dort schon seit 20 Jahren Jagdrechte besaß. Jetzt sollen mit dem Wissen der UNESCO – Ngorongoro ist UNESCO-Weltnaturerbe – weitere 80 000 Massai in den nächsten fünf Jahren abgesiedelt werden, dieses Mal liegen die Gründe in der Überbevölkerung und ihren Folgen für die ebenfalls in dem Gebiet lebende Tierwelt. Genau das, was wir bei unserer Wanderung gesehen und erlebt haben. Und doch: Wessen Rechte zählen mehr?

Am dritten Tag der Wanderung kommen wir durch Amanis Dorf, wo unsere Zelte, Rucksäcke und die gesamte Verpflegung auf Esel verladen werden, da es ab hier bis zum Natronsee keine befahrbaren Straßen mehr gibt. Das Dorf liegt inmitten der sanften grünen Hügel. Die erdfarbenen Hütten, im Halbkreis zu einer *Boma* angeordnet, sind aus Kuhdung, Lehm und Ästen gebaut und sorgen für eine fast perfekte Klimatisierung. Die leuchtenden Farben der Kleider (das traditionelle Rot, manchmal gibt es auch blaue *Kangas*, meistens sind sie kariert, immer sind die Farben satt und kräftig) unterstreichen die Eleganz der meist hünenhaften Massai. Könnte ich mich in die Einfachheit dieser traditionellen Lebensweise verlieben wie die weiße Massai, die Schweizerin Corinne Hofmann, die vier Jahre mit einem Samburu-Krieger (eine den Massai verwandte nilotische Ethnie) in Kenia verheiratet war und über ihren Lebenstraum und sein Scheitern einen Bestseller geschrieben hat?

Die Frauen des Dorfes haben ihren Schmuck auf der Wiese ausgebreitet, es ist unmöglich, ihnen nichts abzukaufen. Wir erfahren, wie ein Massai-Dorf (*Enkang*) aufgebaut ist, aus wie vielen Hütten (*Enkaji*) es zusammengesetzt ist und wo Frauen und Männer wohnen. Selbst gut ausgebildete Massai gehen zurück in ihre Dörfer, legen die traditionellen roten, blauen oder karierten *Kangas* an und unterwerfen sich den strengen gesellschaftlichen Riten und Ritualen. Die Jungen werden im Alter zwischen sieben und 14 Jahren beschnitten und damit zu Morans, Kriegern, die Mädchen erleiden (durchaus nicht alle erzwungen) die Genitalverstümmelung, um heiraten zu können. Die Massai leben polygam, nicht nur haben Männer mehrere Frauen und der Häuptling kann bis zu 30 Frauen heiraten – wenn ein Besucher in ein Massai-Dorf kommt, kann er, quasi als Gastgeschenk, eine der Frauen zur Nacht zugeteilt bekommen, ohne deren Einwilligung. Da die Massai zudem Kondome ablehnen, sind HIV-Infektionen in ihrer Community immer noch besonders stark verbreitet.

Wir fragen Amani, wie viele Kinder eine Massai-Frau normalerweise hat, und er antwortet nicht ohne Stolz, mindestens acht. Doch dann wird er unsicher, die Situation hat er sicher schon öfter erlebt. Touristen aus dem Globalen Norden, die ihm etwas über Familiengröße und Geburtenkontrolle sagen wollen. Und doch liegt genau da wahrscheinlich die Lösung des Problems. Amani schickt seine Töchter in private Grundschulen in Monduli und Arusha, weil er Bildung wichtig findet. Wenn sie es schaffen, werden sie – und das ist bei den Massai für Mädchen immer noch nicht allgemein üblich – in die Sekundarschule gehen dürfen. Der Monduli-Distrikt nördlich von Arusha ist zu einem Entwicklungsmodell geworden, hier gibt es besonders viele Privatschulen, Grundschulen und eine Sekundarschule nur für Mädchen sowie eine mit deutschem Geld finanzierte Universität. Nur wenn Mädchen nicht mehr, so wie immer noch vielfach verbreitet, mit zehn Jahren verheiratet werden und wenn sie sich in der patriarchalen Gesellschaftsordnung der Massai behaupten, einen Beruf erlernen und über die Anzahl der Kinder mitentscheiden dürfen, nur dann geht die Geburtenrate zurück. Großer Besitz von Rindern und Frauen verschafft Männern schließlich Prestige, Frauen haben davon vor allem Arbeit und Armut.

Unsere letzte Nacht verbringen wir im Acacia Camp, unter grünstämmigen Schirmakazien, sogenannten Fever Trees, die früher fälschlich – daher der Name – mit der die Malaria übertragenden Anopheles-Mücke in Verbindung gebracht wurden. Ein Schaf wird geschlachtet und am Feuer gebraten, kulinarisch ein höchst gewöhnungsbedürftiges Ereignis, für das man überdies gute, am besten messerscharfe Zähne benötigt. Jetzt, da wir um etliche Höhenmeter tiefer sind als an den Kraterrändern, befinden wir uns in »echter« Nationalpark-Landschaft, und tatsächlich werden wir des Nachts vom ohrenbetäubenden Lärm unserer in einem Kral aus Dornen untergebrachten Esel geweckt, die aus Furcht vor den nahenden Hyänen zu schreien beginnen.

Am Morgen geht es am Ol Doinyo Lengai vorbei zum Natronsee, eine der vielleicht spektakulärsten Wanderungen überhaupt. Unvergesslich, wie unten der See auftaucht und daneben wie eine Pyramide der heilige Berg der Massai. Die einen steigen bis zum Kraterrand (eine schwierige sechsstündige Wanderung, bei der man um Mitternacht aufbricht), die anderen wandern zu den Flamingos am Natronsee. Glückvolle Momente mit einer Herde Zebras, die näher kommen, dann scheu mit aufgestellten Ohren verharren, sich wieder näher trauen, dann doch zur Seite hin abbiegen, sicher ist sicher. Ein paar Giraffen, die wunderbar arrogant oder auch einfach ihrer Eleganz ergeben winzige Blättchen von dürren Akazienkronen abknabbern. Einige Trappen. Ein Kudu mit seinen typischen runden Ohren. Wegspringende Gazellen. Und in der untergehenden Sonne wieder die Rinder- und Schafherden der Massai, vollendet pittoresk auch sie vor dem aufragenden heiligen Berg Ol Doinyo Lengai.

Kilimandscharo – auf den höchsten Berg Afrikas

Na endlich, werden Sie sagen. Warum kommt der Kilimandscharo, dieses Wahrzeichen Tansanias, ja ganz Afrikas, erst jetzt dran? Natürlich hätte ich den schneebedeckten Gipfel auch an den Anfang des Buches stellen können, schließlich ist es jedes Mal unglaublich, wenn man am Äquator (die Spitze des Bergs liegt drei Grad südlich davon) Schnee, ja einen Gletscher zu Gesicht bekommt. Am eindrücklichsten ist der Blick auf den Kilimandscharo aus dem in Kenia liegenden Amboseli-Nationalpark, was immer mal wieder zu Eifersüchteleien geführt hat, liegt das Bergmassiv doch eindeutig in Tansania. Also werfen wir aus der tropischen Hitze von Moshi – am besten zu sehen ist er frühmorgens und abends – einen Blick zum verschneiten Gipfel. Außerdem zieht der Kilimandscharo jedes Jahr an die 60 000 Touristen an, gemessen an der verhältnismäßig kleinen Fläche des Kilimandscharo-Nationalparks mehr als die Serengeti, viele kommen einfach nur deshalb nach Tansania: Kilimanjaro International Airport, Moshi, dann ab auf den Berg. Immerhin erwirtschaftet der Park mehr Einnahmen als jeder andere in Tansania, und es bleibt – niemand darf ohne einheimischen Guide und etliche Träger auf den Berg – vergleichsweise viel davon bei der lokalen Bevölkerung hängen. Fünf Tage Besteigung, zwei Tage An- und Abfahrt. Der Gipfel gehört zu den Seven Summits, jener Herausforderungsliste, die für Bergsteiger so etwas wie der Nobelpreis ist.

Doch das Erlebnis Kilimandscharo ist so viel umfassender als die reine Besteigung, führt der Weg doch durch einige der schönsten Vegetationszonen Tansanias. Außerdem ist der Kilimandscharo eine Lehre in Naturschutz für Fortgeschrittene. Und auch deshalb kommt der Berg erst jetzt dran, nach den vielen Einblicken der dargestellten Reise in den Umwelt- und Tierschutz, die – so meine Hoffnung – auch bei Ihnen die Überzeugung gestärkt haben, dass Tansania so etwas wie eine Modellregion für das Problem einer ebenso ökologisch wie sozial nachhaltigen Entwicklung ist. Wie können die fantastische Flora und Fauna Tansanias geschützt und gleichzeitig den Menschen Entwicklungsperspektiven gegeben werden? Wie viele Nationalparks kann man der wachsenden Bevölkerung abverlangen, und dürfen Straßen durch sie hindurchführen oder gar riesige Staudämme (davon werden wir noch im Zusammenhang mit dem Selous-Wildschutzgebiet hören) mitten in sie hineingebaut werden? Warum ist die Mitsprache lokaler Communitys so wichtig, und wo funktioniert sie wirklich? Was sind die Antworten auf den Klimawandel, der sich gerade im Gebiet des Kilimandscharo besonders dramatisch zeigt? Und *last but not least*: Wie macht man aus alldem ein ökologisches Wachstumswunder, coole Unternehmen, neue Start-ups und Öko-Trends? Doch der Reihe nach.

Hatari und tansanisches Superfood

Auf dem Weg von Arusha zum Kilimandscharo legen wir einen Stopp in der berühmten Hatari Lodge ein. Sie liegt direkt am Momella Gate im Arusha-Nationalpark, diesem kleinen, aber lohnenden Schutzgebiet am Fuße des Mount Meru. Auch die Geschichte dieser Lodge ist speziell: Hardy Krüger, damals der Liebling des deutschen Kinos, drehte hier, auf der damaligen Momella Farm, mit John Wayne unter der Regie von Howard Hawks 1962 den Hollywoodklassiker *Hatari!*. Der Film handelt von einer Großwildstation, die für die Zoos der Welt afrikanische Wildtiere einfängt und verkauft. Und dabei verliebte sich Krüger – wie so viele Europäer vor und nach ihm – in Afrika, in Tansania und in die Gegend zwischen dem Mount Meru und dem Kilimandscharo. Er begann davon zu träumen, nach Afrika auszuwandern, eine Farm zu kaufen und sich der Sehnsucht nach Freiheit in der unberührten Natur Ostafrikas hinzugeben. Nyerere, damals gerade zum Premierminister ernannt, kam zum Abdreh nach Momella und sagte: »Dann nimm doch die Farm hier und bau ein gutes Hotel.« So entstand auf der ursprünglich von einer Deutschen, Margarete Trappe, gegründeten Farm die Hatari Lodge, die das Image Tansanias als Tourismus- und Luxussafari-Destination stärken sollte, aber erst viel später, unter den neuen Besitzern, Jörg und Marlies Gabriel, wirklich erfolgreich wurde.

Doch auch die Geschichte der eigentlichen Gründerin der Momella Farm, Margarete Trappe, ist spannend und sollte nicht unerwähnt bleiben. Die Tochter eines schlesischen Gutsbesitzers hatte denselben Traum wie Krüger und wie so viele andere, die es seit den 1880er-Jahren nach Afrika zog. Darunter auch etliche Frauen, Tania Blixen ist die wohl berühmteste von allen. Aber auch Frieda von Bülow, die etliche Jahre vor Margarete Trappe nach Sansibar und Bagamoyo ging, dort Krankenstationen aufbaute und schließlich bei Tanga allein eine Farm führte, gehört zu diesen mutigen, zupackenden Frauen. Sie alle wollten den engen Rollenmustern ihrer Herkunftsländer entfliehen und sich in Afrika ein selbstbestimmtes Leben aufbauen. Kaum eine war so mutig wie Margarete Trappe, die sich als erste Großwildjägerin Ostafrikas ihren Lebensunterhalt verdiente, die wie Denys Finch Hatton oder Tania Blixens Mann Bror von Blixen-Finecke europäische Jagdgäste auf wilde, durchaus gefährliche Safaris mitnahm und ebenso gut schoss wie die männlichen Kollegen und ebenso große Strapazen auf sich nahm.

In Bezug auf Margarete Trappe wird immer wieder betont – ebenso bei Tania Blixen –, wie groß ihr Respekt vor den Einheimischen war und wie sehr sie, die den Namen »Mutter der Massai« von ihnen erhielt, in Tansania verehrt wurde. Haben wir es also in all diesen Fällen mit der »guten« Seite des Kolonialismus zu tun? Mit Europäern, die im Land ihrer Sehnsucht nur segensreich wirken wollten? Freilich ohne sich die Frage zu stellen, ob ihnen das Land, das sie sich, nur weil es anscheinend so leer und weit wirkte, einfach unter den Nagel rissen, wirklich zustand … Margarete Trappe jedenfalls blieb – dank der britischen Staatsbürgerschaft, die sie nach dem Ersten Weltkrieg annahm – bis zu ihrem Tod 1957 in Tansania (auch wenn sie mehrfach alles verlor) und wurde hier auf ihrer Farm auch begraben.

Wir sind von den heutigen Besitzern der Hatari Lodge, Jörg und Marlies Gabriel, zum Mittagessen eingeladen. Weit geht der Blick direkt vom Esszimmer hinaus über die Ebene Richtung Meru. Auf dem Steg vor dem Haus, der als Aussichtsplattform in den Sumpf gebaut ist, haben wir Zebras, Gnus und einige Büffel gesehen. Jetzt warten wir auf das angekündigte Kweme-Menü. Ja, Sie haben richtig gelesen, Kweme! Wenn Sie sich darunter nichts vorstellen können, ist das nur allzu verständlich, auch ich war bis zu diesem unvergesslichen Mittagessen ahnungslos. Als Erstes gibt es eine Art Quiche aus Kweme-Mehl, dann köstlichen Salat aus Urtomaten mit Kweme-Öl, dann eine Ur-Auberginen-Mousse mit gerösteter Kweme und schließlich – was für eine Gaumenexplosion! – Kweme-Nutella und Zitronenkuchen aus Bambara (wilder Erdnuss).

Alles, nur DAS hatte ich mir in Tansania bisher nicht vorstellen können. Ein großartiges, auf einheimischem Superfood aufbauendes mehrgängiges Menü. Abgesehen von der Swahili-Küche, die orientalisch und vielfältig, mit den Gewürzen der Insel exotisch fremd und köstlich schmeckt und vielfach Fisch-basiert ist, ist die einheimische Küche des Festlands nämlich eher einfach, und man muss das Land schon kritiklos verehren, um *Ugali* und *Pilau* ein eigenes Kapitel zu widmen.

»Das hat natürlich auch damit zu tun, dass sich die meisten Menschen in Tansania bisher nur wenig leisten konnten«, sagt Marlies Gabriel. Und damit, dass traditionelle Lebensmittel, endemische Gemüse und Früchte sowie deren Verarbeitung in Vergessenheit geraten sind. Deshalb haben Jörg und Marlies Heritage Foods gegründet, eine NGO, die all die verlorenen Nahrungsmittel und Kochtraditionen wieder ausgraben und neu beleben möchte. Dafür machen die beiden Erkundigungstrips auf den Kariakoo-Markt in Daressalam und zu Bauern in irgendwelchen abgelegenen Ecken des Landes. Und dann verarbeiten sie alles in ihrer fantastischen Küche in der Hatari Loge zu außergewöhnlichen Menüfolgen. Außerdem wollen sie das wiederentdeckte Superfood in international vermarktbare Produkte verwandeln und mit einer Cooking School die verlorenen kulinarischen Traditionen wieder neu beleben. Doch was hat es mit dieser Kweme auf sich? Und was ist das eigentlich?

»Eines Tages kam unser Koch – er ist ein Pare aus den Usambara-Bergen – zu mir und brachte mir diese flachen, runden Nüsse. Mir waren die Mandeln zu teuer gewesen«, erzählt Marlies. Es waren Kweme, *Oysternuts*, Talerkürbisse. Sie stammen von einer bis zu 90 Zentimeter langen und 25 Zentimeter breiten Riesenfrucht, jede enthält etwa 200 Samen. Die Früchte wachsen an Schlingpflanzen, die bis in die Kronen der Urwaldbäume des Kilimandscharo-Regenwaldes und der Usambara-Berge ranken. Das klingt alles ein bisschen wie in *Jurassic Park* … Die Chagga und Pare nutzen die besonders proteinhaltigen Nüsse (30 Prozent, das erreichen nicht mal Linsen oder Kichererbsen, die in keiner veganen Superfood-Bowl fehlen dürfen) vor allem als Nahrungsmittel für stillende Mütter oder geröstet als Snack zur Belohnung der Kinder. Wie Schokolade. In der deutschen Kolonialzeit (deutsche Botaniker waren unter den eifrigsten Erforschern der ostafrikanischen Flora, etliche Pflanzen, etwa das Usambaraveilchen, verdanken ihren Namen den deutschen Wissenschaftlern) hatte man auch die *Oysternut* »entdeckt« (entdeckt in Anführungszeichen, weil sie den einheimischen Bauern ja sehr wohl schon bekannt war, wie so vieles andere), aber außer der deutschen Bezeichnung »Talerkürbis« und einer botanisch akkuraten Beschreibung ist nichts weiter daraus entstanden.

»Die Verarbeitung der Kweme ist kompliziert«, räumt Marlies ein, »deshalb wurde sie wohl bisher nicht großflächig vermarktet.« Zuerst muss man die Nüsse aus der Frucht herausbrechen und trocknen, dann die juteartige, netzförmige äußere Hülle entfernen, die Schale knacken und danach auch noch eine feine, bittere Haut von den eigentlichen Nüssen lösen. Dann erst kann man sie verwerten; rösten, zu Mehl vermahlen oder zu Öl pressen. Marlies und Jörg Gabriel experimentieren seit ein paar Jahren mit unterschiedlichen Verarbeitungstechniken. Kweme hätte das Potenzial, weltweit die Superfood-Regale zu erobern. Andererseits ist die Vorstellung, dann das neue Quinoa oder Chia zu produzieren, auch ein Handicap. »Alle diese Produkte haben, nachdem sie vom internationalen Markt entdeckt wurden, wieder zu Umweltproblemen geführt. Und wir wollen mit der Kweme ja eben genau das Gegenteil erreichen, nämlich

Umweltprobleme lösen.« Damit wären wir also bei der Quadratur des Kreises angelangt. Doch es gibt einen spannenden Ansatz, der sich mit diesem Problem befasst. Und der führt uns wieder zurück zum Kilimandscharo.

Die Kaiser-Wilhelm-Spitze

Wir fahren nach Moshi – dem Dreh- und Angelpunkt der Bergsteiger. Hier können Sie, wenn Sie Ihre Besteigung noch nicht in Deutschland arrangiert haben, diverse Kilimandscharo-Packages buchen, Ausrüstung und Kleidung kaufen, Verpflegung (die aber eigentlich von den Anbietern gestellt wird) besorgen und sich in der saubersten Stadt Tansanias, ja Ostafrikas (Moshi gewinnt in der Disziplin regelmäßig Preise) mit Gleichgesinnten in den Cafés und Pubs über die Herausforderungen des Aufstiegs unterhalten. Das Allerwichtigste dabei ist (und der Fehler, der immer wieder gemacht wird), dass man genug Zeit für den Anstieg einplant. Der höchste Berg Afrikas (der Uhuru Peak des Kibo) ist 5895 Meter hoch, das bedeutet, dass man, ohne sich ausreichend an die Höhe zu gewöhnen, an einer ausgefuchsten Höhenkrankheit leiden wird. Nur etwa die Hälfte der Touristen erreicht den Gipfel, und jedes Jahr stirbt ein gutes Dutzend an Lungen- und Hirnödemen, an Erfrierungen und Erschöpfung. Und dabei wäre der Berg ohne seine sauerstoffarme Höhe ein 34 Kilometer langer Spaziergang – alles andere als eine Gefahr für Leib und Leben.

Die Chagga, die heute gut am Tourismus verdienen, wussten dies wohl. Ohne die Entdeckerlust der Europäer hätten sie den Berg mit seinen drei Spitzen, Kibo, Mawenzi und Shira, wohl dem Gott Ruwa überlassen und seinen drei versteinerten Ehefrauen, die sie hinter den Gipfeln vermuteten. Doch dann kamen, wie gesagt, die Europäer. Zuerst ein deutscher Missionar, Geograf und Sprachforscher, Johannes Rebmann. Er bezeichnete sich – dies gilt es wirklich hervorzuheben – nicht als Entdecker und übernahm die Namen für den Berg von seinen einheimischen Begleitern. Doch der Erstbesteiger, Hans Meyer (aus der Familie stammend, die *Meyers Konversations-Lexikon* verlegte), der mit dem österreichischen Alpinisten Ludwig Purtscheller 1887 und 1888 als Erster den Berg erklomm, tat dies auch im Sinne einer Inbesitznahme durch das Deutsche Reich und seine junge Kolonie und benannte den Kibo als höchsten deutschen Berg in Kaiser-Wilhelm-Spitze um. Berghütten wurden errichtet und erhielten ebenfalls deutsche Namen, Bismarck- oder Peters-Hütte, und die Sektion Hannover des Deutschen und Österreichischen Alpenvereins plante Anfang des 20. Jahrhunderts sogar den Bau einer Alpenvereinshütte. Sie wäre auf 4900 Metern die höchstgelegene Hütte des Vereins geworden, wäre nicht der Erste Weltkrieg dazwischengekommen und dann das Ende Deutsch-Ostafrikas. Kurioserweise bemerkte man erst nach der Unabhängigkeit Tansanias in den 1960er-Jahren, dass die Spitze des Kibo immer noch nach einem längst verstorbenen und ebenso vergessenen deutschen Kaiser benannt ist – und gab ihr schnell den Namen Uhuru-Spitze (»Freiheit« auf Swahili).

Der für mich schönste Teil des Kilimandscharo ist jedoch der Regenwald, der sich bis auf 3000 Meter Höhe erstreckt, ein Ökosystem, das sich einst vom Mount Meru bei Arusha bis zum Kilimandscharo zog, ein geschlossenes Waldgebiet mit einer großartigen Vielfalt an Pflanzen und Tieren. Satellitenbilder, die die Universität von Bayreuth gemacht und ausgewertet hat, zeigen jedoch ein erschreckendes Bild. Der Wald hat sich immer stärker zurückgezogen, die Verbindung zum Meru ist komplett verschwunden, der Kilimandscharo zu einem isolierten Waldgebiet geworden – mit Konsequenzen für die Lebenswelt der Tiere, die Korridore in andere Gebiete zum Überleben brauchen, insbesondere die wenigen Elefanten, die es hier noch gibt. Und mit Folgen für die Biodiversität. Der Grund für die alarmierende Situation ist die kontinuierliche Abholzung des Regenwaldes zur Landgewinnung einer der am dichtesten besiedelten Regionen Tansanias und einer zunehmend industrialisierten Landwirtschaft.

Doch der Regenwald ist nicht nur ein Rückzugsort für Elefanten, Büffel, Leoparden, Affen und Hyänen, auch wenn man sie selbst auf den wenig frequentierten Aufstiegswegen, etwa der Lemosho-Route, kaum zu Gesicht bekommt (auf der nach dem Abfall benannten Coca-Cola- bzw. Marangu-Route sowieso nicht). Außerdem ist der Regenwald nicht nur ein riesiger CO_2-Speicher, sondern auch der Garant dafür, dass es im Tal Wasser gibt. Die Eisschicht des Kibo ist in den letzten 100 Jahren um fast 90 Prozent zurückgegangen (eine Folge langfristiger Klimaveränderungen und der Erwärmung des Indischen Ozeans), weshalb es weniger Schmelzwasser gibt. Doch auch der Wald ist ein wichtiger Wasserspeicher – und dessen Erhalt haben wir Menschen in der Hand.

Die Chagga-Homegardens und die wundersame Kweme

Wir wandern durch dichtes Grün, Urwaldriesen, dichtes Unterholz, und auf einmal sehen wir sie, die Kweme mit ihren riesenhaften Früchten, wie sie sich als überdimensioniert große Liane bis in die Baumkronen hinaufschlängelt. Die in der Kilimandscharo-Region lebenden Chagga betreiben eine eigene, an die Bergwälder angepasste, traditionelle Form der Landwirtschaft, und zwar in Schichten, auch Homegardens genannt. Denn ein gut organisierter Wald kann alles bieten, was man zum Leben braucht: frisches sauberes Wasser, Nahrung, Medizin, Futter für die Tiere, Baustoffe und Energie. Dabei wachsen Kartoffeln und Erdnüsse in der Knollenschicht, Bohnen und Kürbisse in der Krautschicht, Kaffee auf der Ebene der Sträucher, dazu Bananen und Papayas, und in den Kronen der Urwaldbäume eben die Kweme.

Wenn also die Urwaldriesen – deren Holz gefragt ist, weshalb sie gefällt werden – als Träger der Kweme Einkommen generieren würden, dann, so das Kalkül von Marlies Gabriel, könnte man die Bäume schützen und gleichzeitig ein gewinnbringendes Geschäft mit ihnen machen. Und wenn der Wald erhalten bliebe, würde er auch Schutz für Elefanten bieten, die in der Kilimandscharo-Region fast ausgerottet sind. Ein genialer Ansatz, der Habitatschutz und wirtschaftliche Erschließung für die lokale Bevölkerung unter einen Hut bringen könnte. Außerdem trägt der Ansatz dazu bei, die Biodiversität Tansanias zu erhalten und zu schützen. Da das Land bisher überwiegend von Kleinbauern bewirtschaftet wurde (und immer noch wird), die ihr Saatgut meist selbst erzeugen oder es mit anderen Bauern tauschen, anstatt es von großen Konzernen zu kaufen, hat sich in Tansania eine sehr viel größere genetische Vielfalt mit regional angepassten Pflanzensorten erhalten als in vielen anderen Regionen der Welt. Tansania ist eine Art Datenbank der Biodiversität – und Initiativen wie Heritage Foods tragen dazu bei, dass dies so bleibt. Wenn man zu alldem noch die vielen Aufforstungsprojekte rund um den Kilimandscharo hinzuzählte, ergäben all die großartigen Initiativen vielleicht wirklich so etwas wie eine Modellregion einer sozial und ökologisch nachhaltigen Entwicklung.

Die lange Festlandküste Tansanias ist noch immer ein Geheimtipp

Jetzt, nach all den Nationalparks, den Roadtrips durch das Land, den boomenden Städten mit ihrem zunehmend modernen Großstadtleben, nach Kilimandscharo und Ol Doinyo Lengai müssen wir endlich wieder an die Küste. Auch für weiße Sandstrände, Liegestühle unter Palmen, Schnorcheln im warmen kristallklaren Wasser des Indischen Ozeans ist Tansania schließlich berühmt. Doch während die meisten Touristen ihren Safariurlaub in einem All-inclusive-Hotel an der Nordküste Sansibars beschließen, will ich Sie lieber an die 1400 Kilometer lange Festlandküste Tansanias entführen (und natürlich geht es danach noch nach Stone Town, jene märchenhafte Altstadt von Sansibar). Aber die Festlandküste ist immer noch ein Geheimtipp, sie bietet auf weiten Strecken unberührte Strände, kleine, im Grün des Küstenstreifens versteckte Bungalow-Hotels, alle Aktivitäten rund um das Meer und einige der wichtigsten kulturellen Stätten Tansanias, deren absoluter Höhepunkt die Ruinen von Kilwa sind.

Tanga – verschlafen und doch voller Entdeckungen

Beginnen wir in Tanga, der viertgrößten Stadt des Landes, einem verschlafenen Provinznest mit historischem Charme an der Grenze zu Kenia. Die Stadt steht für den kurzen Sisalboom, der Tansania in der deutschen Kolonialzeit erfasste und am Anfang der Unabhängigkeit zum weltweit führenden Produzenten und Exporteur dieser Naturfaser machte. Dann, nachdem auch diese Industrie durch die Verstaatlichung zusammenbrach (Nyerere sollte die Verstaatlichung 1986 als Fehler eingestehen), überholten andere Exportländer Tansania. Nach der Reprivatisierung ist Tansania heute wieder der weltweit zweitgrößte Produzent hinter Brasilien, auch wenn die Faser in vielen Einsatzgebieten durch Plastik ersetzt wurde.

Der deutsche Botaniker Richard Hindorf führte das aus Mexiko stammende Sisal 1893 in Ostafrika ein, indem er die Agavenpflanze aus Florida importierte und damit das mexikanische Monopol umging. Im biologisch-landwirtschaftlichen Institut Amani wurden die 65 Pflänzchen, die die Überquerung des Atlantiks überlebt hatten, aufgepäppelt und für den Plantagenanbau vermehrt. In dem nach der Gründung bald weltberühmten Botanischen Institut forschte Franz Stuhlmann an Chinarindenbäumen, die zur Herstellung von Chinin gegen Malaria Verwendung finden sollten, oder Robert Koch an der Schlafkrankheit. Albrecht Zimmermann, ein Spezialist des Kaffeeanbaus, wurde um 1900 Direktor und das Institut Amani für alle Kolonialmächte in Afrika (Deutschland, Spanien, Belgien, Frankreich, Italien, Portugal und England) zum Mittelpunkt botanischer und landwirtschaftlicher Untersuchungen. Alle Mikroskope wurden von Carl Zeiss in Jena geliefert, man betrieb Düngemittelforschung ebenso wie man einheimische Gift- und Medizinpflanzen studierte. Außerdem entdeckte hier Walter von Saint Paul-Illaire, damals Bezirksamtmann in Tanga, das Usambaraveilchen und schickte es zu seinem Vater in den botanischen Garten von Hannover, von wo es seinen Siegeszug als Zierpflanze in die Vorgärten und Pflanzentöpfe der Welt antrat.

Seit 1997 ist das Institut Amani mit seinem botanischen Garten am Fuße der Berge als Biosphärenreservat unter Schutz gestellt, ein lohnender Ausflug ganz in der Nähe von Tanga in den Usambara-Bergen. Bei einem Spaziergang durch den tropischen Regenwalddschungel könnten Sie – vorausgesetzt, Sie sind selbst Botaniker und bringen viel Zeit mit – immer noch ungefähr 3000 Pflanzen aus aller Welt ausfindig machen und dann hoffentlich gattungsgerecht zuordnen.

Durch den Sisalboom – man produzierte damals vor allem Seile für die Landwirtschaft aus den Fasern – konnten die Deutschen Tanga zur wohlhabenden Provinzstadt mit großem natürlichem Hafen ausbauen. Bald gab es auch eine Eisenbahnlinie, die Moshi und den Kilimandscharo mit der Küste verband. Noch heute kann man sich gut vorstellen, wie das koloniale Leben sich hier abspielte, wenn man durch die schachbrettartig angelegte Stadt wandert; wie deutsche Kolonialbeamte in ihren weißen, stets sauberen Uniformen (so zumindest wirken sie auf den alten Fotos, und man staunt, dass alles immer so akkurat saß) mit Stiefeln, die unsereins in der Hitze weit von sich schleudern würde, und den stets etwas lächerlich wirkenden Tropenhelmen, die immerhin einen wichtigen Zweck erfüllten, sich hier einrichteten. Wären Sie als Frau in die damalige Kolonie gegangen (so wie Margarete Trappe oder Frieda von Bülow), hätten Sie, zumindest wenn Sie keine eigene Farm bewirtschaftet hätten, bodenlange, vor allem aber hochgeschlossene, ebenfalls weiße Kleider getragen und einen Sonnenschirm anmutig über Ihrem Haupt tänzeln lassen.

Ein Stadtspaziergang führt Sie an vielen Kolonialbauten vorbei, Sie können das Urithi (Heritage) Tanga Museum in der *Boma* besichtigen, wo Saint Paul-Illaire seine Amtsräume hatte. Der Verein hat sich dem Erhalt des kulturellen Erbes der Stadt verschrieben und versucht, Gelder für weitere Restaurierungsprojekte zusammenzutragen, was schon allein angesichts der schieren Masse an Kolonialbauten – auch die Häuser der indischen Händler, die in Tanga ein besonders geschlossenes Stadtbild ergeben, sind zumeist in einem schlechten Zustand – ein mutiges Unterfangen ist.

Etwas außerhalb des Zentrums steht auch noch das 1895 erbaute Cliff Block, damals das erste große Krankenhaus in ganz Deutsch-Ostafrika. Bis in die 1980er-Jahre war es als Teil des Bombo Regional Hospital in Verwendung, seither verfällt es. Doch selbst in den 1990er-Jahren war die Substanz noch intakt, und es gab mehrere Angebote vonseiten der deutschen Bundesregierung, die Restaurierungskosten für dieses architektonisch wertvolle Gebäude zu übernehmen. Doch die tansanische Regierung bevorzugte weitere Neubauten. Heute platzt das Bombo Regional Hospital wieder aus allen Nähten, und es würde Sinn machen, seine Bettenkapazität auf den alten Cliff Block auszuweiten und ihn damit einer Renovierung zuzuführen.

Und dann gibt es auch noch viele Gräber, die an die Geschichte der deutschen Kolonialbeamten und Siedler erinnern, die oft jung an Malaria starben oder neben einer großen Zahl an Askaris Opfer eines der blutigsten Kapitel Deutsch-Ostafrikas wurden: der militärgeschichtlich berühmten »Schlacht von Tanga« vom 2. bis zum 4. November 1914, bei der die an Soldaten weit unterlegene deutsche Schutztruppe unter Paul von Lettow-Vorbeck die Briten vernichtend schlug. Zur Erinnerung an diese Schlacht wurden in deutschen Städten Straßen nach Tanga und Lettow-Vorbeck benannt. Erst seit 2014 wurde dies rückgängig gemacht – teilweise nach heftigen Diskussionen. Eine für Deutschland längst überfällige Dekolonisierung.

Badeurlaub mit oder ohne Quastenflosser

Ich habe Ihnen ja (endlich) einen Badeurlaub versprochen, und schon wieder schleife ich Sie durch eine Stadt und entführe Sie in die Geschichte des Landes. Dabei ist Tanga auch noch für ein ganz besonderes Meerestier, den Quastenflosser, berühmt, dieses lebende Fossil, das nur in großer Tiefe überlebt und als Beifang nicht mal für eine Fischsuppe taugt. Wissenschaftlich sind die Tiere jedoch von umso größerem Wert, da sie aus einer Erdepoche stammen, in der die Fische die Meere verließen und zu Landtieren wurden, was man dem Quastenflosser als Urahn der Amphibien auch noch irgendwie ansieht. Sibylle Riedmiller hat sich der Quastenflosser von Tanga angenommen, ja sogar einen Marinepark zu ihrem Schutz initiiert. Kein einfaches Unterfangen, denn anders als die Walhaie gehören die Quastenflosser zwar ebenfalls geschützt, aber man kann mit ihnen nicht schwimmen und sie auch nur mittels Webkameras beobachten, die in der Tiefe vor den Höhlen der Tiere postiert werden. Umso größer ist ihr Verdienst um den Erhalt dieser Dinosaurier der Meere.

Tatsächlich gibt es aber nördlich von Tanga einen wunderschönen Strandabschnitt, gänzlich unberührt und für unser Badevorhaben absolut perfekt. Inmitten der gezackten, von Mangroven bewachsenen Küste liegt dazu noch ein hinreißendes Strandhotel, das Fish Eagle Point. Die Besitzer sind vor Jahren aus Simbabwe vertrieben worden und haben sich in diesen Landstrich verliebt und ein ebenso schönes wie erstaunlich erschwingliches Hotel samt sozialem Engagement in der sie umgebenden Community aufgebaut. Wer nicht einfach nur in der Hängematte die Seele baumeln lassen oder in seinem auf Stelzen ins Wasser gebauten Bungalow lesen und aufs Meer schauen will, der kann zu einer absolut einmaligen Schnorcheltour in die Mangroven aufbrechen. Nur bei Flut kann man in den engen

Kanal hineinschwimmen und wird mit einer ganz eigenen Korallenlandschaft konfrontiert, direkt unter der Wasseroberfläche, schillernd bunt und vielfältig. Und wenn die Ebbe das Wasser aus dem Kanal zu ziehen beginnt, wird man einfach nach draußen in die herrliche Bucht gespült.

Auch südlich von Tanga gibt es zwischen Pangani (hier brach 1888 der Aufstand der Küstenbewohner gegen die Deutschen aus) und dem kleinen Nationalpark Saadani (er reicht bis an den Ozean, und angeblich sieht man manchmal Elefanten im Meer stehen und ein kühles Bad nehmen) wunderschöne, vor allem immer noch ziemlich einsame und fast touristenleere Strände, etwas, was in einem Land, das sich dem Ausbau des Tourismus in die heute noch wenig entdeckten Landesteile verschrieben hat, mehr Sterne verdient als jedes noch so fantastische Luxushotel. Ohnehin brauchen Sie in dieser Welt aus Sand und Meer fast nichts – eine Hütte aus Bananenblättern oder ein Zelt (nicht ganz so luftig), eine Strandbar mit kühlenden und am Abend gegebenenfalls erheiternden Getränken, ein paar Liegestühle im Schatten, wo man einerseits dem Meeresrauschen und andererseits dem Rascheln der Kokospalmblätter zuhören kann. Ein Buch vielleicht. Und dann, wenn die Sonne schon tief steht und die Hitze des Tages nachgelassen hat, brechen Sie zu endlosen Strandspaziergängen durch den weißen Sand auf, an kleinen Fischerdörfern vorbei, Muscheln sammelnd und das Salz des Meerwassers auf der Haut spürend. In einer dieser Unterkünfte wohnten wir einmal in einem Strandbungalow aus Ästen, auf denen sich abends auch Meerkatzen zur wohlverdienten Ruhe niederließen. In einer anderen konnte man sich klapprige Fahrräder ausleihen und damit bei Ebbe den endlosen Strand entlangfahren. Überall gibt es herrlichen frisch gefangenen Fisch auf dem Grill und tropische Früchte.

Während eine Safari immer ein Abenteuer, immer eine Art Jagderlebnis ist, selbst wenn man sich bloß mit einer Fotokamera bewaffnet, so gibt es wohl nichts Erholsameres als einen Urlaub am Indischen Ozean, von Wind und Lufttemperatur zum Slowdown verdammt, vom Blau des Meeres, dem Licht und dem Wechsel der Gezeiten sanft zur Betrachtung aufgefordert und gleichzeitig durch Schwimmen und Schnorcheln von der gänzlichen Untätigkeit verschont.

Bagamoyo – verdichtete Geschichte

Und doch, wir müssen weiter, denn ich will Ihnen ja die ganze Festlandküste näherbringen, die Strände, aber auch all das andere, das sie zu bieten hat. Den Abstecher in den Saadani brauchen Sie nur dann zu erwägen, wenn Sie nicht sowieso schon in mindestens einem der großartigeren Nationalparks im Norden oder Süden des Landes gewesen sind. Im Saadani sieht man immer noch recht wenig Wild, was eigentlich nicht mehr daran liegen kann, dass dieser Park noch relativ jung ist. Denn auch Nationalparks sind eine geformte Landschaft. Wenn sie erst einmal etabliert sind, müssen Wegenetze geschaffen und die Tiere an die Wasserlöcher in der Nähe der Wege gewöhnt werden. Erst dann ist der Park das wilde Paradies, als welches er seinen Besuchern erscheint. Wenn Sie mit dem Auto die Küste entlangfahren (und ehrlich gesagt, es gibt keine andere Möglichkeit, es sei denn, Sie stehen auf Fahrradtouren in der Hitze), müssen Sie jedoch ohnehin den Park an der Küste durchqueren (gegen eine Gebühr von etwa 20 US-Dollar pro Person und noch einmal so viel für das Auto) und dann via Kisauke Richtung Bagamoyo fahren.

Das einige Jahre als Hauptstadt Deutsch-Ostafrikas fungierende Bagamoyo hat eine bis ins 9. Jahrhundert zurückreichende Geschichte, als der Ort von Schirasi-Händlern gegründet wurde. Ab dem 18. Jahrhundert kamen die Karawanen aus dem Landesinneren, aus Ujiji am Tanganjikasee, mit ihren Waren in Bagamoyo an. Elfenbein und Sklaven wurden auf Daus verladen und nach Sansibar verschifft. Daher auch der Name »Bagamoyo«, was auf Swahili »Leg dein Herz nieder« heißt, weil die Sklaven, die auf Daus nach Sansibar verschleppt wurden, ihre Heimat niemals wiedersahen. So wurde die alte arabische Siedlung reich. In den 1860er-Jahren war die Sklaverei auf ihrem Höhepunkt angelangt. Hunderttausende Afrikaner wurden versklavt, viele davon kamen durch Bagamoyo, wo die katholischen Spiritaner-Missionare ihr erstes Missionshaus in Ostafrika gegründet hatten. Sie kauften so viele Sklaven wie nur möglich frei und siedelten sie in einem sogenannten christlichen Freidorf an. All das kann man in dem gut gestalteten Missionsmuseum nachvollziehen.

In keiner anderen Stadt Ostafrikas liegen die alten Zeugnisse des Islam und der christlichen Missionierung, der Sklaverei und des Kolonialismus, aber auch Spuren der großen europäischen Entdecker so dicht beisammen wie in Bagamoyo. Von hier brachen beispielsweise Richard Francis Burton und John Hanning Speke zur Entdeckung der Nilquellen ins Landesinnere auf. Und Emin Pascha, der deutsche Afrikaforscher, der eigentlich Eduard Schnitzer hieß, stürzte beim Willkommensempfang der Deutsch-Ostafrikanischen Gesellschaft im Liku-Haus versehentlich rückwärts aus dem Fenster im ersten Stock und verletzte sich schwer (das ursprünglich von einem indischen Händler gebaute Haus kann man bei einem Stadtrundgang noch sehen).

Nach der Unabhängigkeit Tansanias war Bagamoyo viele Jahre ein verschlafener Fischerort. Heute hofft man auf eine rasche Entwicklung im Windschatten der sich ausbreitenden Millionenstadt Daressalam; durch den von den Chinesen geplanten Containerhafen südlich der Stadt (auch wenn der Standort von vielen kritisiert wird), durch den bereits begonnenen Ausbau einer Küstenstraße von Daressalam über Bagamoyo, den Saadani-Nationalpark, Pangani und Tanga bis nach Mombasa in Kenia (heute ist diese Strecke immer noch zum Großteil eine holprige Piste), und natürlich durch Tourismus. Bagamoyo beherbergt seit Jahren das Bagamoyo College of Arts (TASUBA), die einzige staatliche Kunsthochschule Ostafrikas. Sie organisiert jährlich Ende September ein internationales Kunstfestival, das »Bagamoyo Festival of Arts and Culture«. Es konzentriert sich hauptsächlich auf die Musik Ostafrikas, darunter Afro-Jazz, Bongo Flava, Reggae, African Fusion und Taarab. Und es hat Tänzer und Akrobaten hervorgebracht, die an den großen internationalen Shows wie etwa »Afrika! Afrika!« von André Heller mitwirkten.

Der Julius-Nyerere-Damm und die Umweltschutzdebatten

Daressalam lassen wir auf diesem Roadtrip entlang der tansanischen Küste Richtung Süden links liegen. Wir umfahren die Metropole großräumig und erreichen nach etwa vier Stunden eine der längsten Brücken in Afrika. Auf fast einem Kilometer führt sie über den Rufiji-Fluss, der weiter im Inland durch die Vereinigung des Kilombero- und des Luwegu-Flusses entsteht und östlich der großen Brücke, exakt gegenüber der Insel Mafia, in den Indischen Ozean mündet. Sein großes Delta beherbergt einen der größten Mangrovenwälder der Welt und ist damit ein wichtiges Habitat für Millionen junger Fische.

200 Kilometer flussaufwärts befindet sich eines der am heftigsten diskutierten Infrastrukturprojekte Tansanias, wenn nicht des Kontinents – ein Staudamm mitten im größten Wildtierschutzgebiet Afrikas, dem Selous Game Reserve. Der Rufiji fließt hier durch die Stiegler-Schlucht, benannt nach einem Tiefbauingenieur vom bayrischen Ammersee, der 1908 bei einer Expedition von einem angeschossenen Elefanten getötet wurde. Die Schlucht ist 100 Meter tief und acht Kilometer lang. In den vergangenen Jahren wurde dort einer der größten Staudämme

Afrikas, der Julius-Nyerere-Damm, gebaut. Schon liefert das Wasserkraftwerk Strom, 2027, wenn seine Kapazität voll ausgeschöpft sein soll, werde hier mehr Energie produziert, als Tansania derzeit verbrauche, heißt es voller Stolz.

Die Pläne für einen großen Staudamm gehen bis in die Anfangsjahre des unabhängigen Tansania zurück. In den 1980er-Jahren wurden sie konkreter, aber die Weltbank und andere Geber lehnten die Finanzierung mit dem Hinweis auf den für das Kraftwerk vorgesehenen Ort, mitten im 1982 zum UNESCO-Weltnaturerbe erklärten Selous-Wildschutzgebiet, ab. 2018 hat dann der tansanische Staat selbst die Umsetzung in die Hand genommen und zur Abwechslung mit ägyptischen Bauunternehmern dieses Mega-Infrastrukturprojekt realisiert. Doch die alarmierten und mahnenden Umweltschützer verstummen nicht. Sie befürchten, dass der gigantische Stausee nicht nur den Lebensraum der Wildtiere des Selous zerstört und wichtige Migrationsrouten der Tiere überschwemmen und durchtrennen werde. Das gesamte sensible Ökosystem des Rufiji-Deltas, das je nach Jahreszeit entweder überschwemmt werden oder trockenfallen muss, um zu funktionieren, stehe auf dem Spiel. Außerdem kämen durch den Damm wichtige Nährstoffe und Sedimente des Flusses nicht mehr bis ins Delta und in die dortigen Mangrovenwälder, was noch unabsehbare Folgen für die Fischbestände haben werde.

Doch es gibt auch Befürworter des Stausees und nicht wenige, die den Umweltschützern Kolonialismus vorwerfen. Sie würden Tansania als rückständiges Naturparadies für ausländische Touristen festschreiben und das Land entwicklungspolitisch bevormunden wollen. »Wie soll denn der im privaten und wirtschaftlichen Bereich enorm angewachsene Strombedarf unseres Landes gedeckt werden, wenn wir aus Gründen des Umweltschutzes weder ein Wasserkraftwerk im Selous noch eine Rohölleitung durch Nordtansania oder Kohlekraftwerke in Südtansania bauen dürfen?«, fragte ein namhafter Befürworter des Staudamms in einer lokalen Zeitung. Dazu muss man wissen, dass Staudämme in dieser Größe derzeit auf dem ganzen afrikanischen Kontinent geplant sind oder sich bereits im Bau befinden, darunter die Inga-Staudämme im Kongo, die noch viel größer als der chinesische Drei-Schluchten-Damm werden sollen. Afrika boomt und braucht Energie.

»Ganz ehrlich«, sagte schon Carel Verhoef, als wir in der Serengeti am Lagerfeuer unweigerlich auf das Thema Selous zu sprechen kamen, »der Selous ist so groß wie die Schweiz. Und wie viele Staudämme hat die Schweiz? Wasserkraft ist die sauberste Energie.« Auch die Tiere, so meinte er, würden sich schon daran gewöhnen. Im neuen Nyerere-Nationalpark (der nördliche Teil des Selous wurde 2019 abgetrennt und zu einem eigenen Nationalpark erklärt) haben sie schließlich mehr Platz als in den meisten Parks Afrikas. Mit 31 000 Quadratkilometern ist er heute der größte Nationalpark Tansanias und eines der größten Naturschutzgebiete der Welt. Und doch bleibt das Kraftwerk ein Stein des Anstoßes, es hat weder eine ökologische noch eine ökonomische Machbarkeitsstudie gegeben, und ob große Staudammprojekte die Probleme des sich entwickelnden Kontinentes sinnvoll lösen können, ist ebenso mehr als fraglich. Denn Tansania ist wie geschaffen für dezentrale erneuerbare Energien. Und es hat dadurch die Chance, die heute oft als problematisch angesehene Phase der (vom Globalen Norden durchlaufenen) Industrialisierung zu überspringen.

Maji – das Wasser, das nicht schützte

Auch der von den deutschen Kolonialherren gegen die einheimische Bevölkerung 1905 bis 1907 geführte Maji-Maji-Krieg ist hier verortet und breitete sich vom Rufiji-Gebiet auf den ganzen Süden Tansanias aus. Er verschuldete, dass der Südosten Tansanias nahezu entvölkert wurde. Der Maji-Maji-Aufstand, bei dem ein Heiler aus dem Rufiji-Gebiet den Kriegern mehrerer Stämme, die ihr Land gegen das Willkürsystem der Kolonialherren verteidigen wollten, *maji*, Wasser, das vor Verwundung schützen sollte, versprochen hatte, sollte als die verlustreichste Erhebung der einheimischen Bevölkerung gegen die Kolonialherren und als einer der größten Kolonialkriege Afrikas in die Geschichte eingehen. Das Vertrauen in die Medizin verlor sich angesichts der vielen Toten, die vom Maschinengewehrfeuer der Deutschen niedergemetzelt worden waren, und nach der verheerenden Niederlage erinnerte man sich an Kinjikitele, den Heiler, als einen unlauteren Medizinmann, dessen Betrug die Menschen in eine Katastrophe geführt hatte. Doch nicht nur die Kämpfe, auch die in der Folge der deutschen Strategie der verbrannten Erde ausgebrochene Hungersnot raffte ein Drittel der Bevölkerung Deutsch-Ostafrikas dahin.

Die Kriegsbeute aus dem Maji-Maji-Aufstand ist Teil der vor einiger Zeit begonnenen umfassenden deutsch-tansanischen Aufarbeitung der Kolonialzeit, bei der es nicht nur um die Rückgabe von Objekten, sondern auch um gemeinsame Ausstellungen und vor allem auch um einen für alle fruchtbaren Dialog, ein Aufarbeiten der Vergangenheit, gehen soll.

Kilwa – eine der schönsten Ruinenstädte der Welt

Wir setzen unsere Reise fort, wir wollen nach Kilwa, zu einer der wichtigsten historischen Sehenswürdigkeiten des Landes und dennoch immer noch einer der am spärlichsten besuchten. In der wunderschönen Bucht von Kilwa Masoko findet sich das kleine Beachhotel The Slow Leopard, das eine wichtige Lücke in Tansanias Tourismusangebot füllt, nämlich die der super preiswerten und dennoch stylishen Backpacker-Unterkünfte. Seit Jahren will ich hierher, immer war Kilwa zu weit weg, zu abgelegen, zu schwer in die zwei Wochen Safari-und-Strand-Urlaub zu integrieren. Diesmal aber stand es ganz oben auf meiner Liste der Must-see-Orte und sollte sich als überaus lohnend erweisen.

Einen ganzen Tag dauert die geführte Tour mit dem geruhsam dahingleitenden Ausflugsboot von Kilwa Masoko am Festland, wo die wenigen Touristenunterkünfte liegen, nach Kilwa Kisiwani, dem eigentlichen, auf einer Insel gelegenen historischen Ort, und nach Songa Mnara, dem zweiten, auf einer weiteren Insel befindlichen Standort des mittelalterlichen Swahili-Stadtstaats Kilwa. Die wunderschöne Bucht und die vorgelagerten Inseln, die Mangrovenlandschaft und dahinter die altertümlichen Ruinen, kleine Fischerboote und verschlafene Dörfer, alles touristisch noch immer so gut wie unentdeckt, vermitteln ein einzigartiges Erlebnis im langsam dahinfließenden Rhythmus der Subtropen.

Wir waten durch das warme knietiefe Wasser ans Ufer der Insel Kilwa Kisiwani. Schon von Weitem sieht man das portugiesische Fort, wie in allen alten Häfen der Küste, ob in Stone Town, Mombasa oder Lamu. Francisco de Almeida eroberte die Stadt 1505 für die Portugiesen und ihr koloniales Weltreich, und obwohl er von der architektonischen Fortschrittlichkeit der mehrstöckigen Steinhäuser beeindruckt war, zerstörte er Kilwa und baute, angeblich in nur 16 Tagen, das Fort. Da war Kilwas Hochblüte schon vorbei. Sie hatte um 1000 angefangen, als Schirasi aus Persien die Küsten Ostafrikas besiedelten und Handelsstützpunkte eröffneten, aus denen sagenumwobene Städte wurden, Städte so reich und so wohlhabend, dass ihr Ruf in die ganze damalige Welt ausstrahlte. Sie zogen nicht nur Handelsleute von weither an, sondern auch Weltenbummler, wie etwa den islamischen Reisenden Ibn Battuta, der von Kilwa sagte, sie sei eine der schönsten Städte der Welt.

Was für eine großartige Stadt muss das gewesen sein! Wir wandern durch das Husuni Kubwa, den größten Palastkomplex Subsahara-Afrikas im 14. Jahrhundert, und durch die immer noch unglaublich beeindruckende Große Moschee, mit deren

Bau schon um 1000 begonnen worden war. Vor meinem geistigen Auge sehe ich die reichen Kaufleute, die – nachdem sie ihre Städte in Indien, Persien und im Jemen verlassen hatten, um mit dem Nordmonsun gegen Süden zu segeln – ihre Waren ausladen. Gewürze, Parfüm, Stoffe und chinesisches Porzellan. Sie blieben einige Monate, bevor sie ihre Daus mit Elfenbein, Schildkrötenpanzern, Leopardenhäuten, Kupfer und Gold beluden und wieder nach Hause fuhren. Manche freilich blieben auch für immer und vermischten sich mit der Bevölkerung. Kilwa, die wichtigste Stadt im Süden der Swahili-Küste, war insbesondere durch den Handel mit Gold aus Simbabwe reich geworden, seit es seine Kontrolle auf Sofala im heutigen Mosambik ausgeweitet hatte. Ibn Battuta beschreibt, wie luxuriös die Menschen hier lebten, die Frauen reich behängt mit Schmuck, die Häuser voller Perserteppiche und Glasschüsseln aus Syrien.

Nach einer kurzen Abkühlung im Ozean und einem Picknick an Bord fahren wir weiter nach Songa Mnara, das in der zweiten Blütezeit Kilwas im 14. Jahrhundert zu einer prächtigen Anlage ausgebaut wurde, mit seinem Palast, den fünf Moscheen und über 30 Häusern. Vom Ufer der Insel sieht man praktisch nichts davon, während einige Bootsbauer hier im Sand ihre Schiffe wie vor 1000 Jahren reparieren. Wir waten auf kleinen Wasserpfaden durch die Mangroven, die plötzlich einem Palmenhain weichen, in dem der Palast zu sehen ist.

Kilwa ist auch deshalb so unglaublich beeindruckend, weil es von keiner anderen historischen Epoche (z. B. der deutschen Kolonialzeit) und ihren Zeugnissen überlagert ist, sondern eine Ruinenstadt blieb. So kann man direkt eintauchen in die Welt des 11. bis 14. Jahrhunderts, in die Blütezeit der Swahili-Stadtstaaten, die sich wie an einer Perlenschnur von Mogadischu in Somalia bis nach Kilwa zogen. Eine blühende Zivilisation, eine internationale Handelswelt, die bis nach Indien, Persien, Burma und China reichte, bis sie dann im 18. und 19. Jahrhundert langsam zu Ende ging.

Kilwa erlebte nach der Herrschaft der Portugiesen noch einmal unter den Omani-Arabern aus Sansibar eine kurze Blütezeit (mit dem Sklavenhandel), doch dann zogen endgültig Fledermäuse, Ratten, Eulen und Geckos in die grandiosen Bauten ein. Heute gehören die Ruinen samt Songa Mnara zum UNESCO-Weltkulturerbe, wenn sie zeitweise auch auf der Roten Liste des gefährdeten Welterbes standen.

Kilwa steckt im Dornröschenschlaf, noch immer, und ohne touristischen Aufschwung an der Küste wird sich daran wahrscheinlich auch noch länger nichts ändern. Trotzdem kehren wir unglaublich bereichert zurück ins Hotel und wenig später auf die Straße Richtung Süden. Ich denke an die moderne Seidenstraßen-Initiative Chinas, ebenfalls eine aus unserem europäischen Blickwinkel weggerückte neue Welt, die die unsere so sehr verändern wird.

Mikindani – am Ende der Welt

Der äußerste Süden Tansanias ist reizend, die Straße ist von Cashewbäumen gesäumt. Tansania ist weltweit einer der wichtigsten Produzenten dieser Nuss. In den Buchten des Meeres liegen verschlafene Orte, so wie Lindi und Mikindani. Schon in friedlichen Zeiten verirrten sich meist nur diejenigen Touristen in die Gegend, die eine Reise weiter nach Mosambik unternahmen, doch die Region ist in den letzten Jahren wegen Al-Shabaab-Milizen, die den Norden Mosambiks immer wieder durch terroristische Überfälle erschüttern, noch mehr an den Rand des touristischen Interesses gerückt.

Ein bisschen stellt sich das Gefühl, am Ende der Welt angelangt zu sein, im Hafen von Mikindani ein, dort, wo David Livingstone (es gibt sogar ein kleines, hübsches Museum) zu seiner Entdeckungsreise ins Landesinnere aufgebrochen ist. Die arabischen Häuser und die Moscheen deuten darauf hin, dass es sich auch hier – in kleinerem Umfang – um eine Swahili-Gründung handelt. Die Alte Boma, die die Deutschen als südlichsten Vorposten ihrer riesigen Kolonie auf einen Hügel pflanzten, ist heute ein wunderschönes Hotel – und natürlich eines mit sozialem Engagement. Der Trade Aid Trust versteht sich als Ausbildungsstätte für das Tourismusgewerbe. Jährlich werden 60 Schüler unterrichtet, und nebenbei dürfen auch noch die Kinder der nahe gelegenen Schule Ausflüge zum hoteleigenen Schwimmbad unternehmen. So ist die *Boma* eine Art Zentrum des Ortes geworden. Geführt wird sie von Emmanuel Matiku, und auch er hat eine erstaunliche Geschichte, die er uns auf einer Fahrt in die Missionsstation Ndanda, die seinen Lebensweg auf so nachhaltige Weise geprägt hat, erzählt.

Ndanda ist die größte Benediktinermission im Süden Tansanias, hier befinden sich Handwerksstätten, ein Spital, eine Kirche, Häuser für die Nonnen und Mönche, eine Art Staat im Staat, mittlerweile von einheimischen Äbten geführt und immer noch Ausbildungsstätte für die gesamte Region. Emmanuel, der aus ärmlichen Verhältnissen stammt, hat in Ndanda in der Autowerkstatt gelernt, um dann in London einen Abschluss als Mechaniker zu machen, den er sich mit drei Nebenjobs – als Hotelportier, Träger und Nachtwächter – finanzierte (wie er das gesundheitlich überlebte, ist mir schleierhaft). Dann ging er zurück nach Mikindani.

Makonde – inspiriert von den Wolken

Auf dem Weg nach Ndanda kommen wir am Makonde-Plateau vorbei, einem Landstrich, der vor allem von den Makonde besiedelt ist. Sie stammen ursprünglich aus Mosambik und gehören zu den wichtigsten Ethnien Tansanias. Außerdem sind sie quasi die Bildhauer des Landes. So wie John Hendrik, den wir in seinem Dorf aufsuchen. Das Makonde-Schnitzhandwerk hat er von seinem Vater gelernt, so wie dieser womöglich von seinem Vater.

»Schau die Wolken«, sagt er und weist in den Himmel. Wenn er ein neues Ebenholzstück in die Hand nehme, dann blicke er in den Himmel und schaue, was ihm die Wolken sagen, erklärt er uns. Einmal sieht er ein Gesicht, dann eine ganze Dorfgemeinschaft. Die Familienbäume der Makonde sind berühmt, aus einem einzigen Stamm wird eine ganze Dorfszene mit zum Teil Hunderten Menschen, Tieren usw. geschnitzt. Auch John Hendrik hat schon Lebensbäume geschnitzt, sein bester hat ihn mehrere Jahre gekostet, aber am Ende war sein Vater sehr stolz auf ihn.

»Schon allein, dass ihr gekommen seid, ist ein großes Glück für mich«, sagt er, denn das würde sein Ansehen im Dorf steigern. Die Jungen nämlich ziehen in die Stadt, oder sie erlernen das Kunsthandwerk nicht mehr, und das sei sehr schade. »Ich kann mehr als viele andere, und ich bin bekannt«, erklärt er. So habe ihm nicht nur die *Boma*, sondern auch andere Hotels schon Skulpturen abgekauft. Und dabei geht es ihm nicht darum, möglichst viel zu verkaufen oder reich zu werden, es geht ihm um die Inspiration, die Kreativität, die Geschichten, die aus ihm heraus in den Baumstamm fließen; darum, einen Augenblick richtig einzufangen, wie etwa das Gesicht seiner Mutter, und daraus eine wunderschöne Kopfskulptur aus braunem Ebenholz zu formen. Ob ich sie erwerben dürfe? Er wiegt seinen Kopf hin und her. »Ja«, entscheidet er dann, »du siehst ein bisschen so wie sie aus. Aber halte sie in Ehren.«

Stone Town – Städte haben die Kultur der Swahili-Küste geprägt

Unter uns zieht die Festlandküste vorbei, eine fein geschwungene weiße Linie zwischen dem Blau des Indischen Ozeans und dem grünen Küstenland. Gleich kommt das Rufiji-Delta in den Blick mit seinen vielen Flussarmen. Und irgendwo, so erzählte uns Peter Fox ein paar Wochen zuvor in Mufindi, werde man, sobald durch den neuen Staudamm weniger Wasser den Rufiji herunterfließt, dann vielleicht auch die *SMS Königsberg* zu Gesicht bekommen. Sie liegt seit dem Ersten Weltkrieg in den undurchdringlichen Mangrovenwäldern des Rufiji-Deltas irgendwo auf Grund. Die eigene Besatzung hatte das Kriegsschiff versenkt, nachdem sie zuvor im Labyrinth der Flussarme mit den Engländern Katz und Maus gespielt hatte. Zwei Kanonen des versenkten Schiffes wurden an den Tanganjikasee transportiert – von 400 Trägern – und auf der *Goetzen* aufgestellt, zwei weitere landeten während der britischen Kolonialzeit im Fort Jesus in Mombasa, wo sie noch heute zu sehen sind. Spuren einer bewegten Geschichte, aus der wir Europäer uns nicht davonstehlen können.

Mythische Städte – versunken und überraschend

Wir befinden uns auf dem Flug von Mtwara im äußersten Süden Tansanias nach Sansibar. Zwischenlandung in Daressalam. Die Inseln Mafia und dahinter Sansibar schimmern im Blau des Indischen Ozeans. Von hier oben sieht Mafia samt seiner Nebeninseln wie eine Banane aus, und man kann sich gut vorstellen, dass es einmal eine Landbrücke zum Festland gab; vor langer Zeit, als sich auf dieser verschwundenen Verbindung vielleicht die legendäre Stadt Rhapta befand, eine antike Ansiedlung, die schon Ptolemäus beschrieben hat und die zig Wissenschaftler und Hobbyforscher schon überall an der Küste zu lokalisieren versucht haben. Im Rufiji-Delta hat man schließlich auch Glasperlen aus dem alten Griechenland und Keramik aus Ägypten gefunden. Vieles spricht also dafür, diesen Spuren Glauben zu schenken und Rhapta ebenfalls hier zu vermuten.

Wie reich und unerwartet ist doch die Geschichte Tansanias, wenn man den Blick weg von Safari und Kilimandscharo auf das Thema Städte lenkt. Und deswegen begeben wir uns jetzt, am Ende dieser Erzählung, in die vielleicht schönste, in jedem Fall märchenhafteste Stadt des Landes, ja ganz Ostafrikas – nach Stone Town, der Altstadt von Sansibar auf der Insel Unguja, die gemeinsam mit der Insel Pemba (und geografisch gesehen auch mit Mafia) das Sansibar-Archipel bildet. Auch sie ist eine Swahili-Stadtgründung, mit einer ähnlichen Vorgeschichte wie das bis zum 15. Jahrhundert viel bedeutendere Kilwa. Dann jedoch, nach dem Ende der Oberherrschaft der Portugiesen über die ostafrikanische Küste, löste Sansibar Kilwa als glanzvollste Perle der Swahili-Küste ab und stieg in kürzester Zeit zu einem der wichtigsten Handelszentren des Indischen Ozeans auf. In nur 60 Jahren entstand unter der Herrschaft des Sultans von Oman Stone Town, eine der schönsten, luxuriösesten und an Geschichten reichsten Städte der damaligen Welt. Eine Entwicklung, durchaus vergleichbar mit dem Aufstieg heutiger arabischer Metropolen, etwa von Doha oder Dubai. So wie diese Neometropolen ihren Reichtum heute auf Öl aufbauen, waren es in Sansibar damals die Sklaven.

Mit dem Taxi geht es vom Flughafen durch die dicht besiedelte Neustadt Ng'ambo – man sieht, wie Sansibar-Stadt wächst, boomt, unter der tropischen Küstenvegetation ausfranst – bis zum Hafen und weiter an der Strandpromenade, vorbei an den Sultanspalästen und den Forodhani-Gärten, in das Labyrinth von Stone Town. Unser Gepäck wird auf einen Leiterwagen umgeladen, die Gassen der alten Stadt sind so eng wie die in Fez, die Paläste und alten Stadthäuser (etliche sind heute wunderbare Boutique-Hotels) fast so märchenhaft wie die von Marrakesch. Und trotzdem ist Stone Town auch ganz anders, eine einmalige Fusion aus Arabien, Asien und dem afrikanischen Festland. Auch Stone Town ist ein Kind des Monsuns, dieser großen, halbjährlich die Richtung ändernden Wettertrommel zur Verschmelzung von Kulturen rund um den Indischen Ozean. Und wenn an Kilwa die archaische, in ihrer Epoche erstarrte Schönheit so faszinierte, dann ist es in Stone Town die Lebendigkeit in einem (noch) nicht zum Touristenjuwel kaputt restaurierten, immer noch von Einheimischen bewohnten, pulsierenden Zentrum des afrikanischen Kontinents.

Stone Towns Glanz und Verfall

Das war nicht immer so. Nach der Unabhängigkeit Sansibars 1963 von den Briten, die ein Mehrparteiensystem im Rahmen einer konstitutionellen Monarchie mit dem Sultan an der Spitze eingeführt hatten, und dem blutigen Massaker gegen die arabischstämmigen und indischen Wahlgewinner, brach die Wirtschaft der Insel komplett zusammen. Viele Mitglieder der langjährigen Ober- und Mittelschicht, die Bewohner von Stone Town, flohen vor der Gewalt aus Sansibar. Abeid Karume von der Afro-Scharasi-Partei, die Teile der städtischen afrikanischen Bevölkerung repräsentierte (aber nicht die Bevölkerung von Pemba!), wurde neuer Präsident. Und auf Betreiben Nyereres wurde Sansibar Ende 1964 mit dem seit 1961 unabhängigen Festland zur Republik Tansania vereint.

Stone Town verfiel, viele Gebäude standen jahrzehntelang leer, andere boten neuen Bewohnern Unterschlupf, die für die Renovierung jedoch kein Geld hatten. Und wie auch in Ostdeutschland wurden, anstatt die Altstadt zu erhalten, sozialistische Prestigebauten hochgezogen. In Sansibar kann man die Hinterlassenschaften dieser Epoche gut aus dem Flugzeug sehen, so riesig sind die Plattenbausiedlungen, die nicht nur an Berlin-Marzahn erinnern, sondern tatsächlich auch ein Geschenk der DDR waren.

Anfang der 1960er-Jahre kämpfte Walter Ulbricht um internationale Akzeptanz. Karume war der Erste, der den sozialistischen Bruderstaat anerkannte. Als Dank schickte Ulbricht (der die Volksrepublik Sansibar und Pemba schon im Januar 1964 anerkannte) Bauingenieure nach Sansibar, die den Inselstaat mit modernem sozialistischem Wohnraum beschenkten. Damals galten diese Plattenbauten tatsächlich als ein unglaublicher Luxus, denn die Wohnungen verfügten über Spültoiletten und fließend Wasser, das bald allerdings nicht mehr die oberen Stockwerke erreichte. Wandert man zwischen diesen Betonriegeln entlang, kann man die ganze architektonische Misere des Ostblocks noch einmal – aber auf afrikanischem Boden – bestaunen. Klappernde Fensterläden, abbröckelnde Fassaden, roher Beton. Das Ganze wirkt wie ein Kartenhaus kurz vor dem endgültigen Einsturz. Ein architektonischer Kommentar auf die tatsächliche Geschichte des Kalten Krieges in Afrika.

Als 1985 unter Präsident Mwinyi die Phase der Marktliberalisierung in Tansania begann, entdeckten Reiseabenteurer, unternehmerische Traumtänzer, ehemalige Entwicklungshelfer sowie die ersten Backpacker die Gewürzinsel samt ihrer zerfallenden Altstadt und begannen mit der Restaurierung und Revitalisierung der ungefähr 1700 alten Gebäude. 20 Jahre später hatte man immerhin ein Viertel der Substanz gerettet, aber selbst heute ist Stone Town noch immer ein Ort für Boutique-Hotel-Investoren auf der Suche nach einem märchenhaft schönen, komplett sanierungsbedürftigen alten Gemäuer, in das sie Tonnen von Geld und viele gute Interieur-Ideen stecken können. Emerson Skeens und Thomas Green haben es in den 1990er-Jahren allen vorgemacht. Ihr ursprüngliches Hotel, das heutige Emerson on Hurumzi in der gleichnamigen Gasse, ist das schönste (finde ich), zumindest das speziellste Hotel in Stone Town. Das Haus gehörte einst dem reichsten Händler der Stadt und Leiter der Zollbehörde, Tharia Topan. Aufgrund seiner engen Verbindungen zu Sultan Bargasch durfte Topan das zweithöchste Haus der Stadt errichten, gleich nach dem Sultanspalast »Haus der Wunder«.

Wohnen wie in einer Vogelvoliere

Jedes der wenigen Zimmer und jede der Suiten ist einzigartig, anders geformt, anders eingerichtet, jeder Raum erzählt seine ganz eigene Geschichte. Wir entscheiden uns für eine Suite auf der obersten Etage mit eigener Terrasse. Dazu müssen wir über schier unzählige Treppen und hölzerne Brücken nach oben, um uns dann, leicht erschöpft, erst einmal auf das traditionelle Himmelbett fallen zu lassen. Das Zimmer ist mit Sansibar-Antiquitäten eingerichtet, die vielen Fenster und Balkontüren haben entweder nur ein Holzgitter oder bunte Glasfenster, es wirkt so luftig, als würde man in einer großen Vogelvoliere wohnen. Seidenpolster, Marmorschachbrettboden, man hat das Gefühl, Tharia Topan wäre erst vor Kurzem ausgezogen. Mitten im Raum befindet sich eine steile, enge Treppe auf die Terrasse, wie eine Leiter in den Himmel. Jeden Morgen balanciert ein Kellner ein riesiges Tablett auf dem Kopf nach oben und stellt mit einem freundlichen »Good morning Madam, good morning Sir« Kaffee, Früchte,

Chapati, Müsli, Maracujasaft auf den kleinen Tisch. Schwindelfreiheit und Kraft sind Teil der Job-Beschreibung im Hurumzi, die Küche ist nämlich im Erdgeschoss.

Von hier oben überblickt man tatsächlich alles, den Hafen (das war wichtig für den obersten Leiter der Zollbehörde), das »Haus der Wunder«, die katholische Kathedrale, den hinduistischen Shakti-Tempel. Die vielstimmigen Rufe der Muezzins aus den angeblich 400 Moscheen der Stadt, das geschäftige Treiben der Souvenirverkäufer, das Knattern der hochfahrenden Rollläden, das Holpern der Gemüsekarren – Geräusche einer erwachenden orientalischen Stadt wehen zu uns herauf; und die Gerüche der Basare vermischen sich mit der salzigen Meeresbrise.

Ein perfekter Ort und genau der richtige Platz, um sich in die Bücher des Literaturnobelpreisträgers Abdulrazak Gurnah zu vertiefen, der uns in seinen Werken, etwa in *Das verlorene Paradies* oder *Nachleben*, ganz neu in die Geschichte seines Heimatlandes Sansibar und Ostafrika entführt. Neu, weil er die Wunden des Kolonialismus ebenso bloßlegt wie die Hierarchien der alten Swahili-Gesellschaft, weil er Geschichten von Migration, Vertreibung und bittersüßer Heimkehr erzählt und dabei einen lange vermissten afrikanischen Blickwinkel der Weltliteratur hinzufügt. Dazu ist er ein absolut magischer Erzähler, die Stimmen seiner Figuren vermischen sich mit den realen Geräuschen des Tropentages, man vergisst Raum und Zeit, den Mittagshunger und weiß bald nicht mehr, in welcher Epoche man sich befindet, noch wo man selbst seine Heimat hat.

Emerson Skeens, ein New Yorker Weltenbummler und Hobbypsychologe, zog Ende der 1980er-Jahre nach Sansibar und eröffnete 1994 mit seinem Partner Thomas Green das berühmte Emerson and Green. Die beiden Geschäftspartner trennten sich 2003, einige Jahre dümpelte das ursprüngliche Hotel unter Greens Führung dahin, bis es sich als Emerson on Hurumzi wieder zu alter Größe mauserte, während Emerson ein zweites verfallendes Handelshaus in ein luxuriöses Boutique-Hotel umwandelte. Das Emerson Spice. Sein Motto war: »Wenn du irgendwo übernachten willst, solltest du Spaß daran haben und einfach dortbleiben wollen«. So schuf er Räume wie aus einem fantasievollen Traum, mit Hängematten auf dem Balkon, einer Außendusche im dritten Stock, einer Schaukel in einer Pagode, unzähligen Terrassen, Shisha-Salons, in denen man sich in orientalische Kissen am Boden fallen lassen kann. Alles verspielt, mit Blumen und tropischen Pflanzen dazwischen und Badewannen aus altem arabischen Kalkputz – Tadelakt –, in denen immer Platz für zwei sein sollte. Nirgends hat man das Gefühl, in einem Hotel gelandet zu sein, sondern eben in einem kleinen Palast in Sansibars glanzvollster Epoche, in seine arabisch-indisch-afrikanisch-persische Kultur hineinadoptiert.

Doch Emersons Einfluss auf Stone Town reichte weit über seine Hotels hinaus, er prägte einen ganz bestimmten Interieur-Stil, und er setzte zahlreiche kulturelle Impulse, aus denen das »Zanzibar International Film Festival«, die »Dhow Countries Music Academy« oder auch das »Sauti za Busara«-Musikfestival sowie viele Inspirationen für die Erhaltung und Restaurierung von Stone Town hervorgingen.

Heute gibt es auch zahlreiche andere, ähnlich schöne Hotels, etwa das von mir geliebte, wesentlich günstigere Zanzibar Coffee House, in dem man wohnen, vor allem aber Kaffee trinken kann. Uns erschien es sogar unmöglich, selbst nach dem opulenten Frühstück im Emerson on Hurumzi, nicht als Allererstes dorthin zu pilgern, um noch einen Espresso oder Cappuccino von der Utengule Coffee Farm (erinnern Sie sich?) zu trinken, bevor wir zu unseren Rundgängen durch die Stadt aufbrachen. Die Einheimischen freilich trinken ihren Kaffee in Jaws Corner mit seinem unübersehbaren Haigebiss als Graffiti an der Wand. Ein kleiner Platz zwischen den Altstadtgassen, ein Versammlungsraum, um Nachrichten über Politik und die Insel auszutauschen. In einer Ecke läuft der obligate Fernseher.

Freddie Mercury, Queen Victoria und Tippu-Tip

Wir wollen zum Hafen, machen einen Schlenker am Freddie-Mercury-Haus und seinem kleinen Museum vorbei. Ja, Sie haben richtig gelesen (oder es bereits gewusst), der geniale Begründer der Rockband Queen stammt aus Sansibar. Was Sie aber wahrscheinlich nicht wussten, ist, dass auch er in der Sansibar-Revolution zum Flüchtling wurde. Seine Eltern gehörten als Inder und britische Botschaftsangestellte zur Oberschicht, die Angst vor Tumulten trieb sie nach London. Das Alte Fort haben nicht die Portugiesen erbaut (wie jenes in Mombasa oder Kilwa), sondern die Omanis, als sie die Insel 1698 von den Portugiesen erobert hatten. Hier finden im Juli das Film- und im Februar das Musikfestival statt. Und von da geht es an den Sultanspalästen vorbei Richtung Hafen und zur Old Dispensary, der alten Apotheke, als die das großartige Gebäude eine Zeit lang genutzt wurde. Mit ihrer mintgrünen Veranda im indisch-sansibarischen Stil ist sie ein echter Eyecatcher und der riesengroße Feigenbaum davor, wie alle großen Bäume unter der Tropensonne, ein Treffpunkt für Jung und Alt. Auch die Old Dispensary wurde von Tharia Topan erbaut, 1887 anlässlich von Queen Victorias 50-jährigem Thronjubiläum. Das ist interessant, denn erst drei Jahre später obsiegte England in seiner Konkurrenz gegen Deutschland und bekam im »Vertrag über die Kolonien und Helgoland« Sansibar zugesprochen, während Deutschland seine Ansprüche auf die Festlandküste durchsetzen konnte wie auch auf das für das Deutsche Reich gar nicht so unwichtige Inselchen Helgoland.

Wie viele indische Einwanderer fühlte sich Tharia Topan dem englischen Königshaus verbunden, das seine Heimat Indien als britische Kronkolonie beherrschte und enge Beziehungen zum Sultanat pflegte. Tharia wurde jedenfalls 1823 als Sohn eines armen Gemüsehändlers in Gujarat geboren. Im Alter von zwölf Jahren kam er als blinder Passagier nach Sansibar und machte dort, intelligent und fleißig, wie er war, schnell Karriere. Obwohl bei seiner Ankunft Analphabet, lernte er umgehend rechnen und schreiben und wurde schließlich Chef des Zollamtes von Sansibar, eine mächtige Stellung, die ihn sowohl mit dem Sultan als auch den europäischen Handelsvertretern, die seit Mitte des 19. Jahrhunderts Niederlassungen in Stone Town hatten, in Kontakt brachte.

Henry Morton Stanley, der als Gast in Tharias Haus verkehrte, beschrieb ihn als »einen der ehrlichsten Menschen unter allen Menschen, weiß oder schwarz, rot oder gelb«. Als Stanley auf der Suche nach Livingstone im Inneren Afrikas in Schwierigkeiten geriet, sandte ihm Tharia den mächtigen Karawanen- und Sklavenhändler Tippu-Tip zur Hilfe. Im Gegensatz zu Topan galt Tippu-Tip als gerissen, aber ebenfalls mächtig, jemand, ohne den die Europäer trotz ihrer Abneigung gegen sein blutiges Geschäft, nicht auskamen.

Tharia verkaufte sein Haus in der Hurumzi Street (das heutige Emerson on Hurumzi) in den 1890er-Jahren. Eine Weile wohnte der anglikanische Erzbischof von Sansibar dort, und es diente den Briten als Ort, an dem sie im großen Stil Sklaven freikauften, nachdem sie Sultan Bargasch 1873 gezwungen hatten, den Menschenhandel zu verbieten, der anschließend noch über 20 Jahre als lukrativer Schwarzmarkt fortlebte. Sansibars Reichtum ruht auf den Rücken der Sklaven, und Stone Towns Schönheit steht auf den Leichen Tausender von ihnen, die man, weil sie ausgedient oder schon den Transport vom Festland nicht überlebt hatten, einfach an den Rändern der Altstadt verbuddelte. An dieses grausame Kapitel erinnern das Museum beim Alten Sklavenmarkt und eine berührende Skulptur des britischen Bildhauers Antony Gormley vor der anglikanischen Kathedrale von Sansibar. Sklaven in Ketten scheinen aus einem unterirdischen Keller ans Tageslicht zu treten – und damit in unser aller Bewusstsein.

Auch das prächtige Haus von Tippu-Tip gibt es noch, es steht im Stadtteil Shangani, und eine Plakette verweist auf seine

Geschichte. Tippu-Tip verbrachte Monate, manchmal Jahre im Inneren Afrikas. Sein Reichtum und der des Sultanats beruhte auf einer den Karawanenhandel revolutionierenden Idee von Said ibn Sultan Anfang des 19. Jahrhunderts. Bis dahin war der Handel der Swahili-Küste mit dem Landesinneren auf viele Zwischenhändler verteilt, ein großes Netzwerk aus arabischen und afrikanischen Mittelsmännern, die alle am Karawanenhandel mitverdienten. Said ibn Sultan erkannte, dass, wenn er die Mittelsmänner ausschaltete und vertrauenswürdige Händler aus Sansibar bis nach Ujiji schickte, er nicht nur reich, sondern auch zur wichtigsten Kontrollinstanz in ganz Ostafrika aufsteigen würde, was dann auch geschah. Und an des Sultans Macht, die bis zu den Königreichen von Uganda reichte, kamen auch die Europäer nicht vorbei. Die Amerikaner, Briten, Franzosen und Deutschen errichteten deshalb zuerst Handelsniederlassungen in Stone Town, dann zwangen Deutsche (auf dem Festland) und Engländer (auf der Insel) den Sultan in die Knie und verwandelten sein Reich in ihre Kolonien.

Eine orientalische Prinzessin und ein Massaker

Sansibar kennt man auch als Gewürzinsel, Anfang des 19. Jahrhunderts hatte Said ibn Sultan die erste Gewürznelkenplantage auf der Insel angelegt. Auch sie wurde mit Sklaven betrieben, die dann unter kolonialer Herrschaft zu »Arbeitssklaven« mutierten. Auch dadurch wurde die Insel einst reich. Heute werden die Gewürze auf dem immer noch relativ wenig touristischen Darajani-Markt angeboten oder in zahlreichen kleinen trendy Läden in der Altstadt. Außerdem werden Biokosmetik, Parfüms, Seifen, Jasminöl, Baobab-Peeling aus den Gewürzen hergestellt, und man kann selbstverständlich auch Kochbücher über die sansibarische Küche und ihre Zutaten erwerben. Überhaupt: Wenn Sie Geschenke kaufen wollen und dies nicht schon – wie ich –

im großen Stil bei Neema Crafts oder Shanga getan haben, dann müssen Sie sowieso via Stone Town nach Hause fliegen. Ganz besonders empfehlenswert sind auch die Modeboutiquen und Einrichtungsgeschäfte mit den Kreationen einheimischer Designer in einer Verschmelzung aus Afrika, Orient und Ibiza.

»Wissen Sie, was das hier ist?«, fragt der Führer im kleinen Princess Salme Museum und zeigt uns ein Stück Stoff. Es sieht wie eine Corona-Maske aus, aber eleganter und aus Spitze, also für Viren durchlässig. »Ein Gesichtsschleier«, sage ich und probiere ihn an. »Es ist ein Original, von Prinzessin Sayyida Salme«, sagt er stolz. Dann mischt sich der Besitzer und Gründer des kleinen, liebevoll ausgestatteten Museums über Sansibars berühmteste Prinzessin in unser Gespräch ein. »Ich habe alle Exponate aus dem Haus der Firma Hansing & Co. bekommen«, sagt Said el-Gheithy. Er ist ein bekannter Historiker, und mit Emily Ruete alias Prinzessin Salme und der Liebesgeschichte zwischen ihr und dem deutschen Kaufmann Rudolph Heinrich Ruete hat er sich ein Leben lang befasst. Er lächelt und wiegt den Kopf.

Ruete, der für Hansing & Co. tätig war, konnte von der Niederlassung seiner Firma in Sansibar direkt in den Garten der Prinzessinnen des Sultans schauen. Dabei verliebte er sich in die schöne Salme, eine Tochter des Sultans und seiner tscherkessischen Sklavin. Sie wurde schwanger und musste in der Dunkelheit der Nacht auf ein Schiff flüchten und die Insel verlassen, sonst hätte sie sich der Gefahr der Steinigung ausgesetzt. In Aden wurde geheiratet, doch schon nach wenigen gemeinsamen Jahren in Hamburg starb Ruete 1870 bei einem Unfall mit der Pferdetrambahn, und seine Witwe musste sich – von ihrem reichen Erbe bekam sie als sansibarische Prinzessin erst sehr spät eine dürftige Apanage – als Arabisch- und Swahili-Lehrerin durchschlagen. Zweimal versuchte sie, zurück nach Sansibar zu kommen und verwickelte sich dafür in koloniale Machtkämpfe, doch ihr Bruder verwehrte ihr die Heimkehr. So starb sie heimwehkrank 1924 in Jena.

Der Museumsdirektor behandelt seinen schwarzen Mitarbeiter mit großem Respekt. Erst als er mitbekommt, dass wir mehr über die Geschichte seines Museums und der Insel wissen als herkömmliche Touristen, übernimmt er selbst die Führung. Er gehört wohl zur alten Oberschicht, die aus Omani-Arabern und Indern bestand und deren Angehörige früher die Einzigen waren, die in Stone Town, der aus Stein gebauten Stadt, wohnen durften, während die schwarzen Arbeiter – Sklaven und Freie – außerhalb der Altstadt in Lehmhütten hausten; ein System, das in der Zeit des britischen Protektorats sogar noch verstärkt wurde. Den alten Konflikt zwischen den Gesellschaftsschichten, der in der Revolution so blutig explodierte, vermeint man immer noch auf der Insel zu spüren, und wenn nur im betont freundlichen Verhältnis des Direktors zu seinem Angestellten.

Salme hat neben ihren auf Deutsch verfassten Erinnerungen, *Memoiren einer arabischen Prinzessin*, auch Betrachtungen über Deutschland und seine Gesellschaft veröffentlicht, die sie als moderne, aufmerksame Beobachterin kultureller Unterschiede und europäischer Hybris ausweisen, etwa, wenn sie schreibt, dass es den Unterschichten in der Weimarer Republik in vielerlei Hinsicht schlechter ergehen würde als in ihrer Heimat den Haussklaven (von denen sie ja abstammte).

Das war zu einer Zeit, als der Kolonialismus (der deutsche und englische) mit seiner großspurigen Gewissheit, in allem – politisch, sozial, kulturell, wirtschaftlich – überlegen zu sein, das Sultanat von Sansibar schon gestürzt hatte. Doch der Sultan hielt sich als Vasall der Briten noch bis zur Unabhängigkeit. Sie gelang nicht als friedlicher Übergang wie auf dem Festland, sondern mündete in ein blutiges Massaker, das Teile der schwarzen Bevölkerung der Insel an der Oberschicht anrichteten, wie so oft genährt von den riesigen sozialen Unterschieden. Nach Schätzungen kamen 20 000 indisch- und arabischstämmige Sansibaris dabei ums Leben. Die politischen Verhältnisse auf der Insel sind noch immer von der mangelnden Aufarbeitung der gewaltsamen Revolution geprägt. Immer wieder kam es bei Wahlen, allen voran auf der Nachbarinsel Pemba, zu Unruhen gegen eine repressive Regierung. Nachwirkungen einer blutigen Geschichte, die nach dem Vorbild Südafrikas von einer Wahrheits- und Versöhnungskommission aufgearbeitet werden sollte, solange das Schicksal Tausender Verschwundener und Opfer noch im Gedächtnis ihrer Familien lebendig ist.

Diesen historischen Grundkonflikt, so erklärt es uns el-Gheithy, dürfe man nicht vergessen, wenn man durch die Altstadt geht und sich wundert, warum so viele der wunderbaren historischen Gebäude in einem so desolaten Zustand sind. Das »Haus der Wunder« zum Beispiel, Sultan Bargaschs Meisterwerk, zu seiner Zeit eines der modernsten Gebäude der Welt mit elektrischem Strom und Fahrstuhl. Für die Restaurierung des maroden Gebäudes waren ausreichend Finanzmittel vorhanden – großzügig gesponsert vom Oman, schließlich ist Stone Town seit 2000 ein UNESCO-Weltkulturerbe –, doch das Geld verschwand in diversen Kanälen, und über undichte Wasserrohre drang immer mehr Regenwasser in das Mauerwerk der filigranen Veranda-Konstruktion ein. Im Dezember 2020 fiel ein ganzer Teil in sich zusammen. Daraufhin sperrte man das Haus aus Vorsicht für Besucher. Nur die Old Dispensary ist schon 1990 von der Aga-Khan-Kulturstiftung derart werthaltig restauriert worden, dass sie bis heute Wind, Wetter und der salzigen Luft standhält. Sie beherbergt eine interessante Fotoausstellung über das historische Stone Town und ein Kulturzentrum.

Massentourismus à la Dubai oder prämierter Ökotourismus

Dennoch werden wir das Gefühl nicht los, dass Sansibar derzeit weniger auf die Revitalisierung von Stone Town setzt, dass das Narrativ von einer Stadt wie aus *Tausendundeiner Nacht* nicht mehr so sehr im Vordergrund der Tourismuswerbung steht wie noch zu Zeiten von Emerson and Green und dem kulturellen Aufbruch der 1990er-Jahre. Man konzentriert sich lieber auf Massentourismus à la Dubai und Doha, auf durchaus teurem Niveau; glitzernder neoorientalischer Luxus wie im Park Hyatt in der Stadt oder riesige von der Regierung bevorzugte Hotelprojekte entlang der Küste. Auf der idyllischen Insel Chapwani (auch Grave Island), wo sich die Gräber der gegen die *SMS Königsberg* gefallenen englischen Marinesoldaten befinden, soll ein zweites Burj al Arab entstehen, wie das legendäre Hochhaushotel in Dubai und angeblich mit Geld aus den Emiraten. Insofern schließt Sansibar durchaus an seine Geschichte an, wird zur Luxusferieninsel für den arabischen Raum. Während bis vor Kurzem noch islamische Fundamentalisten in Stone Town Fuß zu fassen schienen, sind es heute Investoren aus der arabischen Welt.

Noch eine Beobachtung: Auf der Halbinsel Fumba baut ein deutscher Immobilienentwickler eine Vorzeige-Ökostadt, kein Hotel, kein Touristeninvestment, sondern ein Wohnviertel für die wachsende Mittelschicht. Und auch kein Entwicklungshilfeprojekt. Etwa 20 Autominuten südlich vom Flughafen entstehen 3000 Wohneinheiten für etwa 20 000 Menschen auf 150 Hektar direkt am Meer. Die ersten Familienreihenhäuser und Apartments sind schon verkauft. Das besondere an Fumba ist sein breites Spektrum, es bietet Wohnungen für junge Familien mit einem Budget von 50 000 US-Dollar ebenso wie Beachvillas für das Zehnfache. In der Mitte treffen sich die Straßen auf einem zentralen Platz, und natürlich fehlt der große Baum als Treffpunkt nicht. Hier gibt es ein Café und diverse Gemeinde-Aktivitäten für die neuen Bewohner, eine internationale multiethnische Crowd, viele darunter Expats, die es wieder in die alte Heimat zieht, seit man hier nicht nur gut leben, sondern auch zukunftsträchtig arbeiten kann.

»Es gibt unglaublich große Chancen«, sagt Gründer Sebastian Dietzold, der auch in Daressalam ein großes Stadtentwicklungsprojekt plant. Schon in Deutschland war er im Immobiliengeschäft tätig, doch es langweilte ihn, also verkaufte der aus Leipzig stammende und nach der Wende als Missionskind am Kilimandscharo aufgewachsene Unternehmer alles und zog mit Frau und Kindern nach Tansania. »Hier kann man ganze Städte bauen, nachhaltig mit Permakultur, mit Kindergärten, Schulen, Community Center und so weiter.« Mit »Fumba Town« hat er entworfen, was in Afrika Schule machen könnte. Eine Öko-City für den Mittelstand.

»Etwa 200 Millionen Afrikaner leben in den Slums der Großstädte. Wir wollen, gemäß des UN-HABITAT-Slogans, durch Wohnraum Wohlstand schaffen.« In Daressalam gibt es millionenfache Chancen dafür. Die Metropole gehört zu den am schnellsten wachsenden Städten der Welt. Laut Prognose soll die Bevölkerung von heute etwa siebeneinhalb Millionen bis 2050 auf 17 Millionen steigen, und noch immer lebt fast die Hälfte der Einwohner in sogenannten informellen Siedlungen.

Nun ist eine letzte Phase der Erholung angesagt, und die – Sie können es sich schon denken – empfehle ich Ihnen nicht in einer der glitzernden Hotelburgen oder am touristischen Strand an der Nordküste der Insel einzuplanen, sondern mir noch ein letztes Mal auf eine ganz besondere Insel vor die Küste von Stone Town zu folgen. Auf die Insel Chumbe. Sie wurde in den frühen 1990er-Jahren von Sibylle Riedmiller gepachtet. Vier Jahre dauerten die Verhandlungen mit den Behörden, bis es der deutschen Pionierin in nachhaltiger Entwicklung 1994 gelang, das angrenzende Korallenriff unter Naturschutz zu stellen, womit sie das weltweit erste privat gemanagte Meeresschutzgebiet schuf. Finanziert wird es zur Gänze und bis heute aus den Einnahmen der mehrfach preisgekrönten Öko-Lodge. Ein Hideaway, wo Sie, verschluckt von der wunderschönen Natur, umsorgt von Vera Nyaga, der Managerin, und ihrem freundlichen Team, Ihre Reise ausklingen lassen können.

Sie werden in einen der sieben Bungalows geführt, einen zweistöckigen Wohnraum mit ausladendem Dach aus Palmstroh als einzigem Schutz vor der angrenzenden Natur. So sehen Sie von Ihrem Sansibar-Hochbett direkt auf den weißen Sandstrand und das Meer mit seinem Farbenspiel. Oder in den Urwald der Insel, der auf dem fossilen Korallenfelsen, aus dem die Insel besteht, entstanden ist und ebenfalls seit 30 Jahren geschützt, eine beeindruckende Biodiversität aufweist und schon Ornithologen und andere Forscher angelockt hat.

Die Geräusche des Waldes, Vogelgezwitscher, Rascheln im Unterholz, der Wind in den Palmen, vermischen sich mit dem Rauschen der kleinen und größeren Wellen, die gegen den Sand schlagen, noch einmal zu jener Klangkulisse, die ich, zurück in Europa, jedes Mal derart vermisse, dass ich bereits unzählige Tonaufnahmen für die Zeit zwischen den Tropenreisen angelegt habe. Alles ergänzt sich in Chumbe in größtmöglicher Harmonie: die nach höchsten ökologischen Standards designten Hütten, die 100 Prozent nachhaltige Wasser- und Energieversorgung, die geführten Wanderungen über die Insel und die Schnorcheltouren zu einem der schönsten Korallenriffe Tansanias. Vielleicht erleben Sie eine sansibarische Schülergruppe, die Schwimmunterricht oder eine Einführung in die Unterwasserwelt von Chumbe erhält. Vielleicht kommen Sie mit Vera oder einem ihrer Guides ins Gespräch – am Abend am Strand, wenn der Mond aus dem Meer kommend über den Sternenhimmel zieht und das Kreuz des Südens zum Schwärmen über Tansania und Afrika einlädt. Und wenn Sie sich auf dieses Land eingelassen haben, auf die Überraschungen des Reisens, die Konfrontationen mit der gewaltigen Natur und die vielfältigen Begegnungen mit den Menschen Tansanias, dann werden Sie womöglich schon jetzt wissen, dass diese Reise zu den unvergesslichen Erfahrungen zählt. Vielleicht, so wie ich, dank *Ubuntu*.

Nachwort und Dank

Kein Buch entsteht als Werk eines einzelnen Autors. Er verleiht nur seine Feder an ein vielstimmiges Konzert all derer, die einen Anteil am vorliegenden Endprodukt haben. Dieses Buch ganz besonders. Mein Dank gilt deshalb einer ganzen Reihe von wunderbaren Menschen, allen voran meinen Reisegefährten auf diversen – immer aufregenden – Touren durch Tansania, ganz besonders meinem Partner Thomas, dem kaum je etwas zu abenteuerlich war. Ohne Jean und Anne de Villiers hätte ich Tansania nie so detailliert kennengelernt. An ihrem langen Esstisch in Chole Mjini haben die unzähligen Gespräche über Tansania vor fast 20 Jahren ihren Anfang genommen, ein Faden, der seither nie mehr abgerissen ist. Die Begegnung mit Anne und Jean verdanke ich, wie so viel Gutes in meinem Leben, meiner Tochter Helena. Sie wollte auf unserer ersten gemeinsamen Reise durch Ostafrika unbedingt in ein Baumhaushotel. Chole Mjini erschien uns in all seiner Abenteuerlichkeit und mit seinem Fokus auf sozial und ökologisch nachhaltiges Reisen auf Anhieb das Richtige – und ist es seither geblieben. Helena und ich sind immer wieder nach Tansania gereist, oftmals abenteuerlich bis zur Schmerzgrenze: Einmal, in einem schäbigen Hotel mitten im am Abend gefährlichen Marktviertel von Daressalam, wollte sie mir fast die Mutterschaft aufkündigen, dann wieder wurde sie auf einer Walking Safari fast von einer Tarantel gestochen. Und in Stone Town gab es ein Wiedersehen mit Vera Nyaga, Helenas kenianischem Au-pair, das mittlerweile zur Managerin der wunderschönen Chumbe Island Lodge geworden ist. Kaum ein anderer Mensch hat unsere Verbindung mit Ostafrika nachhaltiger geprägt als Vera und unsere Freundschaft mit ihr. Auch ihr gilt darum mein Dank.

Dieses Buch verdankt sein Entstehen einer Unzahl weiterer Gesprächspartner, mit manchen, wie Sibylle Riedmiller, spreche ich seit vielen Jahren über Tansania, ob in ihrem Heim in Tanga oder irgendwo in Deutschland. Ebenso hilfreich waren: Rolf Baldus, Sebastian Dietzold, Bischof Joseph Mlola aus Kigoma, Sarah Clithero, die den schönsten Buchladen in Daressalam hat, Sarah und David Scott (er hat mir alles über Tansanias Bergbau beigebracht), Edwin Mramba, dessen Safariunternehmen mittlerweile bei allen Reisen nach Tansania zum Einsatz kommt. Netti und Charles Dobie, Marlies und Jörg Gabriel, Regine Heß, Emmanuel Matiku (Old Boma), Mejah Mbuya und sein wunderbares Unternehmen Afri Roots, der Schriftsteller und Drehbuchautor Abdu Simba, Princely Glorious, Emmanuel Mezza von der Diözese in Mbeya, Simone und Kim Axmann in Morogoro, Peter und Chris Fox, Loy Mahaligewi, unser Gastgeber und kenntnisreicher Führer durch Mwanza, Sally Grierson und Carel Verhoef, Barbara Schachenmann, Mbwana Alliy, Osse Greca Sinare, Rebecca Corey von Nafasi Art, Henry Jones (The Slow Leopard), Fabian Kigadye, der leider verstorbene Leiter der Antiquities Division im Ministry of Natural Resources and Tourism, ein wichtiger Gesprächspartner in allen Restitutions- und Denkmalschutzfragen. Und viele andere.

Ohne all die wunderbaren Menschen von Tansania, die vielen Begegnungen tagtäglich beim Reisen, beim Bewältigen der unzähligen Herausforderungen würde es dieses Buch nicht geben. Ihre Gastfreundschaft, Warmherzigkeit und Fröhlichkeit und ganz besonders ihre *Ubuntu*-Philosophie – einer für alle, alle für einen – haben mich nachhaltig beeindruckt und mein Verständnis dieses wunderbaren Landes beeinflusst. Nicht nur der wunderbaren Natur und der grandiosen Nationalparks wegen halte ich es kaum länger als ein Jahr ohne eine Reise nach Tansania aus, sondern um unter Tansaniern zu sein, ihr Lachen zu hören, mich von ihrer *Hakuna-Matata*-Haltung – *no problem* – anstecken zu lassen und wieder und wieder zu erfahren, wie wenig es zum Leben braucht und wie leicht es ist, glücklich zu sein.

Und in dieser afrikanischen Tradition des *Ubuntu* soll hier am Ende des Buches deshalb auch ein Give-back-Projekt stehen. Ein Naturschutzprojekt, das alles, was in diesem Buch debattiert wurde, zu einer nahezu perfekten Formel verschmilzt. Umwelt- und Naturschutz, Klimawandel und CO_2-Footprint, Entwicklungschancen für Menschen und modernste Ansätze der Blockchain-Technologie: *The Ropes of Hope.* Gegründet wurde das Projekt von Jean und Anne de Villiers, die diese Reiseerzählung schon mit so vielem bereichert haben. Dabei handelt es sich um ein Projekt zur Korallenzucht und der Wiederherstellung eines zerstörten Riffs nahe der Insel Jibondo im Mafia Island Marine Park. Doch das Ziel des Projektes ist nicht einfach nur die Rettung der Korallenriffe – von denen wir in den letzten 20 Jahren weltweit etwa die Hälfte verloren haben – und dadurch die Vermehrung der Biodiversität im Meer. Schon das wäre ein wichtiges Ziel. Gleichzeitig geht es darum, Fischer-Communitys, die durch ihre Fangmethoden zur Zerstörung des Riffs beigetragen haben, nicht nur an der Wiederherstellung zu beteiligen, sondern ihnen auch eine neue Form des Einkommens zu verschaffen. Ein »Dankeschön« an Tansania, ein Danke an seine Natur und seine Menschen.

Und natürlich geht mein Dank auch noch an meinen Verlag, an alle wunderbaren Mitarbeiter dort, die die Entstehung dieses

Buches unterstützt haben, insbesondere an Felicitas von Lovenberg, Bettina Feldweg und Verena Pritschow, meine Lektorin. Last but not least geht mein Dank an meine Agentin Karin Graf, die auch diese Laune ihrer Autorin mitgetragen und mitbetreut hat.

NACHHALTIGES REISEN TRÄGT DEN „GIVE-BACK"-GEDANKEN IN SICH

»Während der Pandemie haben Hunderte von Menschen im Mafia Island Marine Park ihre Arbeit im Tourismus verloren und sind deshal zu einem nicht nachhaltigen Fischfang zurückgekehrt. Mit verheerende Folgen für die Korallenriffe des Mafia-Archipels. Deshalb haben wir ***The Ropes of Hope*** *gegründet.«* Jean de Villiers

Ropes of Hope rettet Korallenriffe. Und wir von BookBridge wollen dieser engagierten Organisation helfen. Wir glauben an die Zukunft de Buchs – gedruckt und digital – und an seine Kraft, die Welt zu verändern Deshalb verbinden wir das traditionelle Buch mit den kreativen Möglichkeiten der digitalen Welt zu neuen Formen des Storytellings und arbeite mit renommierten Künstlern zusammen, die sich von unserem Buch zu Kollektionen exklusiver digitaler Originale (NFTs) inspirieren lassen – für einen guten Zweck.

Erfahren Sie mehr! Tauchen Sie mit diesem QR-Code direkt ein in „Tansania digital". Werden Sie Teil unserer Community und helfen auch Sie **Ropes of Hope.**

www.creatokia.com/de/page/bookbridge/tansaniadigital

CREATOK

Uganda
Viktoriasee
Bukoba
Ruanda
Kigali
Kivusee
Musoma
Mwanza
Serengeti
Olduvai-
Ndutu
Gitega
Bujumbura
Burundi
Mwadui
Shinyanga
Eyasisee
Malagarasi-Sumpfland
Wembere
Gombe-Stream
Kigoma
Ujiji
Tabora
Singida
Malagarasi
Manyoni
Tanganjikasee
Lokoma
Ugalla Game Reserve
Tansania
Mahale-Mountains
Katavi
Demokratische Republik Kongo
Kipili
Ruaha
Rukwasee
Sumbawanga
Kalenga
Mafinga
Mbeya-Berge
Mbeya
Tunduma
2960 m
Kitulo
Mt. Rungwe
Sambia
Manda
Malawisee
Nationalparks
0 50 100 150 200 250 km
Malawi